职业教育市场营销专业精品教材

市场营销基础与实务

主　编　罗生芳　李红梅

電子工業出版社
Publishing House of Electronics Industry
北京・BEIJING

内容简介

本书精简且通俗地阐述了与市场营销实际工作息息相关的市场营销基本概念、市场分析及目标定位、制订产品开发策略、掌握价格制订策略、选择分销渠道、策划促销策略、管理市场营销活动等内容。

本书融知识性、实用性和趣味性于一体，具有“理论通俗明了、案例丰富充实、实训轻松实用”的特色。让读者在轻松学习中掌握营销基础知识。

本书可作为职业教育相关专业的教学用书，也可作为各种层次的成人教育、企业培训教材。

图书在版编目（CIP）数据

市场营销基础与实务 / 罗生芳，李红梅主编. —北京：电子工业出版社，2014.3
职业教育市场营销专业精品教材

ISBN 978-7-121-22582-6

Ⅰ. ①市… Ⅱ. ①罗… ②李… Ⅲ. ①市场营销学—高等职业教育—教材 Ⅳ. ①F713.50

中国版本图书馆CIP数据核字（2014）第039919号

策划编辑：陈　虹
责任编辑：陈　虹
印　　刷：三河市双峰印刷装订有限公司
装　　订：三河市双峰印刷装订有限公司
出版发行：电子工业出版社
　　　　　北京市海淀区万寿路173信箱　　邮编：100036
开　　本：787×1 092　1/16　印张：12.75　字数：326.4千字
版　　次：2014年3月第1版
印　　次：2017年7月第3次印刷
定　　价：29.50元

凡所购买电子工业出版社图书有缺损问题，请向购买书店调换。若书店售缺，请与本社发行部联系，联系及邮购电话：（010）88254888，88258888。

质量投诉请发邮件至 zlts@phei.com.cn，盗版侵权举报请发邮件至dbqq@phei.com.cn。

本书咨询联系方式：（010）88254470，chitty@phei.com.cn。

前　　言

随着市场经济的迅猛发展，营销真是无所不在，并对我们的生活产生着深刻的影响。良好的营销越来越成为商业成功的重要因素，就连许多国家、政府等非营利性组织也开始运用营销策略来推广组织理念，提升组织实力。总之，越来越多的行业在运用营销知识，越来越多的人在学习营销知识，越来越多的营销知识在实践中得到应用。21 世纪的年轻人生活在一个被市场包围的世界中，因此非常有必要学习市场营销知识。

本教材遵循职业教育的教学理念，以“实用、够用、活用”为原则，按照营销人员职业岗位工作的主要内容，讲授了与市场营销实际工作紧密相关的市场营销基本概念、市场分析及目标定位、制订产品开发策略、制订价格策略、选择分销渠道、策划促销策略、管理市场营销活动等内容。通过大量的案例、示意图表来表述比较深奥的营销知识点，使学生能够比较轻松地理解和掌握市场营销的基础知识和技能。

本书的编写人员既是营销教学的一线教师，又是企业的兼职讲师或营销顾问。罗生芳、李红梅负责主编和主审。编写具体分工：李红梅编写项目一和项目二，高旻虹编写项目三，罗生芳编写项目四，刘金宁编写项目五，刘平荣编写项目六、项目七。

本书在编写过程中，参考了大量资料，并从公开发表的书籍、报刊和网站上选用了一定的案例和资料，特向有关单位和个人表示诚挚的感谢。

由于编者水平有限，编写时间仓促，书中疏漏与不妥之处在所难免，敬请有关专家和读者批评指正。

为了方便教师教学，本书还配有教学课件、教学指南等教学资源，请有此需要的教师登录华信教育资源网（www.hxedu.com.cn）免费下载。

编　者

目 录

项目一

认识市场营销

学习目标

深刻理解“市场”、“市场营销”、“市场营销学”等概念；树立正确的市场营销观念和职业道德；认识到市场营销人员的工作性质以及营销人员应具备的素质和能力。

听故事

某高校一位市场营销专业的毕业生，大学时曾担任市场营销协会会长。上课时，他很少出现，而是经常泡在市场中。他很骄傲地告诉别人，大学的学费是他自己赚来的。老师的劝告也挡不住他赚钱的热情。最终的结果是：他没有按期拿到毕业证，毕业后的工作也并不如他所期待得那样顺利，创业的梦想也渐行渐远。

故事感悟 这个毕业生犯了现在职校生存在的一个通病——重实践而轻理论。这部分同学将大部分时间花在参加各种活动上。如果你现在也是如上述故事中的师兄一样，那么我非常真诚地告诉你：请回归课堂，请认真读书！现在如果成为“啃书族”，今后就不会成为“啃老族”了。

学知识

任务一　认识市场

对于“市场”，人们并不陌生，市场无处不在。消费者的衣食住行等日常活动，甚至是一切活动都直接或间接地与市场有联系。什么是“市场”？每个人都可以根据自己的亲身体验和感受对此做出回答。市场是商品经济发展的产物，它的含义不是一成不变的，在不同的历史时期、不同的场合，有着不同的含义。

1．狭义的市场定义——消费者角度

这也是传统的定义。市场是买方和卖方聚集在一起进行商品交易的场所。例如，菜市场、小商品市场等区域。

2．广义的市场定义——经济学角度

经济学家站在宏观的视角上认为：市场是买卖双方交换关系的集合，商品供给与需求的矛盾统一体。他们认为“哪里有社会分工的商品生产，哪里就有市场”。

3．现代的市场定义——营销者角度

市场是由人口、购买力、购买欲三者有机构成的总体。这三个因素是相互制约、缺一不可的。可以理解为：

市场＝人口＋购买力＋购买欲

从营销角度看：人口是组成市场的基本细胞，购买力是组成市场的物质基础，购买欲是购买力得以实现的条件。这三个要素相互制约、互为条件，共同组成市场，缺一不可。例如，高档奢侈品为什么在老少边穷地区没有市场？就是因为当地消费者缺少购买力；为什么在热带地区销售不了棉衣？因为气候原因，他们不需要棉衣，没有购买的欲望；为什么在人口密集地区市场就发达？因为该地区人口多，人们的生活需要也多，对于寻找商机的商人来说，更愿意开发人口密集地区的市场。

随着网络影响的进一步扩大，电子商务已成为我国经济增长的助推器，现代市场已不受时空的限制，买卖交换关系不再依赖于传统的交易场所，商家与消费者之间可以选择任意时间进行交易。所以，生活在现代社会中的我们很幸福，因为可以一天24小时随意逛网店。

市场形成必须具备的基本条件为：存在可供交换的商品；存在提供商品的卖方和具有购买欲望和购买能力的买方；具备买卖双方都能接受的交易价格、行为规范及其他条件。

议一议

用以上理论作为依据，试讨论“假冒伪劣商品为什么有市场”。

假冒伪劣商品价格一般都比正品低，购买力低的人如果对该类商品存在购买欲望，那这个市场就很难消失。具体可以从以下几个方面进行阐述。

（1）从供应商角度来讲，是因为他们缺失职业道德，一味追求自身利益最大化却不管消费者的权益；

（2）从消费者角度来讲，是因为他们购买力较低，但为了获得对某些物品的享受，他们会通过购买假冒伪劣商品来满足自己的消费欲望；

（3）从政府层面来讲，是因为相关规章制度不够健全，让不法分子有可乘之机。

案例 1-1

从2013年1月8日召开的全国质检工作会议上获悉：2012年，中国质检系统在以酒类为重点组织的食品打假行动中，查处酒类案件1681起，查获假酒价值11.16亿元，查处窝点202个。2013年，国家质检总局以乳制品、肉制品、食用植物油、酒类、水产品、食品添加剂等产品为检查重点。

案例评析

打击“假冒伪劣商品”是一场长久的战役。作为营销人员应该知道如何去维权，同时遵纪守法，做一个好公民。

课堂随笔

指点迷津

假冒伪劣商品

假冒伪劣商品可以分为假冒商品和劣质商品两种类型。假冒商品是指商品在制造时，逼真地模仿其他同类产品的外部特征，如冒用、伪造他人商标、标志；冒用他人特有的名称、包装、厂名、厂址；冒用优质产品质量认证标志和生产许可证标识的产品。伪劣商品是指生产、经销的商品，违反了我国现行法律、行政法规的规定，其质量、性能指标达不到我国已颁布的国家标准、行业标准及地方标准所规定的要求，甚至是无标生产的产品。

任务二　认识市场营销

一、市场营销的定义

市场营销是由英文“Marketing”一词翻译而来的。市场营销最简单的定义就是：满足他人的需求并且自己也能赢利的一种社会和管理过程。市场营销活动的主要任务就是辨别和满足人类和社会的需要。

当营销者注意到人们生活节奏越来越快，购物需要节省时间时，出现了大型超市、网上商城；当关注到现代社会剩女剩男越来越多时，出现了婚庆公司或相亲节目。

案例 1-2

有一个餐厅的生意非常好，门庭若市，老板年纪大了，想要退休，就找了3位经理过来。

老板问第一位经理：“先有鸡还是先有蛋？”第一位经理想了想，答道：“先有鸡。”

老板接着问第二位经理：“先有鸡还是先有蛋？”

第二位经理胸有成竹地答道：“先有蛋。”

老板又叫来第三位经理，问：“先有鸡还是先有蛋？”

第三位经理镇定地说：“客人先点鸡，就先有鸡；客人先点蛋，就先有蛋。”老板笑了，于是升第三位经理为总经理。

案例评析

如果你一味地想“先有鸡还是先有蛋”这个问题，也许永远也不会有结果。这个故事中的第三位经理给出了这一命题的营销学答案，这就是——客人的需求永远是第一位的，营销就是满足顾客的需求。

课堂随笔

综合营销专家及企业界人士对市场营销的认识，可以从以下几方面对市场营销进行理解：

- 市场营销是一种企业活动，是企业有目的、有意识的行为。
- 满足和引导消费者的需求是市场营销活动的出发点和中心。
- 分析环境，选择目标市场，确定和开发产品，产品定价、分销、促销和提供服务以及它们间的协调配合，进行最佳组合，是市场营销活动的主要内容。
- 实现企业目标是市场营销活动的目的。

二、“营销”、“促销”、“推销”三者之间的关系

在日常生活中，许多人会将“营销”、“促销”、“推销”三者混为一谈。从理论上分析，三者之间关系密切，但内涵不同。市场营销经常简称为“营销”，经常提到的营销 4P 策略包括产品策略、价格策略、渠道策略和促销策略（如图 1-1 所示）。所以，“促销”只是“营销”的一种策略。促销策略中主要包括人员推销、公关、广告、营销推广四种手段，所以，“推销”只是“促销”的一种手段。日常生活中看到的商家经常在节假日搞的活动（通称为“促销活动”），其中就包括了促销策略中的一种方式或几种方式的组合使用。

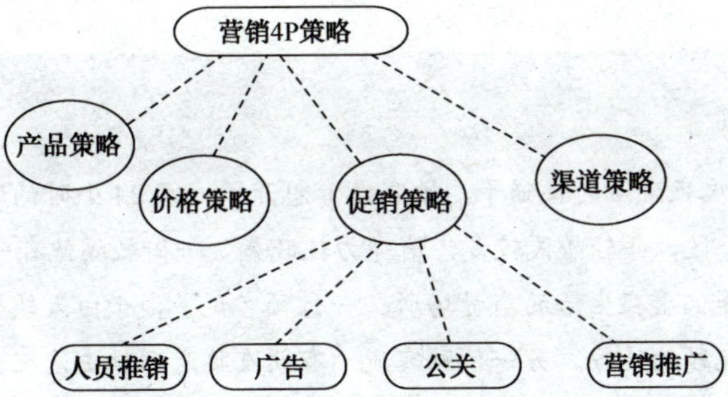

图1-1 营销4P策略

任务三 认识市场营销学

一、市场营销学的产生

市场营销学于 20 世纪初诞生于美国，是一门多学科交叉渗透、实用性很强的学科，如图 1-2 所示。市场营销学是一门“艺术”和“科学”结合的学科，它既有惯例化的模式可借鉴，又需要创造性的灵感去执行。惯例化的模式大多可从教科书里获得，创造性的灵感需要从书本中走出后再走进市场，用知识和智慧去获取。

由于理解不同，20 世纪 70 年代末 80 年代初开始引入我国时，中文译名很多，如市场学、行销学、市场经营学等，现在公认的译名是“市场营销”或“市场营销学”。

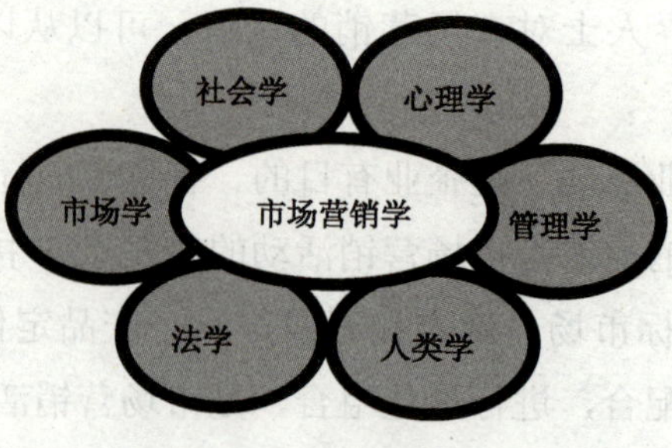

图1-2　市场营销学

二、市场营销学的研究对象

市场营销学是从卖方的角度去研究企业市场营销管理的问题，即企业在不断变化的市场营销环境和激烈的市场竞争中，如何寻找市场机会，如何满足目标顾客的需求，如何有效地管理其市场营销活动，提高企业的经济效益，求得生存和发展，实现企业的目标。卖方形成行业，买方形成市场。

市场营销学研究的对象是：企业（卖方）如何通过更好地满足买方需要以实现企业赢利目标，或者说是以满足顾客需求为中心的企业营销活动过程及其规律性。

案例 1-3

陈小姐是一位喜欢夜生活的夜猫子，她突发奇想开了一家24小时的服装店。她的服装店附近有几个较大的住宅小区，年轻居民较多，消费力较旺盛；一街之隔就有一条饮食街和三家KTV以及麻将馆、洗脚城等偏重夜生活的消费场所。一位顾客说：由于白天缺少时间逛商场，这家店成了他加夜班后经常光顾的地方。另一位顾客说：有朋友临时叫她去泡吧，她觉得去泡吧一定要穿得时尚性感，才能获得高人气，但当天她专门为去夜店准备的衣服洗了。正在头痛时她偶然发现了路边这家小店，最终她一连买下几件衣服。陈小姐介绍战果时说：晚上10点以后来客人多数是奔着买东西来的，所以晚上的成交率会比白天高一倍。开业两个多月，店里三成的营业额来自于晚上。

案例评析

服装店24小时营业是符合经济发展规律的，也是未来经营的新趋势。这种模式不但方便了消费者，满足了顾客的需要，也开发了夜间活动人群的消费力，是一种积极的新型经营模式。

课堂随笔

三、学习市场营销学的意义

有利于系统地了解市场特性，为企业制定正确的经营战略打下基础，让企业在成长的路上少走弯路。有助于树立现代营销观念，适应我国现代市场经济发展的需要。有助于企业走向国际市场，促进企业国际化经营。

任务四　认识市场营销人员

案例 1-4

很多人都不知道爱斯基摩人是怎样抓北极熊的：他们先杀死一只海豹，将海豹血倒进水桶里，再将一把双刃匕首插在血液中央，因为天气严寒，海豹血很快凝固，匕首就凝结在血液中间，像一个超大型的冰棒。爱斯基摩人将冰棒倒出来，丢在雪原上等待就可以了。北极熊有一个特征——嗜血如命。它的鼻子很灵敏，能在很远的地方闻到血腥味。当它闻到血冰棒的气味时，就会迅速赶到，并开始舔食美味的血冰棒。舔着舔着，它的舌头渐渐麻痹。忽然，血的味道变得更好了——那是新鲜温热的血。北极熊越舔越起劲——它不知道，自己冻得麻木的舌头已经被锋利的匕首扎破了——那正是它自己的鲜血。这样不断舔食的结果是：舌头伤得更深，血流得更多，最后，北极熊因为失血过多，休克昏厥过去，爱斯基摩人不必花力气，就可以轻松捕获它。

案例评析

这个故事给我们一个启示——认识了你要征服的对象，找到了攻克对方的正确方法，问题就会被轻而易举解决掉。从业人员应该去主动了解自己所要从事的职业，了解从事这个职业要具备哪些基本素质和能力。

课堂随笔

据行业统计，目前国内从事营销的人员近7000万人。营销职业是一个充满着挑战、激情和快乐，并伴随着艰辛的职业。是一个需要用健康的心态去调配情绪的职业，是一项需要有良好性格去追求成功的事业。无数成功营销人士的经验告诉我们：要做一个市场营销高手，除了具备一定的工作能力以外，还要具备以下健康、优良的性格品质。

1. 热情

热情，在古希腊语中的含义是内心之神。爱迪生说过："有史以来，没有任何一件伟大的事业不是因为热情而成功的。"不管是什么样的事业，要想获得成功，首先需要的就是工作热情，营销事业尤其如此。如果营销人员对工作缺乏热情，他就缺乏魅力，缺乏斗志，最终一事无成。热情是营销成功与否的首要条件，只有诚挚和热情才能融化客户的冷漠，使营销人员"克敌制胜"。

2. 自信

一份对 100 名杰出青年成长道路的调查报告显示，有 2/3 的人认为自信是取得成功的首要因素。一个人只有具备了自信心，才能正视自己，才会产生自信力，进而激发出极大的勇气和毅力，最终创造出奇迹。正如法国哲学家卢梭所说："自信心对于事业简直是奇迹，有了它，你的才智可以取之不尽，用之不竭。一个没有自信力的人，无论他有多大才能，也不会有成功的机会。"与其他职业相比，营销人员更需要有足够的自信。因为不可能每一次出击都会成功，不可能所有的老板都赏识你，不可能所有的客户都会欣然接受你的产品。所以，面对无数次的挫折与失败，营销人员必须有足够的自信心。

3. 真诚

在现代社会，诚信越来越受到重视，不管是在人际交往中还是在商业往来中，讲究诚信的人和企业总是受到社会的尊重，社会也给予他们相当丰厚的回报；而那些不讲诚信的人和企业，则越来越难以立足。商业交易需要双方都要有诚信，在许多成大事者的创业史上，都把诚实守信当做自己事业的生命来看待。而失信的营销人员则会失去营销机会，甚至会失去工作。

4. 积极进取

一只刚造出来的航海罗盘，在经过磁化之前，指针的方向是混乱的。经磁化后，它就像被一种神秘的力量支配着，总是指向同一个方向。如果用在人的身上，这种神秘的力量就是进取心。它使我们不断地努力，从不懈怠，从不满足。天下没有一个老板不喜欢有上进心的下属，他们在时刻观察着员工们的表现，所以，营销人员不能满足于现有的成绩，要不断地对自己提出更高的要求。

5. 目标远大

哈佛大学曾对一群智力、学历、环境等客观条件都差不多的年轻人，做过一个长达 25 年的跟踪调查，调查内容为目标对人生的影响，结果发现：3% 的有清晰且长远目标的人，25 年来几乎都不曾更改过自己的人生目标，并向实现目标做着不懈的努力。25 年后，他们几乎都成了社会各界顶尖的成功人士，他们中不乏白手创业者、行业领袖。调查者因此得出结论：目标对人生有巨大的导向性作用。

6. 善于学习

营销工作比其他任何工作更需要学习的态度和精神，因为营销人员需要与各行各业的人打交道，需要不断地学习各种业务知识及营销技巧，不断地学习其他营销人员的成功经验。

7. 善于时间管理

有人说："一天的时间就像一只大旅行箱，如果你懂得装箱的技巧，一只箱子足可以装下两箱的东西。"也就是说，时间是有限的，但如何安排和支配它却大有文章可做。营销这个职业相对比较自由，多数时候不用坐在办公室，因此，学会管理自己的时间就显得非常重要。

8. 有团队精神

21世纪是一个合作的时代，合作已成为人类生存的手段。人们在智力上的先天差距已经随着知识的提高而日益缩小。非智力因素在一个人的成功因素中所占比重越来越大，而成功率也是与其协作精神成正比。营销工作往往是由一个团队去共同完成，没有团队精神的员工不受其他人欢迎，作为管理者也很难带好团队。

9. 扎实工作

营销的成功需要扎实勤勉的工作作风，因为营销是一种实实在在又艰苦的工作。营销人员不仅要做到心勤、脑勤，更要做到眼勤、手勤、脚勤。任何一个营销大师的销售业绩都不是待在家里“想”出来的，而是“做”出来、“跑”出来的。

除此之外，成功营销人员还应具有亲切友善、勇于创新、服务意识强等性格特征。

案例1-5

一位市场营销专业学生去校外酒吧兼职时，喜欢上了调酒师这一职业。于是他下定决心，一定要成为当地最优秀的调酒师。他开始坚持不懈地学习各种调酒技巧。毕业后他和朋友一起成立了所在城市最大的咖啡调酒培训基地，自己又开了2间酒吧。因为他擅长花式调酒，还与团队成员在全国各地参加各种商演。当他回首成长历程时，感慨到“有目标、有毅力、有行动”是自己成功的关键要素。

案例评析

市场营销活动充满着机会和挑战，成功属于热情、自信、真诚、积极进取、目标远大、善于学习、善于时间管理、有团队精神、扎实工作的人。

课堂随笔

任务五　树立正确的市场营销观念

市场营销观念，又称为市场营销哲学，它体现了一个企业的经营态度和思维模式，是企业进行营销活动的指导思想和行动指南。

现在一些企业之所以缺乏竞争力，在市场上走不远，最关键的问题往往不是营销方法不对，而是在营销观念上出现了问题。营销观念落后，营销意识不强是影响企业发展的“绊脚石”。有的人认为“做营销”就是“做促销”，“做销量”就是“做市场”，“树品牌”就是“打广告”，“求发展”就是“上项目”，“搞管理”就是“定制度”，这种片面的营销观念使企业在经营过程中往往很难做大、做强。

案例 1-6

1995 年 11 月 8 日，我国某酒厂在第二届标王竞标会上以 6666 万元抢摘“王冠”。原为一县属小型国有企业的酒厂“称王”后，1996 年收入高达 9 亿多元。1996 年 11 月 8 日，该企业又以 3.212118 亿元天价卫冕“标王”成功。企业的名声越来越大，经营情况也越来越好。但该企业“每天开进央视一辆桑塔纳，开出一辆豪华奥迪”的梦想并没有随之变成现实。由于没有及时将经济效益转化为发展后劲，“勾兑事件”在 1997 年年初遭媒体曝光后，销售一落千丈。

案例评析

该企业是以广告起家，品牌打响后由于营销观念仍然停留在“树品牌就是打广告”，所以，一旦在市场上遇到障碍就难以持续发展。

课堂随笔

市场营销观念既反映了社会生产力及市场趋势的发展，也反映了企业领导者对市场营销发展客观规律认识深化的结果。随着生产的发展、科技的进步、营销环境的变化，市场营销观念的发展大致包括以下几种形式，如图 1-3 所示。

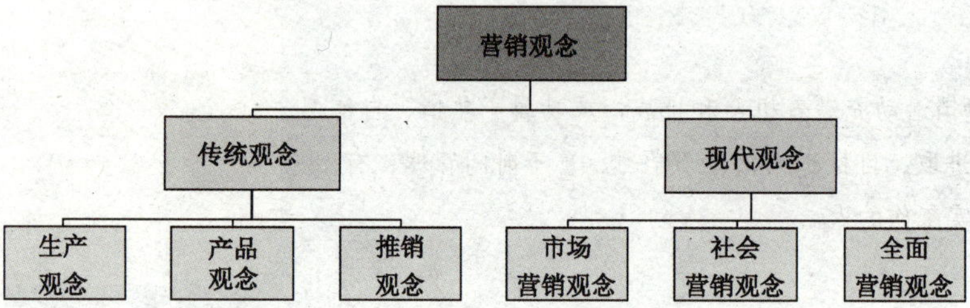

图1-3 市场营销观念的发展

1．生产观念

这是一种古老的营销观念。这种观念产生于 20 世纪 20 年代前。在社会生产力低下、商品供不应求的卖方市场状况下，产品在市场上自然就成了“皇帝的女儿不愁嫁”，这个时候是“生产什么，就卖什么；生产多少，就卖多少”，根本不必去考虑如何营销产品的问题。

2．产品观念

产品观念是指营销人员主要依靠产品本身优势实现营销的观念。这种观念认为“酒香不怕巷子深”，消费者会欢迎质量最优、性能最好和功能最多的产品。因此，企业的任务是致力于制造优良产品并经常加以改进。这些企业认为只要产品好就会顾客盈门，因而经常迷恋自己的产品，而未看到市场需求的变化。

3．推销观念

推销观念是指营销人员认为只要掌握和运用好各种推销技巧就能达成交易的观念。也就是所谓的“不管白猫还是黑猫，抓到客户就是好猫”。持有这种观念的营销人员非常注重自己的推销技巧的提高，往往将营销的成功归于自己推销技巧的高超，而将营销失败归于推销技巧的不成熟。他们往往不关心客户的真正需求，更关心自己的销售业绩，常常会将客户并不需要的产品卖给他们，所以说“嫁出去的女儿泼出去的水”是这种观念的贴切写照。

4．市场营销观念

市场营销观念是以满足顾客需求为出发点的，即“顾客需要什么，就生产什么”。这种观念产生于20世纪50年代，当时社会生产力迅速发展，市场趋势表现为供过于求的买方市场，同时广大居民个人收入迅速提高，对产品开始进行选择，企业之间竞争加剧，许多企业开始认识到，必须转变经营哲学，才能求得生存和发展。著名策划人叶茂中曾为爱妻牌洗衣机设计的广告——“我的女儿还好吗？”正是这种观念的真实体现。在这种观念指导下，企业会提供优质的售后服务尽可能满足客户的需要。

5．社会营销观念

这种观念产生于20世纪70年代。这种观念认为，企业的任务是确定目标市场需求、欲求和利益，并且在保持和增进消费者和社会福利的情况下，比竞争者更有效率地使目标顾客满意。这不仅要求企业满足目标顾客的需求与欲望，而且要考虑消费者及社会的长远利益，即将企业利益、消费者利益与社会利益有机地结合起来。

6．全面营销观念

现代营销活动需要更先进的营销观念。例如，被誉为“现代营销学之父”、“营销界的爱因斯坦”的美国营销学者菲利普·科特勒提出了“全面营销”理论。全面营销认为：营销应该贯穿于“事情的各个方面”，而且要有广阔的统一的视野。全面营销包括：内部营销、整合营销、关系营销和社会责任营销。全面营销的提出是营销理论的一个巨大突破，它考虑的问题更全面、更深远。

指点迷津

饥饿营销

所谓饥饿营销，是指商品提供者有意调低产量，以期达到调控供求关系、制造供不应求“假象”、维持商品较高售价和利润率，达到维护品牌形象、提高产品附加值的目的。苹果公司是最擅长饥饿营销的企业之一，小米公司也是对饥饿营销情有独钟。

任务6　树立良好的营销职业道德

从事市场营销工作，经常受到“金钱”的诱惑，稍不自控就会出现假冒伪劣、坑蒙拐骗、行贿受贿等不正当商业行为。社会的这些不良风气有时像细菌一样繁殖，防不胜防。

案例 1-7

地沟油，泛指在生活中存在的各类劣质油，如回收的食用油、反复使用的炸油等。地沟油最大来源为城市大型饭店下水道的隔油池。长期食用地沟油可能会引发癌症，对人体的危害极大。所以“地沟油”是严禁用于食用油领域的。但是，有一些不法商贩受利益驱动而不顾人民群众生命安全私自生产加工“地沟油”，并作为食用油低价销售给一些小餐馆，给人们的身心都带来极大伤害。2012 年 3 月 21 日，浙江、安徽、上海、江苏、重庆、山东六省市公安机关在公安部现场统一指挥下集中对浙江金华特大新型地沟油专案实施收网行动。此次行动从上游收购加工到下游销售全环节摧毁了特大新型跨省地沟油犯罪网络，捣毁炼制新型地沟油工厂、黑窝点 13 处，抓获犯罪嫌疑人 100 余人、现场查获新型地沟油成品、半成品及油渣 3200 余吨。

课堂随笔

案例评析

损害人民利益的营销行为终究会受到惩罚。市场营销人员一定要把控好“德”与“得”的关系，才能使“营”变成“赢”。

营销人员的职业道德包括如下所述几项主要内容。

1．熟悉业务，优质服务

营销人员要博学多才、业务娴熟；要牢固树立服务至上的营销理念；要善于收集信息、把握市场行情，主动准确地传达商品信息；要为顾客排忧解难，满足他们的要求。

2．平等互惠，诚信无欺

这是营销工作者最基本的行为准则。营销工作者在工作中不要耍手腕，不蒙骗消费者，不擅自压价或变相提价；要恪守营销承诺，绝不图一时之利损害企业信誉。

3．当好参谋，指导消费

营销是生产者与消费者之间的媒介和桥梁，营销工作者要在与消费者的沟通中，了解不同对象的不同需求，引导消费者接受新的消费观念。同时，又将消费者需求信息传达给生产者，以帮助企业改进和调整生产。

4．爱岗敬业，遵纪守法

生产者往往赋予营销工作者一定的职权，营销人员应经得起利益的诱惑，不赚取规定之外的私利，不进行转手倒卖等各种谋私活动。

实训与练习

一、判断题

1. 市场营销活动的主要任务就是满足企业的需要。 （ ）
2. 市场营销学于 19 世纪初产生于美国。 （ ）
3. 市场营销学是从买方的角度去研究企业市场营销管理的问题。 （ ）
4. 市场营销观念是企业进行营销活动的指导思想和行动指南。 （ ）
5. “树品牌”就是“打广告”。 （ ）
6. 全面营销的提出，是营销理论的一个巨大突破。 （ ）

二、填空题

1. 市场是由________、________、__________三者有机构成的总体。
2. 市场营销是由英文____________一词翻译而来的。
3. 市场营销最简单的定义就是____。
4. 市场营销学于 20 世纪初产生于______国。
5. 市场营销学于___________________________开始引入我国。
6. 市场营销学是从_________的角度去研究企业市场营销管理的问题。
7. ______________被称为“现代营销学之父”。
8. ________________________是营销工作者最基本的行为准则。
9. ______________首次提出了“全面营销”理论。
10. 市场营销活动的主要任务就是____。

三、实训题

训练目的：训练学生的沟通能力

请每位学员利用 2 分钟时间向全班进行“自我推销”，必须用 2～3 个关键词来概括自己，并解释原因。要注意文明用语和商务礼仪。

四、素质拓展训练题（踩报纸）

训练目的：训练学生的团队协作能力与创新能力

参加游戏人员在 10 人以上，在规定的时间（由老师视人数多少而定）内全部站到 1 开的报纸上，全部的脚不能站出报纸的边界。

游戏启示：解决问题的思路要突破限制，要敢于尝试、大胆想象，并善于实践学员的建议，排除不可行的方案。

扩展阅读

1．榜样人物：李嘉诚

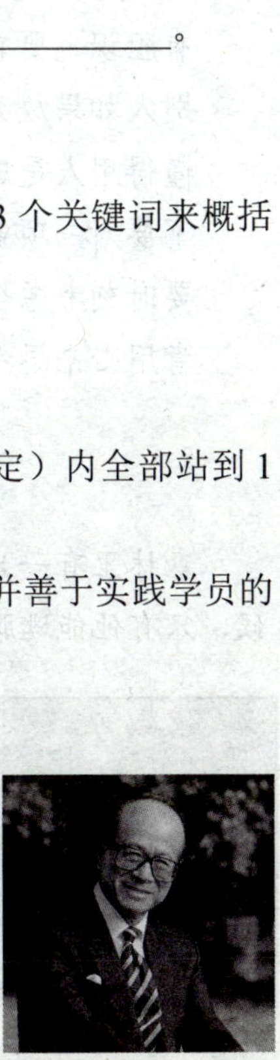

2013 年 1 月 10 日，美国财经杂志《福布斯》公布李嘉诚财富大增至 300 亿美元，继续稳坐香港首富宝座。

李嘉诚是怎样的一个人呢？是如何走向成功的呢？

1943年，父亲李云经病逝。为了养活母亲和三个弟妹，李嘉诚被迫辍学走上社会谋生。开始，李嘉诚为一间玩具制造公司当推销员。走南闯北的推销生涯，不仅初步形成了李嘉诚的商业头脑，丰富了他的商业知识，而且也使李嘉诚结识了很多好朋友，教会了他各种各样的社会知识。同时，在推销过程中，也使他学会了宽厚待人、诚实处世的做人哲学，为他日后事业的发展打下了良好的基础。

工作虽然繁忙，失学的李嘉诚仍用余暇时间到夜校进修，补习文化。由于勤奋好学，精明能干，不到20岁，他便升任塑料玩具厂的总经理。两年后，李嘉诚把握时机，用平时省吃俭用积蓄的7000美元创办了自己的塑胶厂，将其命名为“长江塑胶厂”。塑胶花为李嘉诚带来数千万港元的盈利，长江厂成为世界最大的塑胶花生产厂家，李嘉诚塑胶花大王的美名，不仅蜚声全港，还为世界的塑胶同行所侧目。

1979年，“长江”购入老牌英资商行——“和记黄埔”，李嘉诚因而成为首位收购英资商行的华人。1984年，“长江”又购入“香港电灯公司”的控制性股权。李嘉诚先生现任“长江实业集团有限公司”董事局主席兼总经理及“和记黄埔有限公司”董事局主席。

【李嘉诚送给孩子的十句话】

克勤克俭，不求奢华

学会培养独立的生活能力

赚钱靠机遇，成功靠信誉

耐心等待成功的到来

有胆识也要有谋略

别人如果放弃，你就要出手

懂得用人是成功的前提

不要对一项业务情有独钟

要时刻考虑合作伙伴的利益

肯用心来思考未来

2. 狗熊的经验

森林里有一只很著名的狗熊，他的著名之处在于：每年冬天森林里有人来猎狗熊的时候，只有他能逃脱。

于是，一只年轻狗熊前来求教。老熊却先问他是否见过猎人如何猎熊。

原来，根据当地的捕猎习惯，猎人们在猎熊时通常都会采取围捕方法——几个猎人带着几条猎狗联合起来，先将冬眠的熊从树洞里赶出来，然后四面出击，一步步缩小包围圈，最后将已经晕头转向的熊逼入罗网。

年轻的熊向老熊转述了他听来的猎熊场面，老熊表示他说得对，随后又问他是否听说过有哪头熊被猎狗咬伤的事情。年轻的熊想了想，竟发现森林里的熊多是被猎人活捉，没听说过有哪头熊被猎狗咬伤过。

熊告诉年轻熊：狗不咬熊是因为它们知道打不过熊。猎狗们只是在周围狂吠，目的就是把熊吓蒙，使其迷失方向，最终逼入罗网——这就是猎人们猎熊的奥妙所在。所以逃脱的秘诀：首先不要被吓晕，因为没有谁敢上前拦住一头熊，而熊要做的就是让自己从冬眠中清醒过来，然后辨清方向一路跑下去。

老熊告诉我们一个道理：在激烈的竞争面前一定要保持清醒的头脑，切忌自乱阵脚。不要抱怨、不要流连，选定了就认真做吧，任何一个生意都会有人做成功的。

项目二

市场分析及目标定位

学习目标

学会市场调查的方法；懂得如何去分析营销环境和购买者行为；掌握市场细分和目标市场定位的方法。

听故事

小王在国外留学回国工作一年后，选择了自主创业。他从事服装贸易行业，并注册了自己的商标，消费的目标群体锁定为即将毕业的大学生，主要销售大学生求职面试时所需用的套装等。他已先后在其居住地的某知名学府开了几家门店。而小王之所以选择服装行业，与其经历息息相关，其一是家庭成员中有人从事面料行业；其二是在留学时，他调查发现日本、欧洲国家都有专门为大学生面试求职的服装产品。而在国内，这个市场基本上是一个空白点。

故事感悟 服装行业是个成熟、竞争性很强的行业。小王之所以敢于进入这个行业并能生存下来，主要是他有进入这个行业的优势，并进行了详细的市场调查，发现了空白的细分市场，还建立了自己的商标，形成了自己的特点。

学知识

任务一　做好营销环境分析

任何企业的营销活动都不是孤立地进行的，优秀的企业能强烈地意识到企业处在不断变化的营销环境中，它既要受到自身条件的限制，又要受到外部环境的影响和制约。环境因素的变化，既能给企业营销带来机会，也可能形成威胁。因此，营销工作的首要任务就在于了解、把握营销环境的变化趋势，适应环境的变化，提高应变市场的能力，趋利避害地开展市场营销活动，使企业更好地生存和发展。

一、市场营销环境的含义

市场营销环境是指与企业市场营销相关的、影响产品的供给与需求的所有外界条件和因素的综合，可分为宏观营销环境和微观营销环境，如图 2-1 所示。

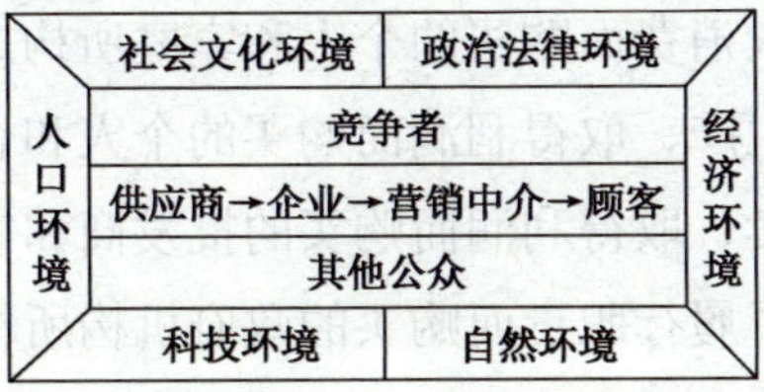

图2-1　营销环境

二、微观营销环境

微观营销环境，又称直接环境，是指与企业市场营销联系较为密切、直接的因素的总和。微观营销环境主要包括企业、供应商、营销中介、市场、竞争者和社会公众等因素，同时也是影响企业服务其目标市场能力的各项因素。微观营销环境，如图 2-2 所示。

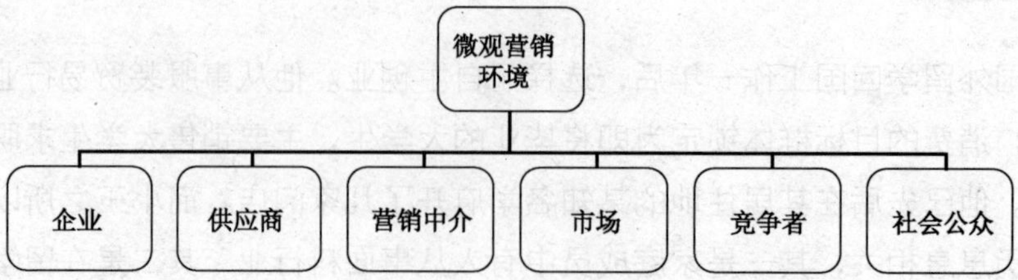

图2-2　微观营销环境

1．企业

企业本身包括市场最高管理层、营销管理部门和其他职能部门。所有从内部影响公司的因素都称为“内部环境”。

2．供应商

供应商是指向企业及其他竞争者提供生产与经营所需资源的单位和个人，包括提供能源、原材料、设备、配件、劳务和资金等。

3．营销中介

营销中介包括经销商、代理中间商和辅助商三大类。在市场经济条件下，营销中介是企业营销活动不可缺少的中间环节，企业的大多数营销活动都需要他们的协助才能顺利进行。市场经济越发达，社会分工越细，这些机构的作用就越大。

（1）经销商：指进行商品购销活动，并对所经营的商品拥有所有权的中间商，如批发商、零售商（超市、便利店、杂货店等）。

（2）代理中间商：指协助企业进行买卖交易，但对所经营的产品没有所有权的中间商，如经纪人、代理商等。

（3）辅助商：指不直接经营企业产品，只是帮助企业实现商品交易便利条件、物流仓储运输或提供各种营销服务的广告、调研、咨询、融资、保险等服务的组织或机构等。如广告公司、市场调研公司、市场咨询公司、银行、运输公司、保险公司等企业或机构。

4．市场

（1）消费者市场：为个人消费而购买的个人和家庭所构成的市场。

（2）生产者市场：为了生产、取得利润而购买的个人和企业所构成的市场。

（3）中间商市场：为转卖、取得利润而购买的批发商和零售商所构成的市场。

（4）政府采购市场：为了履行职责而购买的政府机构所构成的市场。

（5）国际市场：由国外的消费者、生产者、中间商、政府机构等所构成的市场。

5．竞争者

竞争者是生产与本企业类似的产品或提供与本企业类似的服务，且针对客户群也与本企业类似的其他企业，其产品与本企业产品有可替代关系。竞争者主要包括行业竞争者、愿望竞争者、品牌竞争者和形式竞争者四类（如图 2-3 所示）。

（1）行业竞争者：指提供不同的产品以满足相同需求的竞争者。例如，面包车、轿车、摩托车、自行车都是交通工具，在满足需求方面是相同的，它们彼此间就是行业竞争者。

（2）愿望竞争者：即满足消费者的各种目前愿望，与企业争夺同一顾客购买力的所有其他企业。例如，消费者要选择一种万元消费品，可供他们选择的有笔记本电脑、平面电视、数码摄像机、东南亚十国游等，这时候笔记本电脑、平面电视、数码摄像机、东南亚十国游之间就存在着竞争关系，彼此间成为愿望竞争者。

（3）品牌竞争者：指生产相同规格、型号、款式的产品，但品牌不同的竞争者。以电视机和手机为例，索尼、长虹、夏普、三星等品牌的众多产品之间就互为品牌竞争者。

（4）形式竞争者：指生产同类型但规格、型号、款式不同的产品的竞争者。如自行车中的电力动力自行车与燃油动力自行车、变速车与非变速车、男式车与女式车等，它们彼此间就构成了产品形式竞争者。

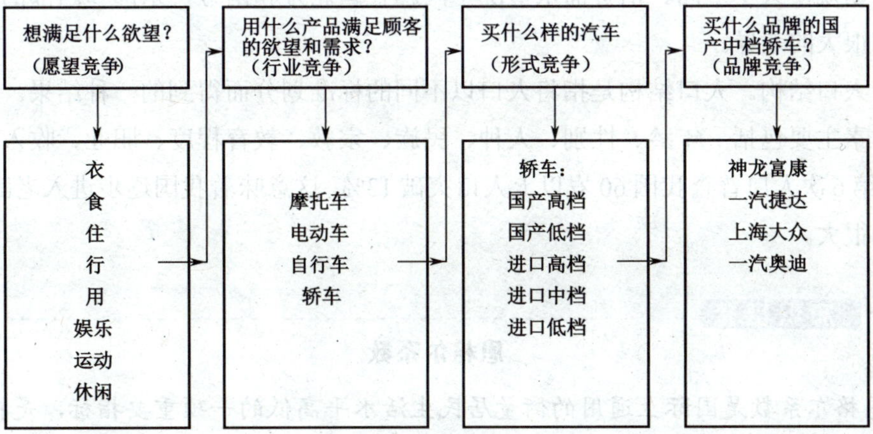

图2-3　竞争者环境分析

6. 社会公众

社会公众是指对企业实现其营销目标构成实际或潜在影响的团体，包括以下几种：

（1）政府公众：负责管理企业业务活动的有关政府机构。

（2）金融公众：影响企业获取资金能力的各类团体，如银行、投资公司等。

（3）媒体公众：具有广泛影响的大众媒体，如电视、广播、报纸等。

（4）市民行动公众：各种保护消费者权益组织、环保组织、少数民族组织、宗教组织等。

（5）地方公众：企业周边的居民群众、地方官员等。

（6）企业内部公众：企业职工、各部门领导等。

（7）一般群众。

三、宏观营销环境

宏观环境，又称间接环境，是指那些对企业营销活动产生重要影响而又不为企业的营销职能所控制的全部因素，包括人口环境、自然环境、经济环境、政治法律环境、科技环境，以及社会文化环境等。

宏观营销环境对营销活动起着间接作用，是企业不可控的因素。

1. 人口环境

之前提到过，人是构成市场的重要因素。企业应重视对人口环境的研究，密切关注人口特性及其发展动向，及时地调整营销策略以适应人口环境的变化。影响企业市场营销的人口环境因素通常包括人口数量、人口分布、人口结构、人口质量四项。

（1）人口数量。企业营销首先要关注所在国家或地区的人口数量及其变化。总人口的数量是影响基本生活资料需求、基本教育需求的一个决定性因素，是决定市场规模的一个基本要素。我国 2011 年第 6 次人口普查全国总人数为 13.7 亿，这是一个非常庞大的市场。

（2）人口分布。不同地区的人们因气候条件、地理位置、文化传统、生活习俗的不同而产生消费习惯和购买行为的差异。人口在不同地区密集程度也是不同的，人口的密度不同，则市场规模大小不同、消费需求情况不同。我国北方和南方，东部和西部的消费习惯就存在着很大的差异。

（3）人口结构。人口结构是指将人口以不同的标准划分而得到的一种结果。构成这些标准的因素主要包括：年龄、性别、人种、民族、宗教、教育程度、职业、收入、家庭人数等。据第 6 次人口普查我国 60 岁以上人口突破 13%。这意味着我国逐步进入老龄化社会，老人市场很大。

知识链接

恩格尔系数

恩格尔系数是国际上通用的衡量居民生活水平高低的一项重要指标，是指食品支出总额占个人消费支出总额的比重。其主要内容是指一个家庭收入越少，用于购买生存性的食物的支出在家庭收入中所占的比重就越大。对一个国家而言，一个国家越穷，每个国民的平均支出中，用来购买食物的费用所占比例就越大。

（4）人口质量。人口质量，也称人口素质，可分为身体素质、文化科学素质和道德素质三个因素。社会越发展，社会人口质量的总体水平也就越高。发达国家对奢侈品、保健品等产品需求比较大，而发展中国家对生活必需品需求比较大。

目前全球人口环境方面呈现以下趋势：

- 世界人口迅速增长。
- 发达国家的人口出生率下降。
- 许多国家人口趋于老龄化。
- 许多国家的家庭小型化。
- 非家庭住户在迅速增加。非家庭住户有三种：① 单身成年人住户；② 两人同居者住户；③ 集体住户。
- 许多国家的人口流动性大。许多国家的人口流动都具有两个主要特点：① 人口从农村流向城市；② 人口从城市流向郊区。

2. 自然环境

自然环境是人类最基本的活动空间和物质来源。任何企业的生产经营活动都与自然环境息息相关，无论制造什么产品都需要原材料、能源和水等自然资源的供给。同时，企业的经营活动也影响自然环境的发展和再生过程。21 世纪，自然环境恶化是人类社会面临的一个主要问题，企业必须寻找与环境协调发展的途径和方法。企业的营销活动要更有效、更合理地使用自然资源，尽量减少生产经营对环境的破坏和影响。

3. 经济环境

经济环境包括影响消费者购买力及支出模式的各种因素，而购买力是构成和影响市场规模大小的要素之一，尤其需要重点关注的主要经济因素包括以下几种。

- 消费者收入：包括消费者个人薪酬、奖金、馈赠、投资收益等收入，消费者的购买能力主要来自于消费者的收入。
- 消费者的支出模式：消费者的支出模式会随着消费者收入水平的改变而改变。据调查，我国消费者收入偏低时，其收入的主要支出方向是食品和日用品；而当消费者收入不断增加后，其收入的支出逐步增加了教育、社交、个人投资、房产、汽车、珠宝奢侈品等消费支出。
- 消费者储蓄和投资信贷情况：每个家庭和个人都会拥有或多或少的“流动资产”，如储蓄、债券、股票等可以迅速变现的资产。以储蓄为例，在一定时期内，如果储蓄数额、股票投入等数量增加，那么用于购买消费品的支出就会减少；反之，如果储蓄数额、股票投入等数量减少，那么可用于购买消费品的支出就会增加。

4. 政治法律环境

政治法律环境是影响企业营销的重要宏观环境因素，包括政治环境和法律环境。政治环境引导着企业营销活动的方向，法律环境则为企业规定经营活动的行为准则。

5. 科技环境

科技的发展成为社会生产力最活跃的决定因素，知识经济为企业带来了机会与挑战，新科技的应用和发展对企业的发展产生了息息相关的联系，从而构成了影响和制约企业市场营销活动最为重要的宏观环境之一。如何妥善利用科学技术带来的市场机会和技术优势，已成为当今企业关注的一个重要问题。

6. 社会文化环境

社会文化环境是指一个国家、地区或民族的传统文化，通常由信仰、习俗、价值观念、行为方式、社会群体及相互关系等内容所构成。人类在某种社会中生活，久而久之必然会形成某些特定的文化，包括价值观、世界观、道德规范、风俗习惯等。目前，许多企业都在研究“本土化”的问题。“本土化”的实质是跨国公司将生产、营销、管理、人事等全方位融入东道国经济中的过程，有利于跨国公司降低海外派遣人员和跨国经营的高昂费用、与当地社会文化融合、减少当地社会对外来资本的危机情绪。

案例 2-1

肯德基在中国的营销环境分析

肯德基（简称为 KFC）是来自美国的著名连锁快餐厅。1987 年 11 月 12 日，肯德基在北京开设了在中国的第一家餐厅。2012 年 9 月 25 日，肯德基第 4000 家店——大连肯德基星海餐厅开业。从 1 家到 1000 家，肯德基花了 17 年时间，从 1000 家到 3000 家，肯德基用了 6 年；从 3000 家到 4000 家，肯德基只用了 2 年。在中国肯德基只用了 25 年，就成为中国境内餐饮的王者。肯德基高层透露，接下来他们将以每年新增 500 家店的速度扩张，尤其要在三、四、五线城市及乡镇拓展深耕。肯德基在中国市场为什么会有这样的成就呢？下面让我们一起来分析该公司是如何面对所面临的营销环境的。

1．微观环境分析

随着西式快餐在中国的成熟，肯德基在中国面临着很大的竞争压力，除了它永远的对手麦当劳之外，很多中国快餐迅速崛起，如永和豆浆、真功夫、沙县小吃等，众多具有中国特色的品牌开始进入人们的生活。为了更深入中国市场，肯德基开始提供中式的米饭套餐、面条等，尽量满足除青少年外的其他目标群体。

肯德基是一个著名的餐饮品牌，原料的供应和质量，对于这样的品牌影响是非常大的。2010 年，百胜公司的年度报告显示，肯德基原料供应本土化程度已达到 95%。近几年，肯德基食品安全问题开始不断涌现，继“豆浆门”之后肯德基又陷入“用油门”。现在的中国百姓，越来越注重食物的安全，这些问题的出现将影响到肯德基的经营和发展。

2．宏观环境分析

随着肯德基等洋快餐违规用工，以及采用变种鸡激素生产鸡翅、食物中添加过量苏丹红等一系列事件的曝光，洋快餐店开始受到了舆论的批评和食物部门、劳动部门的调查。这将会使我国加快相关法律法规的出台，肯德基肯定将会面临我国法律法规的更严厉的督查。

肯德基在中国要进行持续发展，所面临的环境因素很多。在这里不一一详细分析，各位同学可以根据所学的知识进行认真思考。

课堂随笔

案例评析

在中国，肯德基是一个成功的外资企业，在中国营销环境下，肯德基抓住了机遇，针对中国的营销环境，制定了一系列成功的营销策略。但是大规模的扩张让肯德基出现了一系列的问题，还需要继续去研究和解决。

四、环境威胁与市场营销机会

环境发展趋势可分为两大类：一类是环境威胁，另一类是市场营销机会。

1. 环境威胁

环境威胁是指环境中一种不利的发展趋势所形成的挑战。如果不采取果断的市场营销行动，这种不利趋势将危害到企业的市场地位。高明的市场营销者应善于识别所面临的威胁，按其严重性和出现的可能性进行分类，并采取相应的行动，以避开威胁或将威胁造成的损失降低到最低限度。

通常，企业面对威胁有三种对策：

（1）反抗，即试图限制或扭转不利因素的发展。

（2）减轻，即通过调整市场营销组合等来改善环境，以减轻环境威胁的严重性。

（3）转移，即决定转移到其他赢利更多的行业或市场。

案例 2-2

1998 年我国政府全面禁止传销后，雅芳、安利、完美等 10 家外资企业被批准采用“专卖店+雇佣推销员”的方式转型经营。但是自 2005 年直销法规出台后，转型企业的相关规定将于 2006 年 12 月 1 日废止，一旦企业没有申领到牌照就不能以直销模式运作。直销研究专家认为，从出台的《取缔非法传销条例》、《直销管理条例》两部条例来看，更吻合市场发展的轨道。但对于直销的企业来说，却是各怀心事，因为他们将面临的是一次严重的环境威胁。各直销企业都在试图在直销法规下探索出一种新的模式。

- 雅芳：积极配合中国政府进行直销法规的探索，最先拿到了在中国的直销牌照。
- 安利：直销法出台初期采取观望态度，经销商资源开始流失，业绩也随之下滑。
- 玫琳凯：推出“员工制”，高级销售人员全部转为员工，以此面对强大的转型压力。
- 完美：授权经销商开特许专卖店，突出连锁经营体系，面临商业模式转型问题。
- 百美：改名为苏州美伊娜多化妆品有限公司，转入百货店专柜销售。
- 娜丽丝：在市场上销声匿迹。

案例评析

中国直销法的颁布，让部分企业看到了市场机会，但让更多的直销企业感觉到威胁。企业是否能坚持走直销之路，并非完全由企业说了算，但企业的经营决策会决定企业的命运。

课堂随笔

2. 市场营销机会

市场营销机会是指对企业市场营销管理富有吸引力的领域，该领域内企业将拥有竞争优势。市场营销环境的威胁和机会常常是并存的。市场营销者的任务就是将人类的需求转变为企业的商机，从而为企业获取赢利。

案例 2-3

在金融危机肆虐全球，欧美发达国家汽车市场大幅滑坡，知名跨国汽车品牌身陷囹圄的时候，高速增长的中国自主品牌，纷纷开始了海外收购的步伐。而这其中，吉利收购沃尔沃，是最引人注目的。中国浙江吉利控股集团有限公司于2010年8月2日在伦敦宣布，已经完成对美国福特汽车公司旗下沃尔沃轿车公司的全部股权收购，成为中国首个跨国汽车企业。2012年沃尔沃汽车实现了若干战略合作，与中国国家开发银行签署备忘录，在新能源技术研发项目以及中国生产基地等方面开展合作。同时，2012年2月，沃尔沃汽车公司宣布成立沃尔沃汽车金融服务公司(VCFS)，将致力于在全球范围内建立专属金融方案。历经考验后，多位汽车业内人士都对吉利收购沃尔沃表示了极大的肯定。

案例评析

这是一个传奇，一度被外界视为“穷小子”的吉利，上演了全球汽车业为之一惊的“蛇吞象”壮举。吉利成功收购沃尔沃成为中国汽车产业海外战略的关键性转折事件，颠覆了全球汽车业的传统秩序。吉利收购沃尔沃的案例说明：审时度势，抓住机会，就是成功获取了商机。

课堂随笔

3．SWOT分析

SWOT分析是市场营销管理中经常使用的功能强大的分析工具，最早是由美国旧金山大学的管理学教授在20世纪80年代初提出来的：S代表Strength（优势），W代表Weakness（劣势），O代表Opportunity（机会），T代表Threat（威胁），详见图2-4～图2-6。

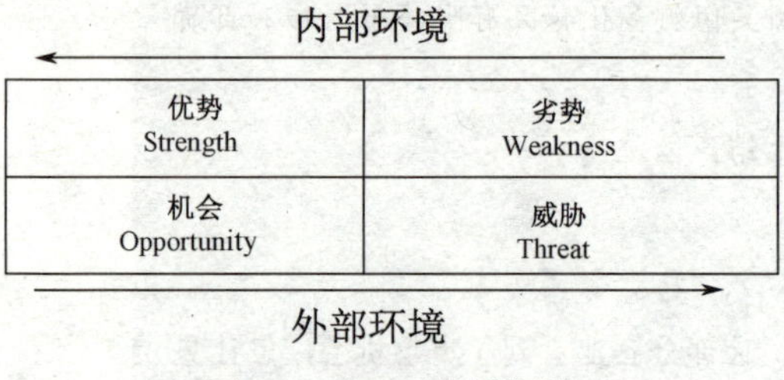

图2-4 SWOT分析矩阵

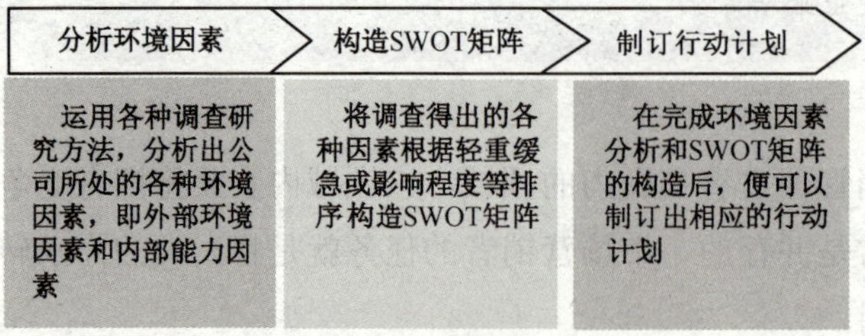

图2-5 SWOT分析步骤

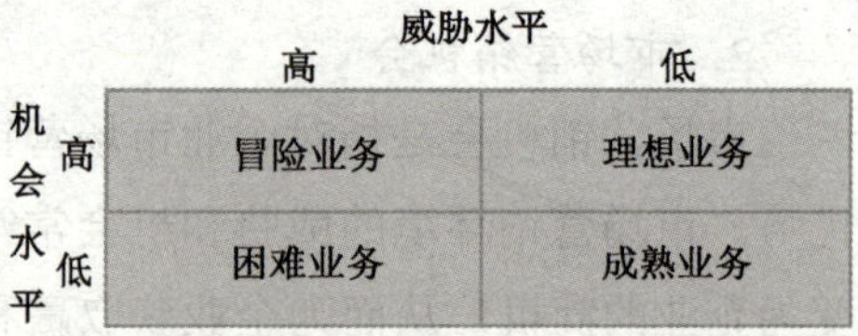

图2-6 环境综合评价

案例 2-4

某邮政公司对特快专递业务单元所做的 SWOT 分析

优势：S	劣势：W
① 特快专递服务推出较早 ② 技术支持较强能提供电子追踪服务 ③ 服务网络覆盖面广	①“特快专递”过去的形象不太好 ② 认知率不高 ③ 可靠性与速度不及私营公司
机会：O	**威胁：T**
① 私营速递公司大多以大公司为主要客户 ② 中小机构、个人的需求得不到满足	① 当地经济不太景气，外部环境不利 ② 速递业竞争对手林立，正面冲突可能招致报复

案例评析

通过 SWOT 分析，该邮政公司明确了“特快专递”的市场地位，也找到了努力的方向。由此，该邮政公司将自己的目标顾客定为中小机构和个别客户，向他们提供价格适宜的邮政服务；同时，将之后的推广活动的目标设为：树立品牌形象，提高“特快专递”的认知率，扩大顾客基础，提高市场占有率。

课堂随笔

想一想

如果你所就读的学校允许每个班在校内承包一个店面，你认为这项业务的开展存在着哪些优势、劣势、机会和威胁？

任务二　做好市场调查分析

一、市场调查概述

1. 市场调查的概念及作用

市场调查，又称市场调研，是采用各类科学的调查方式，通过有组织、有计划地开展收集、整理、分析市场资料，并提出调研报告，以便了解营销环境，发现问题和机会，作为市场预测和营销决策的依据。

市场调查的意义表现在以下几个方面：

（1）是认识市场、获得市场信息的最基本的方法，是科学决策的基础。

（2）是发现经营和管理中存在问题的重要手段。

（3）是市场预测的基础。

2．市场调查的类型

（1）根据购买目的不同，可分为消费者市场调查和生产者市场调查。

消费者市场是最终产品的消费市场，其购买目的是满足个人或家庭生活的需要。消费者市场调查主要是了解消费者需求数量和结构及其变化，而消费者的需求数量和结构的变化，受到多方面因素的影响，如人口、经济、社会文化、购买心理和购买行为等。

生产者市场购买目的是生产出新的产品或进行商品转卖，涉及流通领域和生产领域。产业市场调查主要是对商品供应量、产品的市场生命周期、商品流通的渠道等方面内容进行调查。

（2）根据流通环节不同，可分为批发市场调查和零售市场调查。

商品批发是进一步转卖或供给生产加工而进行商品出售的交易行为。批发市场调查主要是对批发商品交易的参与者、批发商品购销形式、批发市场的数量和规模、批发商品流转环节的不同层次等方面进行调查，进而了解批发市场的商品交易状况，分析商品批发市场的流通数量、流通渠道、商品流向等。

零售市场是为了满足个人或社会集团生活消费的商品交易市场。零售市场调查主要是调查零售市场的商品产销服务形式、零售商业网点分布状况及其发展状况、消费者在零售市场上的购买心理和购买行为、零售商品的数量和结构等。

（3）其他类型。

根据产品层次不同，可分为物质产品市场调查和服务市场调查。物质产品市场是指买卖对象为实物产品的市场，如食品类、衣着类、家电类等。服务市场是指买卖对象为服务产品的市场，如医疗保健类、娱乐教育类、文化服务类、金融保险类等。

根据空间层次不同，可分为国际市场调查和国内市场调查。

根据时间层次不同，可分为经常性、一次性、定期性市场调查。

根据调查对象范围的不同，可分为全面调查和非全面调查。

3．市场调查的基本方式

（1）根据调查样本产生方式的不同，常见的市场调查方式主要有市场普查、抽样调查、重点调查和典型调查四种。

市场普查。市场普查指对市场调查指标有关的所有目标进行调查，即对所要了解的调查对象全体进行逐一的、普遍的、全面的调查。市场普查是全面收集市场信息，从而获得较为完整的、系统的信息资料的一种方法。

抽样调查。抽样调查指从市场调查对象中采用随机抽取或根据调查要求制定的抽样规则抽取出一部分作为样本进行调查，然后根据样本信息，推算出市场总体情况的调查方法，抽样调查是市场调查中最常见的形式。

重点调查。重点调查指在调查对象中选定少数重点对象进行调查。所谓重点对象，是指在总体对象中处于重要地位的调查对象，或者在某项总体标志总量中占绝大比重的一些对象。重点调查的方式较易选定为数不多的重点对象，能够以较少的人力物力，较快的速度掌握调查对象的基本情况。

典型调查。典型调查指从调查对象中有意识地选择部分具有典型性或代表性的调查对象作为典型进行深入、系统调查的调查方式。

（2）根据市场调查方法的不同，常见的市场调查方式主要有实地调查、文案调查、问卷调查三种。

实地调查法。实地调查法是通过调查人员直接到市场或相关场所，如经销商年会、产品展销会、产品订货会、商品博览会、超市、商店等，采用耳闻目睹、访问访谈或借助科学观察工具等方式，收集、记录和整理当时正在发生的、处于自然状态下的市场现象有关资料的方法。

文案调查法。文案调查法是一种间接调查法，指利用调查者内部和外部现有的各种资料、信息、情报，以查阅和归纳的方式收集整理所需资料的市场调查方法。

问卷调查法。问卷调查法指运用统一设计的调查问卷，以面对面、电话、邮寄调查表格、互联网等方式，求得被调查者填答问卷，来收集市场有关资料的调查方法。问卷调查法是目前最常用的一类调查方法。

① 一份正式的调查问卷一般包括以下三个组成部分。

第一部分：前言。主要说明调查的主题、调查的目的、调查的意义，以及向被调查者表示感谢。

第二部分：正文。这是调查问卷的主体部分，一般设计若干问题要求被调查者回答。

第三部分：附录。这一部分可以将被调查者的有关情况加以登记，为进一步的统计分析收集资料。

② 调查问卷提问的方式可以分为以下两种形式。

一是封闭式提问，也就是在每个问题后面给出若干个选择答案，被调查者只能在这些备选答案中选择自己的答案。

二是开放式提问，就是允许被调查者用自己的话来回答问题。由于采取这种方式提问会得到各种不同的答案，不利于资料统计分析，因此在调查问卷中不宜过多。

③ 在设计调查问卷时，设计者应该注意遵循以下基本要求。

- 问卷不宜过长，问题不能过多，一般控制在 20 分钟左右回答完毕。
- 能够得到被调查者的密切合作，充分考虑被调查者的身份背景，不要提出对方不感兴趣的问题。
- 要有利于使被调查者做出真实的选择，因此答案切忌模棱两可，以致对方难以选择。
- 不能使用专业术语，也不能将两个问题合并为一个，否则可能得不到明确的答案。
- 问题的排列顺序要合理，一般先提出概括性的问题，逐步启发被调查者，做到循序渐进。
- 将比较难回答的问题和涉及被调查者个人隐私的问题放在最后。
- 提问不能有任何暗示，措辞要恰当。
- 为了有利于数据统计和处理，调查问卷最好能直接被计算机读入，以节省时间，提高统计的准确性。

案例 2-5

联想电脑市场问卷调查表

大家好！我们是联想电脑的代理商，想了解大学生对联想电脑的评价，并以此为依据来调整我们的经营决策，更好地满足大家的要求，尽力为大家提供喜欢的类型，以买到称心如意的电脑。因此希望各位能够认真评价，更希望您能提出详细且宝贵的意见，请尽快回复——您的关心是对我们最大的帮助，谢谢参与。

1. 您的性别：A. 男　　B. 女

2. 您会选择哪种款式的电脑：

A. 台式　　B. 笔记本

3. 您选择电脑时最关心的是：(可多选)

A. 价格便宜　　B. 性能好

C. 款式好看　　D. 质量好　　E. 其他

4. 您理想的购机价位：

A. 3500 元以下　　B. 3500 ～ 5000 元

C. 5000 ～ 7000 元　　D. 7000 元以上

5. 您是否了解联想电脑：

A. 不了解　　B. 一般了解　　C. 了解

D. 很了解

6. 您在哪里得到联想电脑的相关信息？（可多选）

A. 报刊或杂志　　B. 广告电视媒体 C. 亲朋好友介绍 D. 其他

7. 您是否看过联想电脑的广告？

A. 是　　B. 否

8. 您对其广告看法如何？

A. 差　　B. 一般　　C. 好　　D. 很好

9. 您是否满意联想电脑的售后服务：

A. 满意　　B. 一般　　C. 不满意

10. 您对联想电脑的意见或建议：(这项可多选，最好能再加上自己的观点)

A. 价格要便宜　　B. 外形要改进　　C. 售后服务改进　　D. 质量要提高

课堂随笔

4. 市场调查的主要内容

在进行市场调查时，需要调查哪些内容呢？主要包括以下几个方面。

（1）市场基本环境调查：包括政治法律环境、经济环境、社会文化环境、自然环境等。

（2）市场需求调查：包括人口数量、购买力调查、消费者结构调查、购买动机与行为调查等。

（3）市场供给调查：包括商品供给来源的调查、商品供应能力的调查、商品供应范围的调查等。

（4）市场营销活动调查：包括产品调查、价格调查、分销调查和促销调查。

（5）竞争对手调查。

5．如何开展市场调查

如何开展一次有效的市场调查呢？通常按照如图 2-7 所示的步骤来操作。

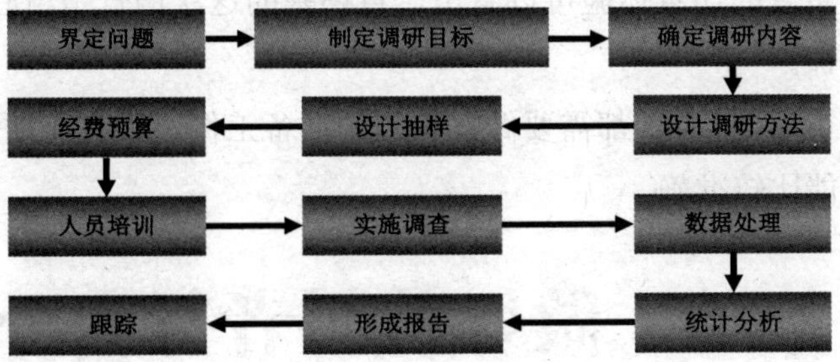

图2-7　市场调查步骤

以下是一位中国消费者以顾客的身份描写的被肯德基“调查”的全过程——

一个暑假，我们一行 3 人旅游来到北京城。一天，骄阳似火，几乎快将整个京城烤焦。在北海公园的树荫下，我们准备休息片刻。这时，一位衣着典雅脱俗，看上去文静、清秀的小姐微笑着朝我们走来说：“今天好热，女士们想喝点、吃点什么？”“谢谢！”我们中有两人同时回话。那位小姐紧接着说：“我是北京商学院的学生，暑假里被美国肯德基公司聘为临时职员，公司为了征求中国顾客对肯德基炸鸡的意见，在这个公园内设置了免费品尝点，还准备了一些免费饮料。”那位小姐指着公园东南边的小餐厅，“各位能否支持我的工作？谢谢。”

我们随着这位小姐走进了餐厅。餐厅内，大理石地面，奶白色的墙纸，粉红色的窗帘，两边墙上各有一排古铜色、方形的鸿运扇，正面墙上挂着巨大的迎客松图，20 多张大圆桌上铺着洁白的桌布，宽大明亮的窗户外是翠绿婆娑的修竹……这儿的一切使人感到仿佛身处春天。

待我们盥洗完毕，一位衣冠楚楚的男士彬彬有礼地请我们就座，并在每个人面前摆放好以塑料袋盛装的白毛巾，随之送上苏打饼干和白开水，以消除口中异味，片刻又送上油亮嫩黄的鸡块。

品尝后，一位女士开始发问：“您觉得这鸡块做得老了还是嫩了？”“鸡块外表是否酥软？”“鸡块水分多了还是少了？”胡椒味重了还是轻了？”“是否应加点辣椒？”“味精用量如何？”“还应加点什么佐料？”“鸡块大小是否合适？”这块鸡卖 0.9 元是贵还是便宜？”……其项目十分详细，令人赞叹。“那么，您对餐厅设计有什么建议呢？”她边说边拿出一大本彩色画册，显示了各种风格、色调和座位布置的店堂设计。她一边翻着画册，一边介绍着这个餐厅的设计，并不时问我们一些问题，如对墙壁、窗户的色调和图案的意见，对座椅靠背高低的意见，对座次排列疏密的意见，对室内光线明暗的意见等。

为了使气氛更轻松愉快，她还聊起了北京的天气和名胜古迹，之后，谈话很自然地又引入她的需要。“您认为快餐店设在北京哪儿最好？”“像您这样经济状况的人每周可能光顾几次？”“您是否愿意携带家人一起来？”最后，她询问了我们的地址、职业、收入、婚姻和家庭状况等。

整个询问过程不到 20 分钟。那位女士几乎收集到了我们能够给予的全部信息。临行前，引我们入座的那位男士又给我们每人送上一袋热腾腾的炸鸡，纸袋上“烹鸡美味，尽在肯德基”的字样分外醒目。“带给您的家人品尝，谢谢您的帮助”他轻声说道。

从以上这位消费者的切身体验可以看出，肯德基的这次调查是精心设计的，并对调查人员做了事前的培训。

在做任何一次市场调查时，都需要做好相应的准备工作。只有前期做好了充分的准备，调查所得的信息才能比较准确。

任务三 做好购买者行为分析

要对购买者行为进行分析，首先要思考以下几个问题：

WHO——谁是用户和潜在用户？

WHAT——他们想要什么？

WHERE——他们在何处购买？

WHEN——他们在何时购买？

WHY——他们为什么购买？

HOW——他们怎样制定购买决策？

一、消费者购买行为分析

消费者购买行为是指消费者为满足其个人或家庭生活而发生的购买商品的决策过程。企业营销通过对消费者购买的研究，掌握其购买行为的规律，从而制定有效的市场营销策略，实现企业营销目标。

1. 消费者购买行为的特点

（1）购买者多而分散，往往分批、多次、少量购买。

消费者购买涉及每一个人和每个家庭，购买者很多。但消费者市场是一个人数众多、幅员广阔的市场，由于消费者所处的地理位置各不相同，闲暇时间不一致，造成购买地点和购买时间的分散。

同时，消费者购买是以个人和家庭为购买和消费单位的，由于受到消费人数、需求量、购买能力、商品保质期等诸多因素的影响，消费者购买时往往选择分批、多次、少量购买。

（2）购买差异大，大多属非专家购买。

消费者购买因受年龄、性别、职业、收入、受教育程度、宗教信仰等因素的影响，其消费需求存在着较大的差异，随着社会经济的发展，消费者的消费习惯、消费观念、消费心理都在不断地发生变化，进一步加剧了消费者购买的差异性。“一月二百贫困户，四百五百刚够用，千儿八百是扮酷，两千三千是大户。”某高校网站BBS上的顺口溜，反映出大学生消费水平的差异性。

同时，大多数消费者缺乏相应的专业知识及价格和市场信息，特别是面对一些科技含量高、操作复杂的商品时显得尤为明显。故而在多数情况下，消费者购买时往往受感情的影响较大。因此，许多消费者很容易受到广告宣传、商品包装及其他促销方式的影响，产生购买冲动。

（3）购买的流动性大且存在周期性。

在市场经济比较发达的今天，人口在地区间的流动性较大，因而导致消费购买的流动性很大，消费者购买常常在不同产品、不同地区及不同企业之间流动。

而有些商品消费者需要常年购买、均衡消费，如日常用品、食物等生活必需品；有些商品消费者需要季节购买或节日购买，如时令服装、节日礼品；有些商品消费者需要等商品损坏或需要更新时才考虑重新购买，如手机、家电、汽车等。这些都表现出消费者购买存在一定的周期性。

（4）购买呈现出时代特征和发展趋势。

消费者购买常常受到时代精神、社会风俗习俗的导向，从而使人们对消费购买产生一些新的需要。例如，北京申办奥运成功以后，奥运福娃成为时代的风尚，随之流行起来；又如东盟召开以来，社会对东南亚国家小语种学习的重视，导致对小语种人才的需求量增加，从而使人们对学习小语种所需书籍和文化用品的需求明显增加。这些现象均显示出消费购买的时代特征。

2．影响消费者购买行为的因素

消费者的购买行为取决于他们的需要和欲望，而人们的需要和欲望，以及消费习惯和行为，是在许多因素的影响下形成的。这些因素包括：社会因素、文化因素、个人因素和心理因素。

（1）社会因素。

消费者的购买决策过程受到环境因素的影响。环境因素是指消费者各种社会因素的综合体，其包括各种事物、地点及其对消费者的认知和行为产生影响的社会群体和事物，如家庭，参照群体、社会阶层、文化因素等。

案例 2-6

汉口某市民按原计划奖励给考上大学的女儿2000元，很快，女儿就用2000元买了一部手机。过了几天，女儿跟她说同学都在准备买笔记本电脑、MP3、MP4等，她提出要购买一部电脑和一部MP4。这“两大件”一下子又花去了6000多元，加上入学前她为女儿置办的1000多元的衣物，总花费已经近万元。

案例评析

当消费者处在中学时代时，消费行为受家庭的影响最大，进入大学后因接触面广了，影响因素更多，参照物也与中学时相比发生了改变。

课堂随笔

（2）文化因素。

文化是人类欲望和行为最基本的决定因素，是在社会中成长的人通过家庭和社会组织的社会活动学习到一系列社会认可的基本价值、知觉、偏好和行为准则的整体观念。而每一种文化都包含着按民族、宗教、种族、地理、职业、性别、年龄、语言等标准进行划分，能为其成员提供更为具体的认同感和社会化的亚文化群体，如民族群体、宗教群体、种族群体、地域群体、女性群体、“80后”等。

（3）个人因素。

消费者的购买决策过程也受到各种个人因素的影响。这些因素有经济条件、生命周期、生活方式、个性等。

案例 2-7

随着中国经济的快速发展，中国女性崛起成为新的购买力量。全球领先的市场研究集团益普索（Ipsos）曾针对中国1～3线城市4000名20～44岁女性被访者进行了奢侈品牌消费调查。他们的研究发现，展现个人品位、彰显身份地位、确保生活品质、群体交往润滑剂、释放自己及真我性情是中国女性消费奢侈品牌的五大动因，分别占据20%左右的份额。

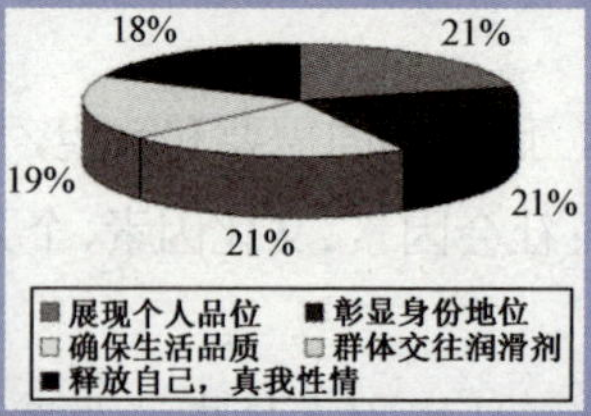

案例评析

以上数据说明，因为中国女性的社会地位和经济实力都得到了提高，所以，在消费方面更有主张和凸显个性。

课堂随笔

（4）心理因素。

消费者的购买决策过程受消费者心理活动过程的影响。所谓消费者心理活动过程，是指消费者在购买决策中支配购买行为的心理活动的整个过程。影响消费者心理活动的主要因素有动机、认知、学习和态度等。

动机是一种升华到一定程度的需求，它能够引导人们去寻求满足需求的目标。美国心理学家亚伯拉罕·马斯洛认为，人是有欲望的动物，需要什么取决于已经有了什么，只是尚未被满足的需要才影响人的行为，即已满足的需要不再是一种动因；同时，他认为人的需要是以层次的形式出现的，按其重要程度的大小，依次为生理需要、安全需要、社交需要、尊重需要和自我实现需要（如图2-8所示）。只有最低层次的需要被满足后，较高层次的需要才会出现并要求得到满足。

而所谓消费者的购买动机，是指消费者为了满足自己一定的需要而引起购买行为的愿望或意念，它是能够引起消费者购买某一商品或服务的内在动力。

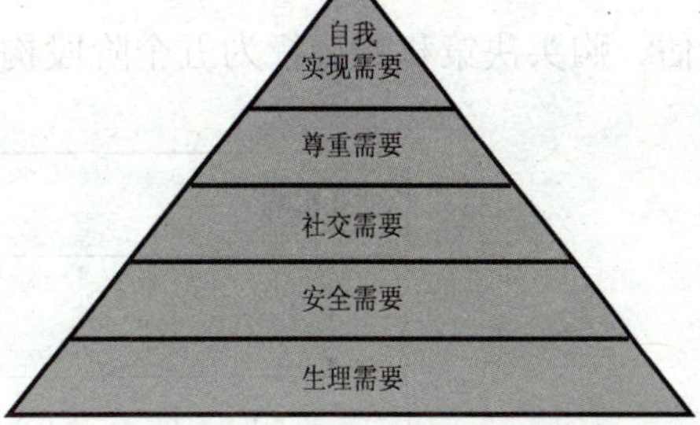

图2-8 马斯洛需要层次结构

通常情况下，消费者购买动机由三种要素组成。

（1）需要驱使。

（2）刺激强化。

（3）目标诱导。目标诱导是指消费者在接受众多的刺激时，能够引起消费者注意，促成购买行为的目标商品的诱发作用。

认知是消费者对产品或服务的感觉、知觉、记忆与思维的总和。消费者是否采取行动、怎样采取行动及采取什么样的行动，都会受到认识过程的影响。

学习是消费者在购买和使用产品过程中不断获得知识、经验和技能，不断完善其购买行为的过程。

态度是消费者在购买或者使用产品的过程中对产品或服务形成的反映，即对产品的好坏、优劣、肯定与否定的情感反映。

3．消费者购买决策过程分析

消费者在购买产品的过程中往往扮演着不同的角色，这些角色的类型包括如下几种。

（1）发起人——首先提出或有意向购买某产品或服务的人。

（2）决策人——对是否买、为什么买、怎么买、在哪里买等方面的决定做出全部或部分最后决定的人。

（3）实际购买人——最终执行实际采购的人。

（4）实际使用人——实际使用或消费产品或服务的人。

案例 2-8

凡客（VANCL，凡客诚品。是一家 B2C 的网上商城，由原卓越网创始人陈年先生创立。）CEO 陈年接受媒体访问时谈到了他眼中的女性消费者。陈年介绍，女性用户目前占凡客总用户的 65%，伺候好众多的女性消费者实属不易。在实际消费中，女性用户的退货比例最高，同时又非常挑剔。尽管女性消费者“很难对付”，但是凡客未来的重点仍然是她们。因为女性消费者在家庭中不仅对自己所需的产品进行购买决策，同时她们又承担了母亲、女儿、妻子、主妇等多种角色。

案例评析

女性消费者不但数量庞大，在购买中也起着决定性的作用。众所周知，有两类用户的钱最好赚：女人和孩子。而孩子的消费购买权也往往由母亲来掌握。所以，在营销过程中要好好地照顾好女人这个消费群体。

课堂随笔

通常情况下，在复杂购买行为中，购买者的决策过程由产生需求、信息收集、方案评估、购买决策和购后行为五个阶段构成，如图 2-9 所示。

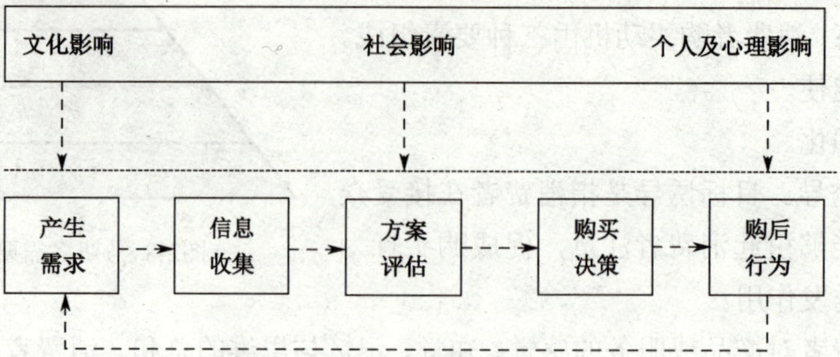

图2-9　消费者购买决策过程

消费者购买后的行为分析模式如图 2-10 所示。

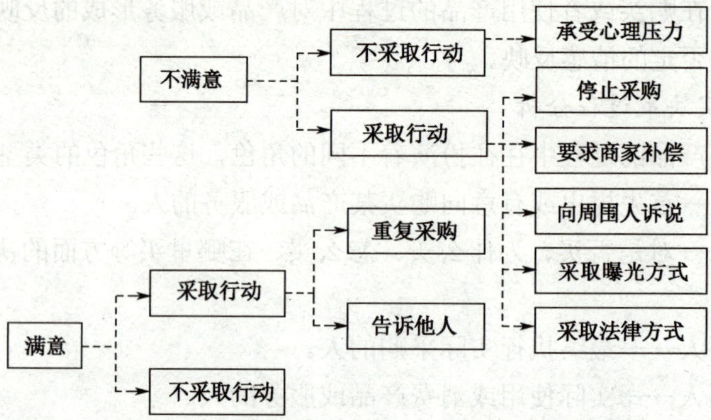

图2-10　消费者购买后的行为分析模式

指点迷津

德国大众汽车公司调查数据

- 一个满意的顾客会将他的经历讲给 3 个人听；
- 一个不满意的顾客会将他的经历讲给 15 个人听；
- 在26个不满意的顾客中，只有一人会公开抱怨，其余25人默默地去选择另一品牌；
- 3 次不愉快的经历，需要 7 次愉快的经历来消除；
- 开发 1 个新顾客的成本约等于留住 6 个老客户。

4．消费者购买的类型分析

（1）习惯型。此类型消费者由于对某种商品或某家商店的信赖、偏爱而产生的经常、反复的购买。由于经常购买和使用，他们对这些商品十分熟悉，体验较深，再次购买时往往不再花费时间进行比较选择，注意力稳定、集中。

（2）理智型。此类型消费者在每次购买前对所购的商品，要进行较为仔细研究的比较。购买感情色彩较少，头脑冷静，行为慎重，主观性较强，不轻易相信广告、宣传、承诺、促销方式及售货员的介绍，主要靠商品质量、款式。

（3）经济型。此类型消费者购买时特别重视价格，对于价格的反应特别灵敏。购买无论是选择高档商品，还是中低档商品，首选的是价格，他们对“大甩卖”、“清仓”、“血本销售”等低价促销最感兴趣。一般来说，这类消费者与自身的经济状况有关。

（4）冲动型。此类型消费者容易受商品的外观、包装、商标或其他促销手段的刺激而产生购买行为。购买一般都是以直观感觉为主，从个人的兴趣或情绪出发，喜欢新奇、新颖、时尚的产品，购买时不愿做反复的选择比较。

（5）疑虑型。此类型消费者具有内倾性的心理特征，购买时小心谨慎和疑虑重重。购买一般缓慢、费时多。常常是“三思而后行”，常常会犹豫不决而中断购买，购买后还会疑心是否上当受骗。

营销人员要善于观察顾客的购买行为，针对不同购买行为类型的顾客采取不同的营销策略，就能更好地把握机会，达成交易。

二、组织购买行为分析

1．组织市场的构成

组织市场指工商企业为从事生产、销售等业务活动以及政府部门和非营利性组织为履行职责而购买产品和服务所构成的市场。它可分为四种类型：生产者市场、中间商市场、政府市场、非营利性组织市场。

（1）生产者市场：是指购买产品或服务用于制造其他产品或服务，然后销售或租赁给他人以获取利润的单位和个人。

（2）中间商市场：是指购买产品用于转售或租赁以获取利润的单位和个人。

（3）政府市场：是指为了执行政府职能而购买或租用产品的各级政府和下属部门。

（4）非营利性组织市场：是指为了维持正常运作和履行职能而购买产品和服务的各类非营利性组织所构成的市场。

2．组织市场的特征

组织市场与消费者市场相比，具有以下特征。

（1）购买者的数量较少，但购买量较大。组织市场在总交易量、每笔交易的当事人数、客户经营活动的规模和多样性、生产阶段的数量和持续时间等方面，要比消费者市场大得多、复杂得多。

（2）组织市场的需求具有派生性，即最终取决于消费者市场的需求。组织市场的需求是从组织市场到消费者市场间各增值阶段一系列需求的派生。例如，出版社用纸市场的需求取决于对书籍和杂志的需求；皮鞋生产商对皮革的需求取决于人们对皮鞋的需求，如图 2-11 所示。

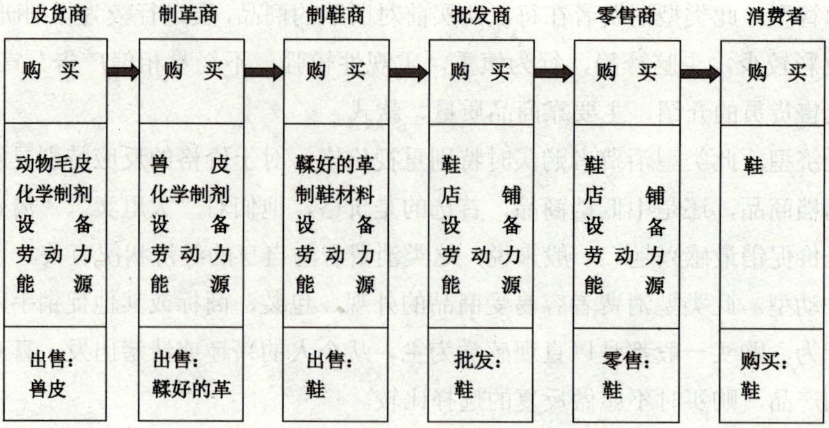

图2-11 皮鞋生产和分销的组织交易过程

（3）组织市场的许多需求缺乏弹性，有较明显的波动性。组织市场对产品或服务的总需求量受价格波动影响较小。在短期内组织市场的需求无弹性，因为组织不可能随时对其生产方式或运营模式做很多动变。

（4）购买专业性强，采取直接购买。由于购买金额较大，产品技术性能较为复杂，所以参与者较多，需要专业人员进行采购。在交易过程中，供需双方经常联系，所以关系密切。

（5）购买者在地理区域上相对集中。

任务四 做好目标市场分析

一、辨认市场细分

市场细分的概念由美国市场学家温德尔·史密斯于20世纪50年代中期提出。所谓市场细分是指通过市场调研，依据消费者的欲望和需求、购买行为和消费习惯等方面的差异，将某一产品市场整体划分为若干具有共同特征的消费群体市场的过程。

其结果是整体市场被划分为若干子市场（或细分市场或消费者群）。同一细分市场中的顾客需求有更多的共性，而不同的细分市场之间的消费者需求则有较多的差异性。

市场细分化是根据用户的不同需求来划分的，不是通过产品分类来划分的。市场细分化的对象是市场用户。

1. 市场细分的作用

有利于企业发现市场机会。消费者对产品的需求存在着某些共性，也存在着某些差异性。从需求的差异入手，通过市场细分，企业能够发现哪些需求已经满足，哪些需求还没有被满足。从而开发出新的市场机会。

麦当劳针对亚洲城市客户的需求，不断进行市场细分调整目标顾客，提供的服务和品牌形象在一天的各个时段中不断变化。早餐：针对希望有安静用餐地点的年轻专业人士和经理；午餐：针对希望能迅速解决午餐的年轻职业者和办公室职员；下午茶：针对没有课的学生和不上班的年轻人；晚餐：针对下班晚希望吃顿丰盛晚餐的人；晚餐后：针对中学生和年轻情侣；周末：针对孩子和他们的父母。

购买行为从来都不是简单的；大众营销正变得越来越困难，细分市场势在必行。

有利于掌握目标市场的特点。不进行市场细分，不认真区别各个细分市场的需求特征，就不能进行有针对性的营销。

有利于制定市场营销组合策略。市场营销组合是企业综合考虑产品、价格、销售渠道和促销形式等因素而制定的市场营销方案。对于某一个具体的市场而言，只有一种最佳的营销组合策略。

有利于提高企业的竞争能力。企业的竞争能力由于受到客观因素的影响而存在着差别，而通过市场细分之后，这种差别可以得到改变。因为竞争者很难在所有的细分市场上都保持优势。

2．市场细分的标准

产品的整体市场之所以可以细分，是由于消费者的需求存在差异性。引起消费者需求差异的变量很多，概括起来，细分市场的变量主要有四类：地理变量、人口变量、心理变量、行为变量。以这些变量为依据来细分市场就产生出地理标准、人口标准、心理标准和行为标准四种市场细分标准，详见表2-1。

表2-1　消费者市场细分标准

细分标准	具体变量
地理标准	国别、气候、人口密度、城乡、地理位置、交通环境、城市规模等
人口标准	社会阶层、年龄、性别、职业、收入、教育程度、家庭结构、种族、国籍等
心理标准	生活方式、性格、兴趣、偏好、对各种营销要素的敏感程度等
行为标准	购买动机、追求的利益、使用频率、品牌与商标的信赖程度、使用者情况等

（1）地理细分市场。

根据消费者所处的地理位置、自然环境来细分市场，如国家、地区、城市规模、气候、人口密度、地形地貌等方面的差异将整体市场分为不同的小市场。

处在不同地理环境下的消费者对于同一类产品往往有不同的需求与偏好，他们对企业采取的营销策略与措施也会有不同的反应。

在中国，南方人喜欢吃辛辣的食品，而北方人则偏爱吃面食。

美国通用食品公司根据美国东西部地区消费者对咖啡口味的不同需求，分别推出不同的产品，东部偏爱清淡的咖啡，而西部偏好口味醇厚的咖啡。

（2）人口细分市场。

按人口统计变量，如年龄、性别、家庭规模、家庭生命周期、收入、职业、教育程度、宗教信仰、种族、国籍等为基础细分市场。

- 性别。男性与女性在产品需求与偏好上有很大不同，如在服饰、生活必需品等方面均有差别。

- 年龄。不同年龄的消费者有不同的需求特点。
- 收入。高收入消费者与低收入消费者在产品选择、休闲时间安排、社会交际与交往等方面都会有所不同。
- 职业与教育。指按消费者职业的不同，所受教育的不同以及由此引起的需求差别细分市场。
- 家庭生命周期。一个家庭，按年龄、婚姻和子女状况，可划分为五个阶段：单身阶段、新婚阶段、满巢阶段、空巢阶段、孤独阶段。在不同阶段，家庭购买力、家庭人员对商品的兴趣与偏好会有较大差别。

不同年龄的消费者，由于在收入、生理、审美、生活方式、价值观念、社会活动、社会角色等方面存在差异必须会产生不同的消费需求，形成各有特色的消费者群体。

- 儿童市场，也称“向阳市场”。找出孩子的需求，挣孩子的钱。
- 中青年人市场，也称“活力市场”。中年人特点是“能挣会花”、“能拼搏会享受”
- 老年人市场，也称“银色市场”。老年人对保健食品、医疗、服务、娱乐等有着特殊的需求

（3）心理细分市场。

根据消费者所处的社会阶层、生活方式、个性特点等心理因素细分市场就叫心理细分。

- 社会阶层。指在社会中具有相对同质性和持久性的群体。处于同一阶层的成员具有类似的价值观、兴趣爱好和行为方式。
- 生活方式。人们追求的生活方式各不相同，有的追求新潮时髦，有的追求恬静、简朴，有的追求刺激、冒险，有的追求稳定、安逸。
- 个性特点。指一个人比较稳定的心理倾向与心理特征，它会导致一个人对其所处环境做出相对一致和持续不断的反应。通常，个性会通过自信、自主、支配、顺从、保守、适应等性格特征表现出来。因此，个性可以按这些性格特征进行分类，从而为企业细分市场提供依据。

（4）行为细分市场。

根据消费者对产品的了解程度、态度、使用情况及反应等将他们划分成不同的群体，就叫行为细分。

- 购买时机。根据消费者提出需要、购买和使用产品的不同时机，将他们划分成不同的群体。如生产农药化肥产品的企业可根据农民一年四季对农药化肥需求的不同，划分出不同的子市场。
- 追求利益。消费者购买某种产品是为了解决某类问题，满足某种需要，获得某种利益。如消费者购买首饰，有些是为了保值投资，有些是为了凸显身份地位。

- 使用者状况。根据消费者是否使用和使用程度细分市场。通常可分为经常购买者、首次购买者、潜在购买者和非购买者。大公司往往注重将潜在使用者变为实际使用者，较小的公司则注重于保持现有使用者，并设法吸引使用竞争产品的消费者转而使用本公司产品。
- 使用数量。根据消费者使用某一产品的数量大小细分市场。通常可分为大量使用者、中度使用者和轻度使用者。大量使用者的人数可能不是很多，但其消费量在总体消费量中占有很大比重。美国调查公司发现，啤酒的80%是被50%的消费者消费掉的，另外一半的消费者的消耗量只占消耗总量的20%。同时还进一步了解到大量喝啤酒的人年龄多在25～50岁，喜欢观看体育节目。很显然，根据这些信息，企业可以大大改进其在定价、广告传播等方面的策略。
- 态度。根据市场上消费者对产品的热心程度来细分市场。不同消费者对同一产品的态度可能有很大差异，如有的很喜欢持肯定态度，有的持否定态度，还有的则处于既不肯定也不否定的无所谓态度。针对持不同态度的消费群体进行市场细分并在广告、促销等方面有所不同。
- 品牌忠诚度。通过了解消费者品牌忠诚情况、品牌忠诚者与品牌转换者的各种行为与心理特征，为企业细分市场提供基础，有助于企业了解为什么有些消费者忠诚本企业的产品，而另外一些消费者则忠诚于竞争企业的产品，从而为企业选择目标市场提供参考。
- 购买准备阶段。有的消费者可能对某一产品存在需求，但不知道该产品的存在；还有的消费者虽已知道产品的存在，但对产品的价值、稳定性等存在疑虑；一些消费者则可能正在考虑购买。针对处于不同购买阶段的消费群体，企业应进行市场细分并采用不同的营销策略。

美国市场营销学家瓦尔特·约翰逊根据购买行为及其心理因素，将旅游市场细分为十种类型：商人型、冒险型、舒适型、匆忙型、享受型、追求趋势型、好奇型、经常外出型、活动型、游离不定型。

美国某服装公司将妇女分成“朴素型”、“时髦型”和“有男子气型”三类，分别为她们制造不同款式和颜色的服装。

3．如何进行市场细分

第一步：按消费需求、消费心态、消费模式等参数（标准）将用户和潜在用户进行归类，找出不同群体之间的差异性和每个群体的共性。

第二步：在这些子市场当中选出用户需求最强烈、购买动力最大、与本企业的特长最吻合的子市场。

最后：确立目标市场之后，还要清楚谁是相应的竞争对手，从而更有效地制订市场战略与竞争战略，壮大自己、削弱敌人。

案例 2-9

海尔的市场细分

海尔的研究人员发现夏天的衣服量少、洗得勤、传统的洗衣机利用率太低，于是推出小容量的“小小神童”，大受市场欢迎；

他们还发现有些地区的农民用洗衣机来洗地瓜，排水道容易堵塞，于是又开发出既能洗衣服，又能洗地瓜的“大地瓜”洗衣机，满足了这一细分市场的需求，迅速占领了当地的农村市场，受到农民的好评；

海尔还对家用空调市场进行调研，发现随着住宅面积的不断增加，壁挂空调和柜机都已不能满足所有居室的降温，于是提出“家用中央空调”的概念，开发出新品，获得了良好的回报。

案例 2-10

某铝制品公司用多变数来细分生产品市场

公司首先进行宏观细分。包括三个步骤：

a. 公司按照终端用户将把铝制品市场细分为汽车制造业、住宅建筑业和饮料容器制造业三个子市场，然后决定选择其中一个本公司能服务得最好的目标市场。最终选择住宅建筑业为目标市场。

b. 按照公司的产品应用进一步细分为半成品、建筑部件和铝制活动房屋三个子市场，然后选择其中一个为目标市场。最终选择建筑部件市场为目标市场。

c. 按顾客规模将建筑部件市场进一步细分为大顾客、中顾客和小顾客三个子市场。最终选择大顾客为目标。

最后，铝制品公司还要在大顾客建筑部件市场的范围内进行微观细分，按大顾客的不同要求（如产品质量、价格、服务等）来细分市场。最终公司倾全力于重点产品的市场部分。

案例 2-11

某服饰公司市场细分及目标市场的选择

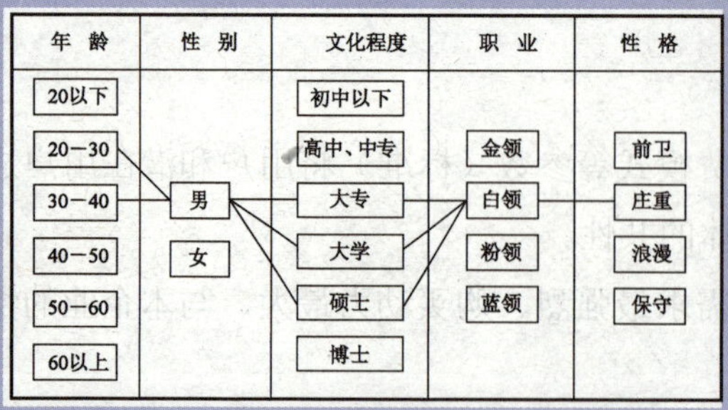

图2-12 服饰公司市场细分步骤图

该服饰公司经过市场细分，最终选择的目标市场是 20 ～ 40 岁的、具有大专到硕士文凭、注重庄重形象的白领男士，具体分析如图 2-12 所示。

二、选定目标市场

目标市场是企业决定要进入和服务的市场。企业进行市场细分的目的就是选择目标市场。企业在对整体市场进行细分之后，对各细分市场进行评估，然后根据细分市场的市场潜力、竞争状况、本企业资源条件等多种因素决定将一个或几个细分市场作为目标市场。

1. 目标市场选择的策略

（1）无差异市场策略。

无差异市场策略是指企业将产品的整个市场视为一个目标市场，用单一的营销策略开拓市场，即用一种产品和一套营销组合方案力求在一定程度上尽可能多地适应消费者需求。无差异市场策略只考虑消费者或用户在需求上的共性，而不关心他们在需求上的差异化。例如，可口可乐公司在1970年以前曾以单一口味的品种、统一的价格和瓶装外形、同一广告主题的策略将产品向所有消费者推荐。

无差异市场策略对于需求广泛、市场同质化高且能大量生产、大量销售的产品较为适合，如图2-13所示。

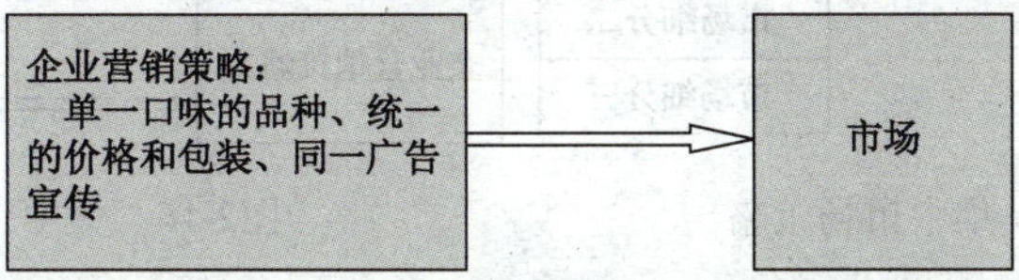

图2-13　无差异市场策略

无差异性营销战略的最大好处是成本低，但是，在消费者需求越来越复杂的今天，在企业间的竞争越来越激烈的现在，无差异营销的空间越来越小。因为，当竞争对手都在为各自的细分市场服务时，这种无差异营销战略在每个市场上都没有优势。

（2）差异市场策略。

差异市场策略是将整体市场划分为若干细分市场且同时进入几个子市场，并针对所进入的每个细分市场制定一套独立的营销组合方案，以适应各子市场的需求。如图2-14所示。例如，汽车制造企业针对不同社会阶层、不同收入水平、不同使用途径的消费者推出不同品牌、不同价格、不同性能的汽车产品，并采用不同的广告主题来宣传这些产品，就是采用的差异市场策略。

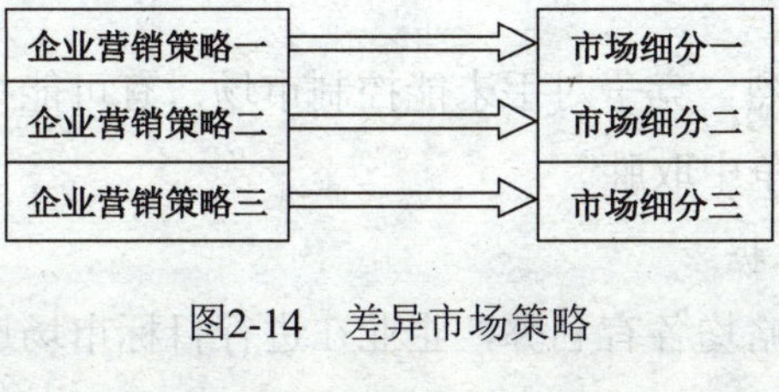

图2-14　差异市场策略

差异市场策略的优点在于：批量小、品种多，生产机动灵活、针对性强，便于更好地满足消费者需求，进而促进产品销售；企业在多个细分市场上经营，可在一定程度上减少经营风险。

差异市场策略的不足之处主要体现在：增加营销成本。产品品种多，管理和存货成本将增加；针对不同的细分市场发展独立的营销计划，增加企业在市场调研、促销和渠道管理等方面的营销成本；不能有效集中资源配置，顾此失彼，甚至在出现企业内部争夺资源的现象，使主打产品难以形成优势。

美国爱迪生兄弟公司经营了近千家鞋店，分为4种不同的连锁店形式，每种形式都是针对一个不同的细分市场。有的专售高价鞋，有的专售中价鞋，有的专售廉价鞋，有的出售时髦鞋。在芝加哥斯泰特大街短短3个街区内就有该公司的3家鞋店。尽管这些商店彼此很近，但并不影响相互的生意。因为它们是针对女鞋市场上的不同细分市场。

（3）集中市场策略。

集中市场策略是集中力量进入一个或少数几个细分市场，实行专业化生产和销售，力求在一个或几个子市场拥有较大市场占有率。如图2-15和图2-16所示。

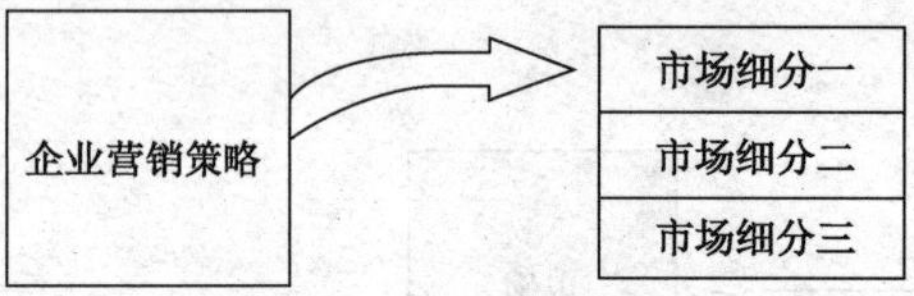

图2-15　集中市场策略一

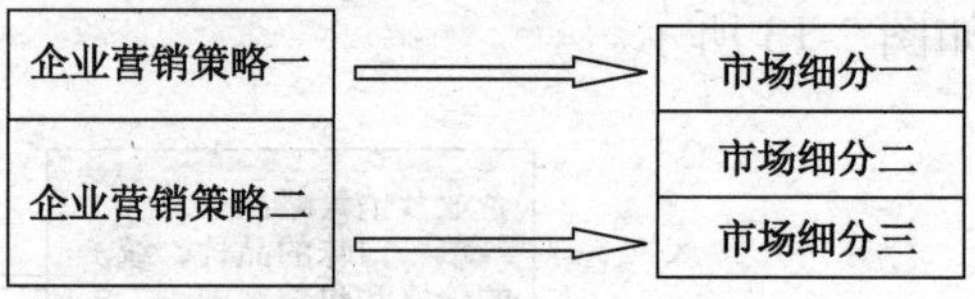

图2-16　集中市场策略二

集中市场策略特别适合于资源力量有限的中小企业。中小企业由于受财力、技术等因素制约，在整体市场无力与大企业抗衡，但集中资源优势在大企业尚未顾及或尚未建立绝对优势的某个或某几个细分市场进行竞争，成功可能性更大。

集中市场策略的局限性主要表现在：市场区域相对较小，企业发展受到限制；具有较大的风险性，一旦目标市场突然恶化，如消费者喜好发生转移，或强大竞争对手的介入，或新的更有吸引力的替代品的出现，都可能使企业陷入困境。

实施集中市场策略就必须充分了解消费行为，了解不同消费群体的差异及由此产生的不同需求，使产品更能够满足细分市场的消费需求。

2．选择目标市场应具备的条件

（1）拥有一定的购买力，有足够的销售量及营业额；

（2）有较理想的尚未满足的消费需要，有充分发展的潜在购买力，以作为企业市场营销发展的方向；

（3）市场竞争还不激烈，竞争对手未能控制市场，有可能乘势开拓市场营销并占有一定的市场份额，在市场竞争中取胜。

3．选择目标市场的依据

上述三种目标市场策略均各有利弊，企业在进行目标市场选择决策时要具体分析产品和市场状况及企业本身的特点。

（1）企业的资源和能力：企业实力越强越倾向于选择更多的细分市场和开发更多的产

品；反之，则倾向于选择较少细分市场和开发较少产品。

（2）产品同质性：产品同质性越强，越倾向于选择更多细分市场；产品差异性较大，则倾向于采用集中化或选择专业化。

（3）市场同质性：市场同质性越强，越倾向于选择更多市场，如采用产品专业化或市场全面化模式；市场差异性越大，越倾向于采用选择专业化或市场集中化模式。

（4）产品生命周期阶段：产品导入期和成长期多采用市场集中化和产品专业化模式；当产品进入成熟期后多采用选择专业化和市场专业化模式。

（5）竞争对手的市场战略：以差异化应对无差别化，以深层次细分或集中化来应对差别化。

三、市场定位

市场定位是20世纪70年代由美国学者阿尔赖斯提出的一个重要的营销学概念。所谓市场定位是指企业根据目标市场上同类产品竞争状况，针对消费者对该类产品某些特征或属性的重视程度，为本企业产品塑造强有力的、与众不同的鲜明个性，并将其形象生动地传递给消费者，以求得消费者认同的过程。

市场定位的实质在于取得目标市场的竞争优势，确定产品在目标顾客心目中的适当位置并留下值得购买的印象，以便吸引更多的顾客。

可以这样理解：

市场定位＝目标市场＋差别化（与竞争对手）＋定位沟通（与顾客）

力士香皂的定位——不是清洁、杀菌，而是美容。通过国际影星推荐，力士很快获得全球认知。

1．市场定位的原则

（1）差异化原则。

在这样一个信息爆炸的年代，要在消费者心中留下印象是很不容易的。必须做到差异化，以便消费者将你的产品和其他品牌的产品区分开来。如果定位所体现的差异性和消费者的需要相吻合时，产品或品牌才能常驻消费者心中。

（2）个性化原则。

产品与产品之间的某种差异，是可以通过调整经营策略和不断努力来缩小和同化的。无法拉近的是产品的个性，个性往往是无法仿造的。因此，市场定位应该遵循个性化原则，即赋予产品或品牌独有的个性，以迎合相应的顾客的个性。

（3）消费者导向原则。

在当今这样一个信息爆炸的年代，能进入人脑的信息是很少的。研究表明，人脑能同时处理的不同概念的信息单元小于或等于7个。由于人记忆的有限性，市场定位要创造新的记忆点。所以，关键是要想消费者所想，使传播的信息变成消费者自己想要说的话，满足他个人潜意识内的自我认同感。

（4）动态调整原则。

今天，社会环境在不断变化，所以企业也必须不断调整自己的经营目标、服务种类、技术水平、管理方式、定位策略，才能适应环境的变化。动态调整原则就是要求企业在变化的环境中，对周围环境时刻保持高度的敏感，及时调整市场定位策略。

2．市场定位的策略

（1）首席定位策略。即追求品牌成为本行业中领导者的市场定位。如广告宣传中使用“正宗的”、“第一家”、“市场占有率第一的”等口号，就是首席定位策略的运用。

（2）迎头定位策略。往往发生在市场主导者之间：如，可口可乐与百事可乐、麦当劳与肯德基、中国移动与中国联通。

（3）避强定位策略。企业避免与实力强劲的企业直接竞争，在定位上与他们拉开距离，推出与他们不同的产品属性及特征，以便与其区别开来，避免与他正面交锋。这种方式使企业能够利用市场中的空隙，进入空隙，树立形象站稳脚跟。由于风险小，成功率高，因而被很多企业所采用。

娃哈哈公司生产的“非常可乐”就是与可口可乐和百事可乐争夺中国市场采用了避强定位策略，定位为“中国人自己的可乐”。“非常可乐”既是“借力打力”又是避开了“两乐”的直接竞争。

（4）逆向定位策略。逆向定位是指企业在进行定位时，面对强大的竞争对手时，寻求远离竞争者的“非同类”的构想，使自己的品牌以一种独特的形象进入消费者心目之中。

“七喜”是逆向定位的典范。在充分了解到“可口可乐”和“百事可乐”在人们心目中已占有重要位置，并敏锐地洞察到消费者心中对可乐中含有咖啡因而萌发微小不安时，七喜汽水毫不犹豫地发动了“无咖啡因”战役。它投入4500万美元，掀起了一场声势浩大的广告攻势！向消费者大声疾呼：“你不会给孩子喝一杯咖啡，那么为什么还要给孩子喝与咖啡含有等量咖啡因的可乐呢？给他非可乐，不含咖啡因的饮料——七喜！”

（5）属性定位策略。属性是指产品本身所具备的主要性能，如安全性、可靠性、耐用性、方便性、速度等。

美国米勒（Miller）推出了一种低热量的Lite牌啤酒，将其定位为“喝了不会发胖”的啤酒；泰国的“红牛”（Red Bull）饮料则定位为“提神醒脑、补充体力”的功能性饮料。

（6）使用者定位策略。企业通过明确指出其产品适用者并借助使用者代表进行劝说，达到吸引目标消费者从而在市场上定位。

“太太口服液”定位于成年女性，“羽西”化妆品定位为专为亚洲女性所设计。

（7）特色定位策略。构成产品内在特色的许多因素都可以作为市场定位所依据的原则。如所含成分、材料、质量、价格、文化等。

“星巴克”（Starbucks）是美国一家连锁咖啡公司，它的产品不单是咖啡，而是通过咖啡这种载体，将一种独特的格调传送给顾客，为顾客提供一流的体验。

（8）重新定位策略。企业产品定位在最初的时候也许是合适的，但是由于在经营过程中，市场环境发生了变化，消费者购买行为发生了变化，企业要进入新的市场等原因，企业产品的定位变得不合时宜。此时，就需要对产品进行重新定位，改变产品原有的形象，树立一个新的形象。

美国的“万宝路”香烟就是由女性香烟“变性”后定位为男子汉香烟的成功案例。

3．市场定位的步骤

（1）找位：确定本企业竞争优势，提供更多特色以满足顾客的特定需求。

（2）选位：选择相对竞争优势，表明企业能够胜过竞争者的能力。

（3）到位：显示独特竞争优势。企业通过一系列的宣传促销活动，将其独特的竞争优势准确传播给潜在顾客，并在顾客心中留下深刻印象。

宝洁洗发水定位分析

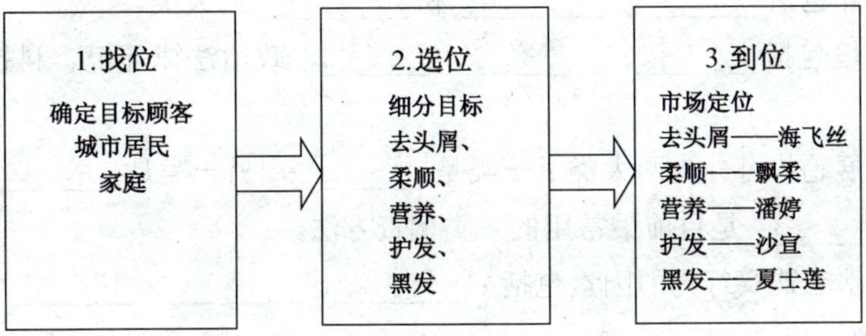

指点迷津

宝洁公司

宝洁公司（Procter & Gamble），简称 P&G。始创于 1837 年，是全球最大的日用消费品公司之一。宝洁公司经营的产品包括洗发、护发、护肤用品、化妆品、婴儿护理产品、妇女卫生用品、医药、食品、饮料、织物、家居护理、个人清洁用品及电池等。宝洁在中国的品牌包括：飘柔、潘婷、海飞丝、沙宣、伊卡璐、舒肤佳、玉兰油、SK-II、护舒宝、封面女郎、帮宝适、佳洁士、欧乐 -B、汰渍、碧浪、品客、吉列、锋速 3、博朗、金霸王、南孚等。

实训与练习

一、判断题

1．市场营销环境不是静止不动的，会不断变化。企业应把握营销环境的变化趋势，适应环境的变化，提高应变市场的能力。（　　）

2．微观营销环境也称为直接营销环境。（　　）

3．宏观营销环境是可控营销环境。（　　）

4．环境威胁是指环境中一种不利的发展趋势所形成的挑战。（　　）

5．马斯洛需要层次论认为：只有最低层次的需要被满足后，较高层次的需要才会出

现并要求得到满足。（ ）

6. 组织市场的需求具有派生性。（ ）

7. 市场细分化是通过产品分类来划分的，市场细分化的对象是产品。（ ）

8. 目标市场是企业决定要进入和服务的市场。（ ）

9. 差异性营销战略的最大好处是成本低。（ ）

10. 市场定位的实质就在于取得目标市场的竞争优势，确定产品在目标顾客心目中的适当位置并留下值得购买的印象。（ ）

二、填空题

1. 微观营销环境主要包括企业、______、______、______、竞争者和社会公众等因素。

2. 营销中介包括________、__________和__________三大类。

3. 宏观环境包括________、_________、________、政治法律环境、科技环境，以及社会文化环境等。

4. 环境发展趋势可分为两大类：一类是_________，另一类是__________。

5. _____________是目前最常用的一类调查方法。

6. 影响消费者购买行为的因素包括：_________、_________、__________和心理因素。

三、选择题

1. 以下哪些因素是属于微观营销环境因素（ ）。

a. 营销中介　　b. 竞争者　　c. 人口因素　　d. 经济因素

2. 面包车、轿车、摩托车、自行车都是交通工具，我们彼此之间形成（ ）竞争关系。

a. 行业竞争者　　b. 品牌竞争者

c. 形式竞争者　　d. 愿望竞争者

3. 宏观环境包括（ ）。

a. 人口环境　　b. 自然环境　　c. 经济环境　　d. 政治法律环境

4. 企业面对威胁的三种对策包括（ ）。

a. 反抗　　b. 减轻　　c. 转移　　d. 停产

5. 消费者购买行为的特点包括（ ）。

a. 购买者多而分散

b. 购买差异大，大多属非专家购买

c. 购买的流动性大且存在周期性

d. 购买呈现出时代特征和发展趋势

6. 目标市场选择的策略主要有（ ）。

a. 无差异市场策略　　b. 差异市场策略　　c. 集中市场策略

四、实训题

全球范围内，书店的第一轮倒闭潮早在21世纪初就开始了，其标志性的事件是红极一时的世界传媒巨头贝塔斯曼书友会的消亡。新一轮传统书店倒闭潮，正以一种令人沮丧的速度在全球蔓延。2011 年 7 月 22 日起，曾是美国第二大传统图书零售商的连锁书店 Borders 开始关闭旗下的 399 家店面，Borders 曾是美国第二大传统图书零售商，有着 40 年的历史，一度被认为是全美最佳书店，巅峰时期销售额更是达到 40 亿美元。同时，美国最大书商巴诺书店的生存问题也暗涌流动。著名的英国水石书店也曾宣布 2009 ～ 2010 年利润同比下滑 70%，备受打击。国内的书店境遇也不容乐观，据一项最新调查显示，在过去 10 年里，有近五成的民营书店倒闭。至今，民营书店仍未见曙光。

请利用课外时间进行市场调查并回答相关问题：为什么传统书店面临生存问题？他们目前遇到的主要环境威胁是什么？你对传统书店的经营有什么好的建议？

扩展阅读

1. 榜样人物——马云

马云，中国著名企业家，浙江绍兴人，阿里巴巴集团主要创始人之一。他是《福布斯》杂志创办 50 多年来成为封面人物的首位大陆企业家，曾获选为未来全球领袖。2012 年 11 月，阿里巴巴在网上的交易额突破一万亿大关，马云由此被扣以“万亿侯”的称号。

马云从小到大不仅没有上过一流的大学，而且连小学、中学都是三四流的，初中考高中考了两次。高考失败，弱小的马云做起踩三轮车的工作。直到有一天捡到一本书——路遥的《人生》，这本书改变他的想法：我要上大学！ 1984 年马云几番辛苦考入杭州师范学院。到了大学，因为他的英语太好了，总是班上前五名，闲得没什么事可做，马云就当上了学生会主席。

大学毕业后，马云在杭州电子工业学院教英语。1991 年，马云和朋友成立海博翻译社。翻译社一个月的利润 200 元，但房租就要 700 元。当大家动摇的时候，马云一个人背着大麻袋去义乌进货，卖小礼品、卖鲜花、卖书、卖衣服、卖手电筒。在 2 年时间里，他不仅养活了翻译社，而且还组织了杭州第一个英语角，如今，海博是杭州最大的翻译社。

1995 年，在出访美国时首次接触到互联网，回国后即创办网站“中国黄页”；1997 年，加入中国外经贸部，负责开发其官方站点及中国产品网上交易市场；1999 年，正式辞去公职，创办阿里巴巴网站，开拓电子商务应用，尤其是 B2B 业务。至今，阿里巴巴已是全球最大的 B2B 网站之一。阿里巴巴网站的成功，使马云多次获邀到全球著名高等学府讲学。

马云的终极梦想：七剑合璧、30 家公司、三波 IPO。在未来 10 年当中，阿里的生态系统当中会孕育出 1000 万小企业、提供 1 亿个就业岗位、面向 10 亿级消费者，而最终交易额会达到 10 万亿。

【马云语录】

- 今天很残酷，明天更残酷，后天很美好，但绝大部分人死在明天晚上，看不到后天的太阳。
- 看见10只兔子，你到底抓哪一只，有些人一会儿抓这只兔子，一会儿抓那只兔子，最后可能一只也抓不住。CEO的主要任务不是寻找机会而是对机会说NO。机会太多，只能抓一个。我只能抓一只兔子，抓多了，什么都会丢掉。
- 三年以前我送一个同事去读MBA，我跟他说，如果毕业以后你忘了所学的东西，那你已经毕业了。如果你天天还想着所学的东西，那你就还没有毕业。学习MBA的知识，但要跳出MBA的局限。
- 互联网是影响人类未来生活30年的3000米长跑，你必须跑得像兔子一样快，又要像乌龟一样耐跑。
- 如果早起的那只鸟没有吃到虫子，那就会被别的鸟吃掉。
- 互联网像一杯啤酒，有沫的时候最好喝。

2. “粥”的市场机会

当豫北农家女王丽英在扛着背包走进武汉时，亲戚为她找了个在医院做陪护的活。当她为陪护的阿婆煮的粥大受欢迎时，她开始一边继续做着护工，一边为开粥铺做着准备工作。

刚开始，由于本钱少，她没有实行店铺经营，而是推了一辆四轮小车，熬了一大锅稀粥，沿街叫卖。但最终一算账，并不比当护工强多少。王丽英思考后觉得生意不成功的问题是出在沿街叫卖上：一是不起眼，不易引起人的注意，回头客少；二是无法保持纯正的口味；三是无法让人确信粥的卫生程度。

问题找出来了，王丽英觉得又有信心干下去了。她决定改变经营方式，实行店铺式经营。1999年的正月十五，王丽英的粥铺开张了，取名“绿灯笼”。粥店开张后生意还不错，但是好景不长，随着天气慢慢变热，再加上品种的单一，王丽英的生意又开始下滑。王丽英觉得必须想一个办法来解决。她发现在她粥铺里喝粥的老年人都有健身的习惯，他们大都起得比较早，她想：能不能把喝粥与健身结合起来呢？

她又想到在自己的家乡有一些长寿的老人常喝的一种糯米粥。她马上全力推出这种新品种，并起了个响亮的名字：神仙粥。果然，这种城里难得一见定价两元的糯米粥，马上引起了众多老年食客的兴趣。一时间，小小的铺面挤得满满的。而且，王丽英还做了个特别的规定：这种神仙粥，每天五点半开始卖，一到七点半就停止。即使有特别嘴馋来得稍晚，也坚决不卖。王丽英解释说，这是将进食和健身有机地结合起来。假如不去运动而喝这种粥，对身体的滋补是没有多大的用处。一番质朴的健康理论，说到了众多老年人的心坎里，于是喝神仙粥的人不约而同地赶早，使得王丽英的粥铺名声大振，她终于打开了局面。

经过几年多的发展，到2002年，王丽英的粥铺面积从开始的五、六十平方米扩大到了近300平方米，员工从原来的几乎单枪匹马到雇了十个人，王丽英也成了一个小老板。

有一天，她去麦当劳庆祝生日，发现这里热闹非凡。什么原因呢？她的眼睛落在了满处乱串的儿童身上：是呀！家长把孩子当成心肝宝贝，他们想到麦当劳，大人就得陪着，一个小孩加两个大人，在节日里还有爷爷、奶奶相伴，花了钱还乐呵呵的。我要是让小孩也来我的店，不就能带来更多的收益吗？

王丽英为自己的新创意而兴奋。但是靠什么来吸引儿童呢？像麦当劳那样建儿童乐园吗？王丽英自问不可能比麦当劳做得更好。想来想去，她还是决定在粥上下功夫。一天，她从员工夜里喝熬粥的米汤中得到了启发：是呀，米汤最有营养，何不在这上面下点功夫呢？为了和一般的米汤区别开来，王丽英为它起名为米汁汤。为了更加吸引儿童的口味，王丽英特地多调了几种口味。米汁汤一经推出，马上得到了家长的青睐。他们觉得这滋味特别的米汁汤比麦当劳里的饮料要有营养得多，于是让孩子们喝米汁汤成了时髦。绿灯笼粥铺也如同麦当劳一般热闹起来，王丽英的店铺又显得狭小了许多。她马上想到要扩大营业面积。但粥铺办成酒楼是不现实的，于是王丽英决定向麦当劳那样走连锁经营的道路。

（摘自：www.3158chuangye.com）

项目三

制订产品开发策略

学习目标

深刻理解“产品的整体概念”、“产品组合的概念”、“产品生命周期的概念”；学会运用产品的整体概念去思考营销；认识到产品组合策略、产品品牌策略、产品包装策略及新产品开发对企业营销的重要意义，并学会简单运用上述策略。

听故事

60 多岁的沃尔逊先生从政府机构退休后，便迷上了电视台播放的自然节目。有一天，一家有线电视台播出了一辑关于月球探秘的纪录片，荧屏上主持人手拿月球地图，一边向观众讲解一边翻动着一页页相关的图片。

沃尔逊先生心想：这样看月球的平面图实在太费劲，也不够直观。地球和月球一样都是圆的，既然能将地球制成地球仪，为什么不能将月球制成月球仪呢？沃尔逊先生抓住这瞬间的灵感，决定将剩余的精力投入在月球仪的开发上。

1969 年 3 月，第一批精美的月球仪制作好后，沃尔逊先生亲自撰写了广告词并在电视台播出。结果，正如他所预料的那样，世界各地的订单随即滚滚而来。之后，沃尔逊先生每年都可得到 1400 多万英镑的订单，并且先后开发了火星仪、金星仪等产品，使家庭工厂逐步成长为世界型的大企业。沃尔逊的真知灼见与锲而不舍，终于开出了灿烂的花朵。

故事感悟 好的创意可以产生一个大企业。这个故事本身要告诉我们的是当你有了好的创意后就要身体力行去执行这个创意，将其转化为产品。尽管每个企业都在生产产品或服务，但只有那些能将产品或服务转变为消费者的需求的企业才能获得最终的成功。

学知识

任务一　认识产品的整体性概念

企业的市场营销活动，以满足消费者需要为中心，而消费者需要的满足只能通过提供某种产品或服务来实现。因此，产品是企业市场营销活动中的一个重要因素。

一、产品的整体性概念

1. 狭义的产品概念

人们通常将产品理解为具有某种物质形状并能提供某种用途的物品，是看得见、摸得着的东西。如食品、服装、手机等。这一概念强调的是产品的物质属性，是狭义的。

事实上，顾客购买某种产品，并不只是为了得到该产品的物质实体，而是要通过该产品获得某方面利益的满足。如购买化妆品的顾客不是在购买化妆品的物理、化学属性及其实体，而是在购买美容的希望。从这个意义上说，产品概念的内涵被扩展了。

2. 广义的产品概念——产品的整体概念

市场营销学认为，产品是指人们通过购买而获得的能够满足某种需求和欲望的物品的总和，它既包括具有物质形态的产品实体，又包括非物质形态的利益。如实物、服务、场所、组织、思想、主意等。它强调的是有形物质属性和无形消费利益的统一，是一个广义的、包含多层次内容的整体性概念，即“产品的整体概念”。

产品的整体概念包含三个层次：

（1）核心产品，也叫实质产品。是指消费者购买产品时所追求的基本效用和利益，即消费者购买产品的目的所在。例如，买饮料是为了解渴；买伞是为了遮阳或避雨。

（2）有形产品，也叫形式产品。是指消费者通过自己的感官可以接触到、感觉到的产品的实体和外观，包括产品的形态、形状、花色、式样、质量、品牌、商标、包装等。例如，洗衣机的有形产品就是其质量、外观式样、品牌名称和包装；而电影院的有形产品就是放映电影的场所和设施。

（3）附加产品，也叫延伸产品。是指消费者购买产品时所获得的全部附加服务和利益，包括提供信贷、免费送货、质量保证、维修、安装、技术指导、售后服务等。例如，药品和电器附赠的使用指导、说明书、质量保证。

图 3-1 为冰箱的整体概念示例。

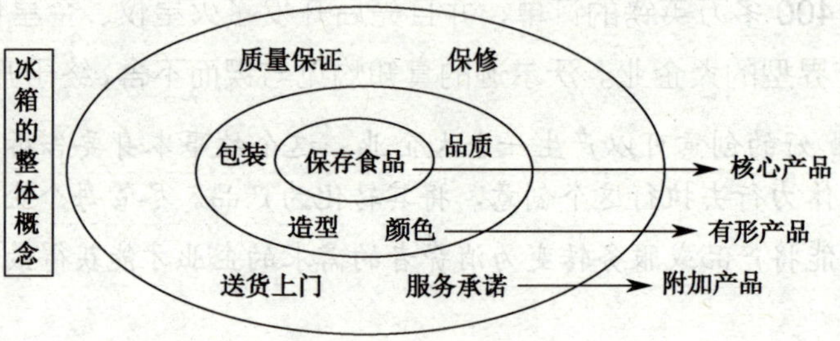

图3-1　冰箱的整体概念

议一议

对于旅馆来说，其核心产品、有形产品、附加产品分别是什么？

指点迷津

“体验”产品营销

产品除了包括有形商品和无形服务以外，还有第三种形式——“体验”。体验营销就是指一个公司以服务作为舞台，产品作为道具，以独特的方式和消费者一起创造一种值得回忆的体验。顾客真正购买的远不仅仅是产品和服务，而是他们在购买和消费这些产品和服务的时候所收获的体验。

二、如何运用产品整体性概念思考营销

产品的整体概念体现了以顾客为中心的现代营销观念。一个不懂得产品整体概念的企业是不可能真正贯彻市场营销观念的。企业必须学会运用产品整体概念去思考营销、开展营销。

（1）以消费者基本利益为核心，提供能满足消费者实际利益的产品。企业要竭尽全力地通过有形产品和附加产品去满足核心产品所包含的一切功能和非功能的要求，充分满足消费者的需求。

（2）在保证核心产品的前提下，精心设计与核心产品统一的实现形式。企业进行产品设计时，除了要重视消费者所追求的核心利益外，也要重视如何以独特形式将这种利益呈现给消费者，以求更完美地满足消费者需要。

（3）自觉向消费者提供并不断完善有效的附加产品。随着科学技术的日新月异以及企业生产和管理水平的提高，不同企业提供的同类产品在核心和有形产品层次上越来越接近，而附加产品在企业市场营销中的重要性日益突出，逐步成为决定企业竞争能力高低的关键因素。而国内外许多企业成功的一个很重要的原因就是他们更好地认识到了服务等附加产品在产品整体概念中的重要地位。

案例3-1

苹果平板电脑是由美国苹果公司推出的一款名为“iPad”的触摸屏平板电脑。让我们来分析它的整体产品概念组成。

- 核心产品部分：这部分主要体现在iPad能为消费者提供的功能方面，包括浏览互联网、收发电子邮件、操作表单文件、玩视频游戏、收听音乐及观看视频等。
- 形式产品部分：这部分主要体现在iPad的外观设计及材质、品质等方面。iPad是一款电子产品，样式新颖，采用了极高水平的工业艺术设计，这对消费者是一个很有力的卖点，满足了消费者的求美的心理需求。
- 附加产品部分：这部分主要体现在iPad除了产品本身之外还能为消费者提供的其他附加部分。既可是有形的实物也可是无形的服务产品。例如，消费者可以通过itunes到App Store苹果应用程序商店中购买和下载应用程序等。

课堂随笔

案例评析

企业要在激烈的市场竞争中取胜，就必须致力于创造自身产品的特色。而不同消费者对产品整体概念中不同层次的需求重点是不同的，从而形成了需求的多样性。因此，在产品整体概念的三个层次上，企业都可以形成自己的特色，从而与竞争产品区别开来。

名人名言

美国市场营销学家里维特教授断言："未来竞争的关键，不在于工厂能生产什么产品，而在于其产品所提供的附加价值：包装、服务、广告、用户咨询、消费信贷、及时交货和人们以价值来衡量的一切东西。"

任务二　认识产品的生命周期

产品生命周期理论是美国哈佛大学教授雷蒙德•弗农（Raymond Vernon）1966年在其《产品周期中的国际投资与国际贸易》一文中首次提出的。费农认为：产品和人的生命一样，要经历形成、成长、成熟、衰退的周期。

一、产品生命周期的概念

产品生命周期，简称PLC，是指产品的市场寿命或经济寿命，即一种新产品从开始进入市场到被市场淘汰的整个过程。

议一议

产品的市场寿命与产品的使用寿命是同一个概念吗？

两者并不是同一个概念。产品的使用寿命，即产品的自然寿命，是指产品的耐用程度，是产品从投入使用到损坏直至报废所经历的时间。如：鞋子穿破、牙膏用完等。其寿命长短取决于产品的自然属性、产品的使用强度、维修保养程度等因素。而产品市场寿命的长短则取决于市场因素，如科学技术的发展水平、产品更新换代的速度、消费者偏好的变化、市场竞争的激烈程度等。

案例 3-2

据国外媒体介绍，三星的一位高管曾说过"任何一款消费电子产品的市场生命周期都不会超过12个月"。这位高管还说，"消费电子市场是一个需要持续创新的领域，消费者对产品的质量和特征越来越挑剔，即使是入门级产品也需要有附加值，只有这样才能对消费者产生吸引力。因为一旦有新产品上市，或有更好的选择，消费者就会更换旧的产品。"因为电子产品市场生命周期越来越短，2013年智能机的销售格局又重新回到当年功能机的市场，即没有任何一家手机厂商的单一机种能够持续一统天下。

案例评析

电子产品的市场更新换代速度越来越快，为了降低产品生产成本，提高流通周期，每个生产厂家在推出一款电子产品时都会考虑到产品的生产及销售周期。根据产品市场生命周期的相关理论，在日渐缩短的产品流通周期内，生产厂家会尽量缩短产品的导入期，而想办法延长消费者对产品的需求及购买周期，尽可能激发和维持市场对产品的需求量，从而使本产品的市场价值达到最大化。

课堂随笔

二、产品生命周期的特点

典型的产品生命周期一般可以分成四个阶段，即引入期、成长期、成熟期和衰退期，如图 3-2 所示。在产品生命周期的不同阶段中，销售量、利润、购买者、市场竞争等都有不同的特征，企业需要制订不同的营销策略，才有可能获得较好的经济效益。

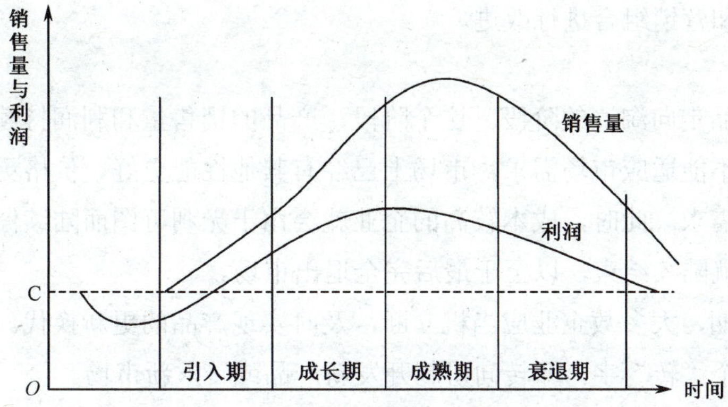

图3-2　产品生命周期

1．引入期

引入期指产品从设计投产直到投入市场进入测试的阶段。此时，产品品种少，顾客对产品还不了解，除少数追求新奇的顾客外，几乎无人实际购买该产品。生产者为了扩大销路，不得不投入大量的促销费用，对产品进行宣传推广。该阶段由于生产技术方面的限制，产品生产批量小，制造成本高，广告费用大，产品销售价格偏高，销售量极为有限，企业通常不能获利，反而可能亏损。

企业在产品引入期营销的主要目的是建立产品的知名度，使产品尽快地为消费者所接受。因此营销策略的重点是要突出一个“快”字，即尽量以最短的时间、最快的速度使产品进入成长期。

2．成长期

成长期指产品试销效果良好，购买者逐渐接受该产品，产品在市场上站住脚并且打开销路的阶段。这个阶段，需求量和销售额迅速上升。生产成本大幅度下降，利润迅速增长。与此同时，竞争者看到有利可图，将纷纷进入市场参与竞争，使同类产品供给量增加，价格随之下降，企业利润增长速度逐步减慢，最后达到生命周期利润的最高点。

企业在产品成长期营销的主要目的是扩大市场占有率，掌握市场竞争的主动权。因此营销策略的重点是要突出一个“好”字，即在继续扩大生产能力的同时，进一步改进和提高产品质量，防止因产品粗制滥造而失信于顾客，设法使产品的销售和利润进一步增长，获取最大的经济效益。

3．成熟期

成熟期指产品进入大批量生产并稳定地进入市场销售，市场需求趋于饱和的阶段。此时，随着购买产品的人数增多，产品普及并日趋标准化，成本低而产量大。销售增长速度缓慢直至转而下降，由于竞争的加剧，导致生产同类产品企业之间不得不加大在产品质量、花色、规格、包装服务等方面加大投入，在一定程度上增加了成本。

企业在产品成熟期营销的主要目的是千方百计维持甚至扩大原有的市场份额，尽量延长产品的市场寿命。因此在这一阶段企业营销策略的重点是要突出一个“改”字，即对原有的产品、市场和营销组合进行改进。

4．衰退期

衰退期指产品走向淘汰的阶段。这个阶段，产品的销售量和利润持续下降，产品在市场上已经老化，不能适应市场需求，市场上已经有其他性能更好、价格更低的新产品，足以满足消费者的需求。此时，成本较高的企业就会由于无利可图而陆续停止生产，该类产品的生命周期也就陆续结束，以至于最后完全退出市场。

在产品衰退期，大多数企业应当机立断，及时实现产品的更新换代。因此营销策略的重点是要突出一个“转”字，即转向研制开发新产品或转入新市场。

表 3-1 为产品生命周期四个阶段的特征对比。

表 3-1　产品生命周期四个阶段的特征对比

特征要素	引入期	成长期	成熟期	衰退期
产品状态	销量低、成本高、利润少	销售量急剧增加、成本下降、利润提高	销量稳定、利润最高	销售量急剧下降、成本增加、微利或亏损
竞争状态	竞争少	竞争白热化	竞争格局稳定、非价格竞争	竞争对手转移
消费者行为	好奇者购买	购买者开始增加	消费者迅速增加	消费者开始转移
营销策略	宣传、促销	改进、差别化	非价格竞争，开发新用途	延长、更换、转移
销售增长率	有正有负	＞10%	0%～10%	＜0%
普及率	1%～15%	15%～50%	50%～80%	＞80%

三、延长产品生命周期的方法

想一想

如何延长产品的生命周期？

延长产品生命周期主要是指延长产品的成熟期，尽量扩大消费者对现有产品的需求总量。可供企业选择的方法主要有以下几种。

1．不断发现新的购买和使用者

（1）用各种竞争手段将竞争企业的顾客争取过来，转而购买本企业的产品。

（2）设法刺激和促使未曾购买过本企业产品的顾客采取购买行动。例如，香水制造商可以设法说服不用香水的女性或男性使用香水。

（3）扩大销售区域，由地区的销售扩展到全国的销售，由国内销售扩展到国际销售，由一国的销售扩展到多国的销售。例如，美国有一家威尔斯汽车公司制造专门应付崎岖道路的汽车，在美国销售了一阵子，等到美国的多数公路都铺设完成之后他们就向加拿大推销，再一次创下销售高潮。一旦加拿大的道路也铺设得差不多了，他们就将目标放在南美洲，再转向其他区域。

（4）增加目标市场，进入新的细分市场。例如，“二战”后的一段时期，美国人口出生率很高，强生公司生产的婴儿洗发香波在市场上颇为畅销。后来，随着美国人口出生率下降，强生公司又将目光转移到中青年妇女身上，改变广告宣传内容，强调其产品的特点是能使头发柔润、松软，具有光泽，也适用于成年人，从而使该产品销量大增。

2．不断开发产品的新用途

所谓新用途是指产品另外的用场。例如，吉列刀片是男性用来刮胡子的，对女性没有什么用，但公司针对多毛的女性进行细致分析而成功开发出女士专用剃刀。

3．不断变化改进产品

包括改进产品性能，提高产品质量，增加品种、型号、款式，创出产品新的特色，为顾客提供新的服务等。例如，美国一家动力机械厂将动力机引入割草机，提高了割草速度，之后又进行了全面操作方面的改进，使它既能割草又能铲雪，从而大大提高了产品的市场地位，增加了销量。

4．设法增加产品的使用量

（1）促使消费者在更多的场合使用该产品。例如，香水制造商建议消费者不仅在参加社交活动时使用香水，日常也可使用。

（2）增加使用该产品的频率。例如，食品生产厂商在包装上附有多种烹调方法，以刺激消费者增加购买数量。

（3）增加每次消费的使用量。例如，宝洁公司曾给予顾客一个建议：“用海飞丝洗发精洗头时，使用两次比一次更为有效。”

议一议

2013年的中秋节因为“五仁月饼”而显得更加热闹。五仁月饼，是月饼中最著名的口味之一，因馅中有杏仁、核桃仁、花生仁、芝麻仁和瓜子仁，而取名“五仁”，同时也有圆满和谐的寓意。不过，这一经典月饼馅儿，已经接连两年遭到网友的无情吐槽。有人说五仁月饼因为“老态龙钟”、“太难吃”应该退出月饼界。从营销角度思考，我们该如何延长“五仁月饼”的市场生命周期呢？

任务三　认识产品的组合策略

产品像人一样，都有其成长到衰退的过程。因此，企业不能只经营一种产品，世界上很多企业经营的产品往往种类繁多，如海尔拥有10 800多个产品品种，平均每天开发1.3个新产品，美国通用电气公司经营的产品多达25万种。当然，并不是经营的产品越多越好，一个企业应该生产和经营多少种产品才是有利的？这些产品之间又该如何搭配？这就是产品组合的问题。

一、产品组合的概念

1．产品组合

产品组合是指一个企业生产或经营的全部产品线、产品项目的组合方式，即该企业生产或经营的全部产品的结构。如图3-3即为某公司的产品组合示例。

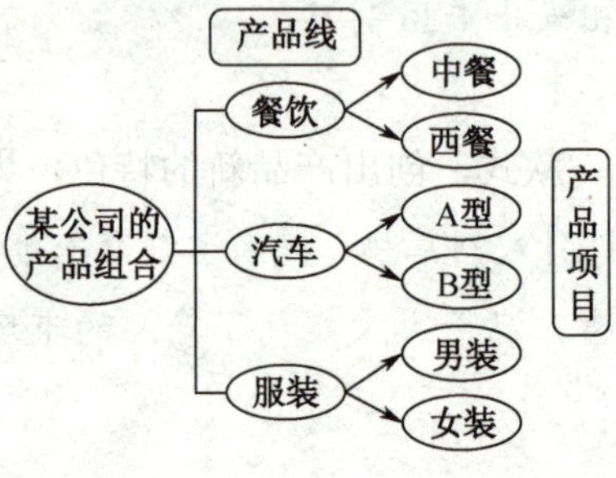

图3-3　某公司的产品组合示例

（1）产品线也称产品大类、产品系列，是指具有类似功能，能够满足消费者同类需要的一组相似或相近的产品。某商场经营的产品大类有食品类、鞋类、家电类、成衣类、化妆品类、儿童玩具类等。又如某家电厂生产的产品有电视机系列、洗衣机系列、冰箱系列和空调系列。

（2）产品项目是指产品线中各种不同品种、规格、型号、款式、质量或价格的特定产品，在企业产品目录中列出的每一种产品就是一个产品项目。在海尔冰箱系列中，有单开门、双开门、三开门、多开门、对开门等各种产品项目。

2．产品组合要素

对企业产品组合的衡量可用宽度、长度、深度和关联性四个要素。

（1）产品组合的宽度，也称产品组合的广度，是指企业生产经营的产品大类有多少，即企业的产品线总数。

（2）产品组合的长度，是指企业所有产品线中产品项目的总和。

（3）产品组合的深度，是指产品线中每个产品项目有多少花色、品种、规格。例如，美国宝洁公司的众多产品线中，有一条牙膏产品线，生产格利、克雷丝、登奎尔 3 种品牌的牙膏，所以该产品线有 3 个产品项目。其中克雷丝牙膏有 3 种规格和两种配方，则克雷丝牙膏的深度就是 6。

（4）产品组合的关联性是指企业的各条产品线在最终用途、生产条件、目标市场、分销渠道等方面相互联系的程度。例如，美国宝洁公司的产品线有：清洁剂、牙膏、香皂、洗发水，其相互关联性较大；而美国亨特食品和工业公司的产品线有：食品、油漆、玻璃、钢铁，其相互关联性较小。

案例 3-3

试分析如图 3-4 所示产品组合的四大要素。

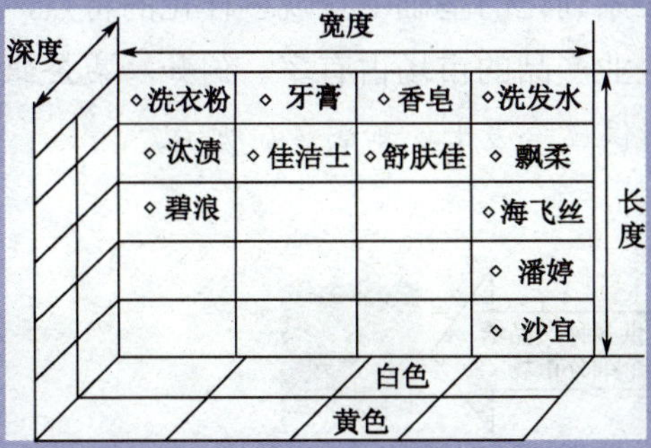

图3-4　产品组合示例

课堂随笔

案例评析

图 3-4 所示产品组合有洗衣粉、牙膏、香皂、洗发水四大类产品，因此该产品组合的宽度是 4；所有产品线下有 8 个不同品牌的产品，因此该产品组合的长度是 8；其中舒肤佳香皂有白色和黄色两种不同颜色的产品，因此舒肤佳香皂的深度是 2；洗衣粉、牙膏、香皂、洗发水这四大类产品都属于清洁类产品，因此该产品组合的关联性较大。

议一议

请根据下表讨论：（1）产品线的宽度和长度。（2）哪些产品关联性较大？

电器	牛奶	家具	针织品	奶粉	帽子	服装	雪糕
冰箱	加钙奶	木制	内衣	老年奶粉	童帽	儿童服装	红豆
微波炉	脱脂奶	藤制	床上用品	婴儿奶粉	运动帽	老年服装	夹心
洗衣机	儿童奶		装饰布	青少年奶粉	礼帽	工作服	三色
空调	全脂奶						牛奶
吸尘器							香芋

二、产品组合的类型

1．单一化组合

单一化组合是指企业只生产某一类产品以满足特定的细分市场。一些小企业为了解决资金不足、竞争力弱等问题，可以采用这种产品组合方式。例如，某企业生产的牙膏只供应给儿童消费者，如图 3-5 所示。

图3-5　牙膏示例

2．市场专业化组合

市场专业化组合是指企业用多条产品线和多个产品项目来满足某一专门目标市场。采用这种产品组合方式，可以使企业的产品在系列化的基础上呈现多样化的特点，从而在目标市场上形成自己独特的技术优势，提高企业产品的市场占有率。例如，某企业生产多种产品系列，有领带、衬衫、公文包等，专门供应给男士，如图 3-6 所示。

图3-6　产品系列示例

3．产品专业化组合

产品专业化组合是指企业集中生产某一类产品，并将这类产品同时供应几个不同的细分市场（当然产品在功能、质量、档次、规格或款式等方面会有所不同）。采用这种产品组合方式便于发挥企业的行业技术和经营专长，使企业成为某一行业营销活动的主导企业。例如，某企业根据医院、酒店、家庭等客户各自的需要，分别向他们提供不同质量、档次和款式的棉被，如图 3-7 所示。

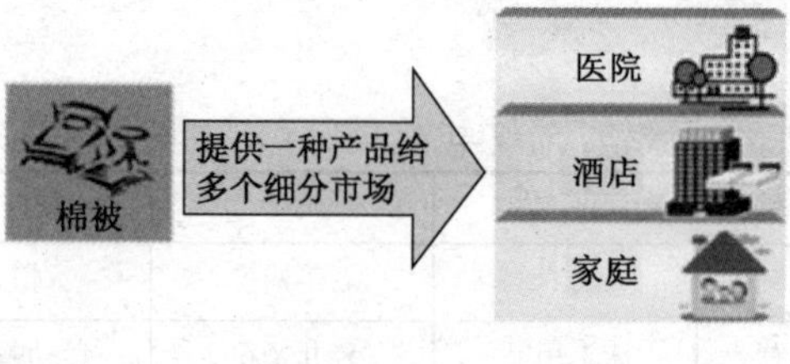

图3-7　棉被示例

4．选择性组合

选择性组合是指企业用多个具有特色的产品进入若干特定的目标市场。这种组合方式的产品多样化，市场分散化，产品组合的关联性较小。例如，某企业选择生产玩具、服装和食品，分别供应给儿童、成人和老人消费者，如图 3-8 所示。

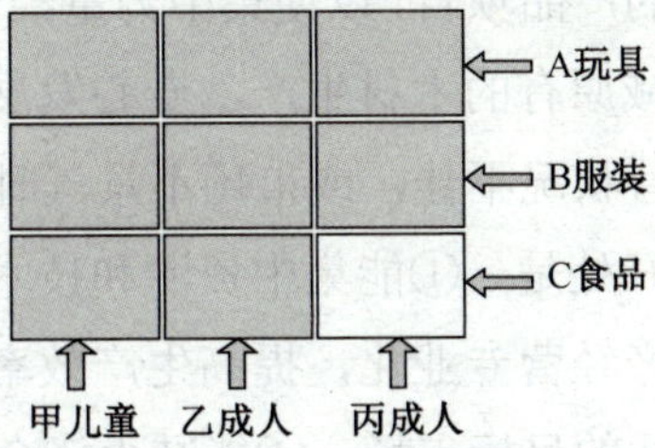

图3-8　企业产品示例一

5. 多样化组合

多样化组合是指企业将整个市场作为目标市场，以多条产品线来面向各个细分市场。一些资金雄厚、竞争力强的大企业大多采取这种产品组合方式。例如，某企业生产彩电、冰箱和空调等电器产品，全面供应给家庭、餐馆和医院等各个细分市场，如图 3-9 所示。

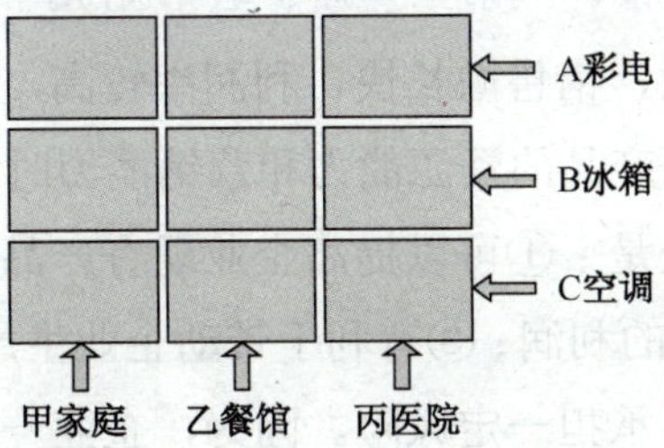

图3-9　企业产品示例二

三、产品组合的策略

产品组合策略是指企业根据市场需求、竞争形势和企业自身的经营目标及能力对产品组合的宽度、长度、深度和关联性方面做出最优化的决策。常用的产品组合策略主要有以下几种。

1. 扩充产品组合策略

扩充产品组合策略是指扩大产品组合的宽度和加强产品组合的深度。前者是在原有产品组合中增加一条或几条产品线，扩大产品经营范围，如某企业在家电类产品的基础上开始生产通信类产品手机。后者是在原有产品线中增加新的产品项目或在原有产品项目中增加新的产品花色、品种和规格等，如某家电企业推出智能型的新款洗衣机。这种策略通常是在企业现有产品线销售额或利润率下降，或某类产品竞争异常激烈时采用。

实行扩充产品组合策略的好处是：①能满足不同偏好的消费者多方面需求，提高产品的市场占有率；②能充分利用企业信誉和商标知名度，完善产品系列，扩大经营规模；③能充分利用企业资源和剩余生产能力，提高经济效益；④能增加市场竞争力，减少季节性与市场需求变化的影响，分散市场风险，降低损失程度。

2．缩减产品组合策略

缩减产品组合策略是指缩小产品组合的宽度或深度，即削减产品线或产品项目，特别是要取消那些获利小甚至亏损的产品项目，以便集中力量经营获利大的产品线和产品项目。例如，诺基亚公司就成功地缩减原有的木材生产，专心发展无线通信事业，并获得巨大成功。这种策略通常是在企业经营状况不佳，或市场不景气时采用。

实行缩减产品组合策略的好处是：①能集中资源和技术力量改进保留产品的品质，提高产品的竞争力；②能实现生产经营专业化，提高生产效率，降低生产成本；③有利于企业向市场的纵深发展，寻求合适的目标市场；④能减少资金占用，加速资金周转。

3．延伸产品组合策略

延伸产品组合策略是指全部或部分地改变原有产品的市场定位，具体有以下三种方式：

（1）向上延伸，是指企业在原有产品线的基础上，逐渐增加高档产品项目，即由低档向中高档或中档向高档延伸。北京燕京啤酒厂生产的燕京啤酒在进入市场初期，以质优价廉的产品形象占据了啤酒的低端市场。经过多年的发展，企业不断向市场推出中、高档产品，如燕京纯生啤酒、精品燕京、燕京王啤酒、燕京优级啤酒等产品，逐渐占领高端啤酒市场。当高档产品市场需求大、销售增长快、利润率较高，且高档产品市场上的竞争者比较弱，同时企业具备经营高档产品的资源能力和营销能力时，可以采用这种策略。

实行高档产品策略的好处是：①可以提高企业现有产品的声望，提高企业产品的市场地位；②容易为企业带来丰厚的利润；③有利于带动企业生产技术水平和管理水平的提高。

采用这一策略的企业也要承担一定风险。因为，企业一贯生产廉价产品的形象在消费者心目中不可能立即转变，使得高档产品不容易在短时间内打开销路，从而影响新产品项目研制费用的回收。

（2）向下延伸，是指企业在原有产品线的基础上，逐渐增加低档产品项目，即由高档向中低档或中档向低档延伸。当企业的中高档产品已树立了良好的形象，而且高档产品的销售增长速度缓慢或下降、企业的高档产品受到激烈竞争的冲击等情况下，可以采用这种策略。

实行低档产品策略的好处是：①借高档名牌产品的声誉，吸引消费水平较低的顾客慕名购买该产品线中的低档廉价产品；②容易扩大市场占有率，增加销售额；③可充分利用企业现有生产能力，补充产品项目空白，形成产品系列。

与高档产品策略一样，低档产品策略的实行能够为企业寻求新的市场机会，但同时也会带来一定风险。如果处理不当，可能会影响企业原有产品的市场声誉和名牌产品的市场形象。

这一策略运用得炉火纯青的当属美国的宝洁公司。在经过多年的中国市场培育和品牌形象打造之后，宝洁品牌在中国市场已经深入人心，飘柔、海飞丝、潘婷、沙宣等品牌分别以精准的功能定位和“高档”的品牌形象赢得良好的知名度和美誉度，随着中国洗涤日化行业竞争的不断加剧，当越来越多的国产品牌以更占优势的价位和强力的广告宣传纷纷抢占市场时，宝洁不得不改变策略，推出一系列“平民价位”的产品，给竞争对手以有力的打击。更重要的是，宝洁这一举措丝毫无损于它一贯的“高档”形象，反而给人“更具亲和力”的感觉，不得佩服宝洁的营销功力。

案例3-4

美国派克公司是世界闻名的跨国公司，它创建于1886年，经过100多年的发展，在世界各地设有12家分公司、120多个销售商和独家经销商，产品行销154个国家和地区。但是，自20世纪80年代以来，派克公司却连年亏损，以致在1985年2月被其在英国的经理集团收购。

有关专家认为，经营决策失误是派克公司经营状况江河日下的主要原因。过去，派克公司以生产优质、高档的钢笔而享誉世界各地，派克金笔曾被许多人用来显示自己的身份与地位。到20世纪80年代，美国克劳斯钢笔公司向派克公司发起进攻，大量生产新型的高档钢笔。派克公司的主管人员为在竞争中取胜做出了一个错误的决策：将公司生产重点由优质、高档钢笔转向廉价的低档钢笔。结果，派克公司的形象受到严重损害，许多失望的消费者转而去购买克劳斯等公司生产的钢笔，而派克公司开拓生产的廉价钢笔又无法适应消费者的特点，不能吸引新的消费者。在这种情况下，派克公司完全丧失了竞争优势，销售额每况愈下，亏损日益增加，以致1984年亏损额高达500万元。

案例评析

当企业面临强大的竞争者时，及时调整自己的策略是正确的。但是这种调整必须要在对竞争形势、本企业在市场上的地位与形象、自己的竞争优势充分分析与判断的基础上慎重决策。派克采取的是将产品线向下延伸的策略应对竞争者的挑战。这种策略是有风险的，其有可能会影响企业原有产品特别是名牌产品的市场形象。派克公司以生产优质、高档的钢笔而享誉世界各地，派克金笔曾被许多人用来显示自己的身份地位，在这种情况下，其向下延伸产品线本身就是不明智的，这会导致其市场形象模糊，失去老客户的忠诚，进而失去原有的市场地位。

课堂随笔

(3) 双向延伸，是指企业在原有产品线的基础上同时增加高档和低档产品项目，即由中档向高档和低档延伸。企业采用这一策略，可以扩大市场阵容，增强自身的市场地位，提高竞争力。但应注意，企业只有在原有中档产品的市场已经取得优势，而且有足够的资源和能力时，才可以这样做，否则还是单向延伸较稳妥。

任务四 认识新产品开发

在当代科学技术水平迅速发展、消费者需求趋于多样化、市场竞争激烈的情况下，每种产品从上市到进入衰退期的时间越来越短。例如，信息产品的生命周期已从过去的4年缩短至现今的6个月。企业如果不开发新产品，一旦原来的产品步入衰退期后，就很可能会面临被淘汰的命运。因此，每个企业都必须将开发新产品作为关系企业生死存亡的战略重点。

一、新产品的含义

对新产品的定义可以从企业、市场和技术三个角度进行。对企业而言，第一次生产销售的产品都叫新产品；对市场来讲则不然，只有第一次出现的产品才叫新产品；从技术方面看，在产品的原理、结构、功能和形式上发生了改变的产品叫新产品。

市场营销意义上的新产品包括了上述三者的成分，但更注重消费者的感受与认同，它是从产品整体性概念的角度来定义的。即凡是产品整体性概念中任何一部分的创新或改进，并能给消费者带来某种新的感受、新的满足和利益的绝对新的或相对新的产品，都叫新产品。

新产品按照不同的标准有多种分类方法，常见的大致可以分为以下四种类型：

（1）全新型新产品，是指首次采用新原理、新技术、新材料、新工艺等研制出来的前所未有的产品，是科学技术应用于生产而得的新成果。例如：汽车、电视、电话、飞机、计算机等产品的问世，都是全新产品的诞生。这类新产品是极其难得的，要依赖于科学技术的重大发明，而每项科学技术的发明，都要经历一个从理论到实践、从实验室到工艺生产的过程，要用很长的时间，需要花费大量的人力和资金。并且需要有一定的需求潜力，需要企业承担较大的风险，失败率也较高。调查表明，全新产品在新产品中只占 10% 左右。

（2）换代型新产品，是指在原有产品的基础上，部分采用新技术、新材料、新零件、新工艺等制成的在性能、结构等方面有显著提高，适合新用途、新需要的产品。例如：电视机由黑白电视机到彩色电视机再到数字电视机，照相机由普通照相机到全自动照相机再到数码照相机等，都属于换代型新产品。

（3）改进型新产品，是指对原有产品在质量、结构、功能、材料、款式、包装等方面做出改进的产品。改进后的新产品质量更加优良，结构更加合理，功能更加齐全，款式更加新颖，包装更加精美，材料更加易于获得等。例如：在电冰箱上增加除霜装置，电熨斗加上蒸汽喷雾装置等，从而大大方便了消费者的使用。与换代产品相比，改进产品受技术限制较小，且成本相对较低，便于市场推广和消费者接受，但容易被竞争者模仿。

（4）仿制型新产品，是指以市场上已有的产品为基础，企业经过仿制、改进并初次投入市场的产品。开发这种新产品不需要太多的资金和尖端的技术，比研制其他类型的新产品要容易得多。但企业应注意对原有产品的某些缺陷和不足加以改造，而不应全盘照抄。同时一定要注意不能违反相关法律。

此外，企业将现有产品投向新的市场，对产品进行重新定位，或通过降低成本，生产同样性能的产品，对企业或市场来说，都可以被称为新产品。

案例 3-5

美国惠普公司是计算机行业中的大型企业。它在向市场投放新产品方面就很少抢占先机，一般采取后发制人的策略。竞争对手的某种新产品进入市场后，惠普公司即向用户了解该产品在使用中的优劣，他们希望哪种产品要具备哪些特点等。很快，惠普公司就会推出了更适应用户需要、性能更好的新产品来占领市场，最终在竞争中获胜。

美国卡特彼勒公司，是世界上最大的履带拖拉机制造企业，它的竞争策略是有意识地让竞争企业在新产品发展方面领先，从对手的失败中得到借鉴，随后推出自己更完善的产品，依靠质量和产品使用的可靠性争取顾客，从而在市场上跃居前列。

案例评析

在新产品的开发中，合理的仿制是允许的，只要既有市场需求，又有生产能力，就可以借鉴现成的样品和技术来开发本企业的新产品。而今的世界，对于为数众多，缺乏首创能力和适应能力的企业来说，追随模仿策略是最受欢迎的一种市场策略。追随模仿策略通常是用于那些人们需要经常购买的产品，尤其是在技术、法规、竞争、需求等因素多变的情况下，模仿策略更具优势，它能随时注意市场动向，并能迅速做出反应。当今时代，不仅小型企业在使用追随模仿策略，而且许多世界著名的大企业也在成功地运用它。

课堂随笔

二、新产品开发的必要性

企业之所以要大力开发新产品，主要是由于：

（1）产品生命周期理论要求企业不断开发新产品。

一般而言，当一种产品投放市场时，企业就应当着手设计新产品，使企业在任何时期都有不同的产品处在周期的各个阶段，从而保证企业盈利的稳定增长。

（2）消费需求的变化需要不断开发新产品。

随着生产的发展和人们生活水平的提高，消费需求也发生了很大变化，方便、健康、轻巧、快捷的产品越来越受到消费者的欢迎。消费结构的变化加快，消费选择更加多样化，产品生命周期日益缩短。这一方面给企业带来了威胁，企业不得不淘汰难以适应消费需求的老产品，另一方面也给企业提供了开发新产品、适应市场变化的机会。

（3）科学技术的发展推动着企业不断开发新产品。

科学技术的迅速发展导致许多高科技新型产品的出现，并加快了更新换代的速度。企业只有不断运用新的科学技术改造自己的产品、开发新产品，才不至于被挤出市场的大门。

（4）市场竞争的加剧迫使企业不断开发新产品。

现代市场上企业间的竞争日趋激烈，企业要想在市场上保持竞争优势，只有不断创新，开发新产品，才能在市场上占据领先地位，增强企业的活力。另外，企业定期推出新产品，还可以提高企业在市场上的信誉和地位，并促进新产品的生产销售。

想一想

为什么在肯德基、麦当劳中出现了中式快餐？

三、新产品开发的方式

企业开发新产品，选择合适的方式很重要。选择得当，适合企业实际，就能少承担风险，易获成功。针对不同的新产品和企业的研究开发能力，一般有以下几种可供选择的开发方式：

（1）独创方式。从长远考虑，企业开发新产品最根本的途径是自行设计、自行研制，即所谓独创方式。它是根据国内外市场和用户需求，或者针对现有产品存在的问题，从根本上探讨产品的原理与结构，开展有关新技术、新材料等方面的研究，在此基础上研制出换代新产品或全新产品。采用这种方式开发新产品，有利于产品更新换代及产品竞争，使企业取得技术上的领先地位，从而在市场上占据优势。

（2）引进方式。技术引进是新产品开发的一种常用方式，是指利用国内外市场上现有的已成熟的技术开发新产品。企业采用这种方式可以很快地掌握新产品制造技术，减少研制经费和投入的力量，从而赢得时间，缩短与其他企业的差距，有利于提高竞争能力和经济效益。但引进技术不利于形成企业的技术优势和企业产品的更新换代。

（3）改进方式。这种方式是企业以现有产品为基础，根据用户的需要，采取改变性能、变换形式或扩大用途等措施来开发新产品。采用这种方式可以依靠企业现有设备和技术力量，开发费用低，成功把握大。但是，长期采用改进方式开发新产品，会影响企业的发展速度。

（4）结合方式。即独创与引进相结合的方式，是指在对引进技术充分消化和吸收的基础上，结合本企业的特点进行某些创新；或在充分利用本企业技术的基础上，引进某些新技术以弥补自己的不足。采用这种方式开发新产品，可以充分发挥引进技术的作用，推动本企业科学研究的发展，并取得良好效果。

四、新产品开发的步骤

新产品开发的步骤如图 3-10 所示。

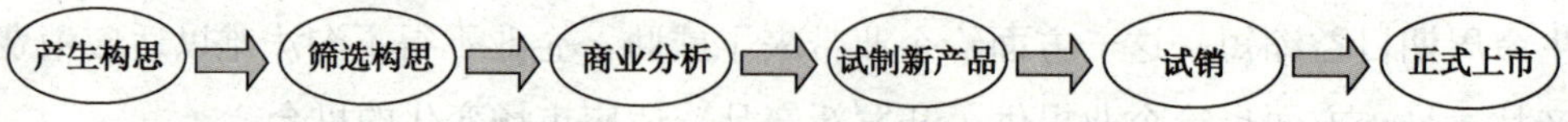

图3-10　新产品开发的步骤

（1）产生构思。

提出新产品设想方案的过程就是构思产生的过程。在这个阶段，企业的主要任务是广泛收集新产品的构思方案，其来源主要有：顾客、竞争对手、科技人员、中间商、企业职工、大学、科研单位、咨询机构、专利机构、有关报纸杂志等。

案例3-6

1981年，可口可乐公司进行了一次顾客沟通的调查。超过12%的人向20个或更多的人转述公司对他们抱怨的反应。对公司的反馈完全满意的人们向4～5名其他人转述他们的经历。10%对反馈完全满意的人会增加购买该公司产品的数量，那些认为他们的抱怨没有完全解决好的人会向9～10名其他人转述他们的经历，而那些觉得抱怨没有完全解决好的人中，只有1/3的人完全抵制公司产品，45%的人会减少购买。

课堂随笔

案例评析

顾客是产品的需求者和使用者，他们对原有产品的使用意见，往往是新产品构思的重要来源。因此，新产品的构思被认为是顾客抱怨、投诉的结果。企业可通过各种渠道广泛调查征询、收集顾客使用产品的意见，作为构思新产品的依据。

（2）筛选构思。

企业对所有构思方案进行选择的过程就是筛选。企业所取得的构思方案不可能全部实施，需要通过筛选，淘汰那些不可行或可行性较低的构思方案，使企业有限的资金能集中于少数成功机会较大的构思，以避免资金的浪费。在筛选过程中，企业应着重考虑两个方面：一是构思方案是否有利于企业目标的实现；二是企业的生产条件是否适应所构思的新产品。

（3）商业分析。

企业对新产品未来的销售额、成本和利润进行估计，预计该产品能否达到企业经营目标的过程就是对新产品构思的商业分析。它主要是对构思的新产品在商业运作中的可行性进行分析。

（4）试制新产品。

经过商业分析如有开发的价值，就可以交付生产部门试制，并根据既定的产品概念，制造出一个或几个样品，这个过程就是试制新产品。试制新产品阶段主要包括三方面的工作。一是研制样品，即将可行的新产品构思方案由观念的产品试制成具体的产品；二是对新产品进行功能试验，主要是检验产品的性能、质量；三是对新产品样品进行消费试验，主要是邀请一些消费者试用样品，征求他们的意见，目的在于探测新产品在商业运作中的可行性。

（5）试销。

企业通过对新产品反复进行试验之后，选择出商业运作可能性最大的新产品投入小量的生产，并将产品投放到市场上运作，企业注意观察消费者对新产品做出的反应，这个过程就是试销过程。试销过程中应重视回收市场反馈的信息。如有关产品本身的信息、消费者或中间商对产品其他相关方面（如企业营销策略等）的意见、顾客对该商品的重复购买率等。企业可以根据反馈的信息有针对性地改进产品，为今后新产品的正式上市打好基础。

(6) 正式上市。

试销成功的新产品就可以大批量投产上市了，新产品至此也就进入了商业化阶段。这时企业需要投入大量的资金，用来购置原材料，补充一些必要的设备来组织生产。同时企业还要对新产品进行广告宣传，培训专业的推销人员等。

案例 3-7

苹果的创新有三个层次：第一层是将自己的定位从高科技公司变成一家卖使用者经验的公司；第二层是不但设计出好用的产品，还要找出商业模式，发展自己的平台；第三层是苹果将自己的产品定位成一种生活形态、一种流行，享有品牌溢价。

乔布斯花最多时间做的，就是产品经理这件事。这个创新流程里，最特别的是乔布斯从头参与到尾，他花最多时间的地方，就是亲自参与新点子的审查。乔布斯会将核心研发员工派到店面服务客户，观察消费者的反应，再将观察结果带回公司。他也会鼓励内部员工提案，即使是一般员工，只要提出让乔布斯欣赏的想法，就可能获邀参加“顶尖一百”的机密脑力激励会议，在苹果，这是无上的荣誉。这种混合高压和鼓励的“创造性冲突”，就是乔布斯吸收点子的秘方。以定期高阶主管会议为例，每个星期一早上，乔布斯固定跟设计团队还有高级主管开会，讨论新产品的状况，连续 14 年，一年 51 个周，每个星期他都和团队至少磨两个半小时。CEO 亲自参与，好的想法才不会无疾而终。在会议里，乔布斯会故意混搭不同背景的人，挑战或大声嘲笑他们的想法，直到一个真正好的点子被找到。也因为他的全程参与，苹果才能从产品到商业模式、通路策略，一路贯穿到底。

课堂随笔

案例评析

苹果从卖计算机，到变成卖使用者经验、卖流行，是完全不同的定位，其他人不断追问的是如何研发新技术、降低成本，乔布斯总是将成本放在最后面。关于产品，乔布斯一直会问两个问题：第一，如何提供更好的使用者体验，第二，如何让消费者有愉快的感觉。了解人的行为，才是苹果创新的真正根本。

任务五 认识产品的品牌

案例 3-8

可口可乐总裁伍德拉夫曾说过：即使可口可乐公司在全球的工厂一夜之间被大火焚毁，但凭借可口可乐这块牌子，公司在第二天便能重新站起来，各大银行都会主动上门来向公司贷款。这并非狂妄之言，这就是品牌的力量。因为在银行家看来，那些工厂不过是公司所有资产中小小的一部分，即使被毁，但公司的品牌名气犹在，恢复生产后，仍会带来滚滚的财富。可口可乐的经理们甚至直言不讳地说：“我们卖的不是饮料，而是可口可乐这个牌子。”

案例评析

在高度商业化的社会中企业要在日趋激烈的全球化竞争中求得生存、发展和壮大，除了在生产技术、经营管理等方面狠下功夫外，关键是要创造出自己的品牌。市场在经历了价格竞争、质量竞争和服务竞争等阶段后，进入了一个新的阶段——品牌竞争。

课堂随笔

案例 3-9

英国本来不生产茶叶，但靠“立顿”一个品牌，年产值就有280亿元左右。著名策划师叶茂中曾发出了经典之语：“‘立顿’除了茶叶品质做得很一般外，其他都做得很好，而中国茶叶除了茶叶品质做得很好外，其他都做得很一般。”如何提升品牌的附加值，是我国每家茶叶企业都应当思考的。

案例评析

无论市场如何变化，品牌竞争才是竞争的最高形态。

课堂随笔

一、品牌的含义

品牌是用以识别某个销售者或某群销售者的产品或服务，并使之与竞争对手的产品或服务区别开来的商业名称及其标志，通常由文字、标记、符号、图案和颜色等要素或这些要素的组合构成。

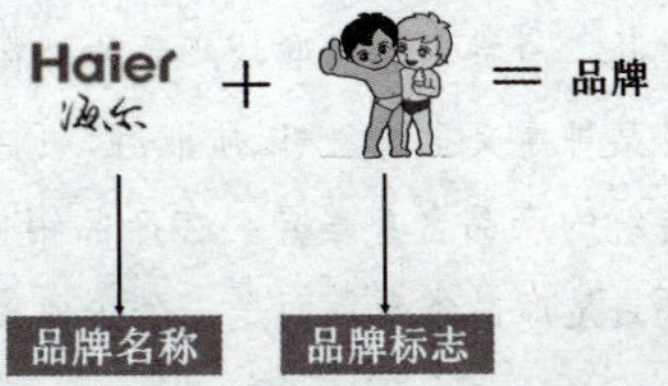

完整的品牌包括品牌名称和品牌标志两部分。品牌名称是指品牌中可以用语言称谓表达的部分，如“耐克”、“海尔”、“奔驰”等。品牌标志是指品牌中可以被识别、辨认，但不能用语言称谓表达的部分，如独特的符号、图案、色彩或字体造型等，如“可口可乐”英文字母的独特字体设计、“麦当劳”的金色M形拱门造型等。

指点迷津

商标

商品的品牌或品牌的一部分经过政府有关部门的审核，获准登记注册则成为商标。商标实行法律管理，企业因此拥有该品牌的专用权，该名称标志均受法律保护，其他任何企业不得仿效使用。因此，商标是一种法律术语，也就是享有法律保护的某个品牌的一部分。企业的商标可在多个国家注册并受到各国法律的保护。

商标侵权行为，是指在同一种商品或类似商品上使用与某商标雷同或近似的品牌，可能引起欺骗、混淆或讹误，损害原商标声誉的行为。

假冒商标行为，是指以盈利或者以获取其他非法利益为目的，故意侵犯他人注册商标专用权的行为。

二、品牌的作用

案例 3-10

营销专家为品牌做了一个有趣的实验：将A啤酒的空瓶里灌上百威啤酒，再在百威的空瓶里灌上A啤酒，然后摆在繁华的王府井大街，请过往的行人免费品尝。先请他们品尝用A啤酒瓶装的百威啤酒，大多数人都说不好喝，味道不正宗，其中一个人当场吐了出来，抱怨说："这是什么味啊？真难喝！"然后专家请他们品尝用百威啤酒装的A啤酒，结果清一色的都说："这个好喝，味道正。"于是专家问他们喝过百威没有，都说喝过，其中一个还说中午刚喝过一瓶，就是这个味。接下来，专家将瓶子上的标签撕去，再让人品尝，这时品尝者表现得无所适从，一会儿说这个好喝，一会儿又说那个好喝。无独有偶的是，在美国举行的一次啤酒大会上，主办单位将30多种啤酒装在相同的瓶子里，然后将瓶子的标签全部撕去，让30多家啤酒厂的老板一一品尝，要求找出自己的啤酒，结果竟没有一个人成功。

课堂随笔

案例评析

在产品日益同质化的时代，产品本身的物理属性已经相差无几，消费者已很难从产品的外在特征来区分不同厂家的产品。从某种意义上说，"以质取胜"已成为过去，品牌形象正在取代传统的产品自身差异。在产品销售过程中，起决定性作用的也不再是产品本身，而是一个企业独特鲜明的品牌形象。

1．品牌对生产者的作用

（1）有助于销售产品和占领市场。品牌知名度形成后，企业可利用品牌优势扩大市场，促进消费者的品牌忠诚，吸引更多消费者。

（2）有助于稳定产品的价格，降低价格弹性，增强对动态市场的适应性，减少经营风险。

（3）有助于市场细分和市场定位。企业可以在不同细分市场中推出不同品牌以适应个性消费需求。

（4）有助于新产品开发，节约新产品投入市场的成本。借助成功或成名的品牌，扩大企业的产品组合或延伸产品线，可以使新产品及早成功地进入市场，大大降低新产品的开发风险。

（5）有助于应对竞争者的进攻，保持竞争优势。品牌通过注册得到法律保护，是竞争者无法模仿的，当市场趋向成熟，市场份额相对稳定时，品牌忠诚是抵御行业竞争的最有力的武器。

（6）有助于塑造和宣传企业文化。

2．品牌对消费者的作用

（1）有助于消费者识别产品的来源或产品的制造厂家，从而更有效地选择和购买商品。

（2）借助品牌，消费者可以得到相应的服务便利，如更换零部件、维修服务等。

（3）有利于消费者权益的保护，如选购时避免上当受骗，出现问题时便于索赔和更换等。

（4）有助于消费者避免购买风险，降低购买成本，从而更有利于消费者选购商品。

（5）好的品牌对消费者具有很强的吸引力，有利于消费者形成品牌偏好，满足消费者的精神需求。

三、品牌策略

1．品牌有无策略

又称品牌化策略，指企业决定对其生产和经营的产品是否采用品牌的策略，具体包括品牌化和无品牌化。

所谓品牌化，即企业为其产品规定品牌名称、品牌标志，并向有关部门注册登记后再上市销售。使用品牌对企业的好处有：①有利于订单处理和对产品的跟踪；②保护产品的某些独特特征不被竞争者模仿；③为吸引忠诚顾客提供了机会；④有助于市场细分；⑤有助于树立产品和企业形象。因此，大多数企业都对其产品规定有品牌。

尽管品牌化是商品市场发展的大趋势，但对于单个企业而言，是否要使用品牌还必须考虑产品的实际情况，因为在获得品牌带来的诸多好处的同时，建立、维持、保护品牌也要付出巨大成本，如包装费、广告费、标签费和法律保护费等。所以在欧美的一些超市中又出现了一种无品牌化的现象，如细条面、卫生纸等一些包装简单、价格低廉的基本生活用品，这使得企业可以降低在包装和广告上的开支，以取得价格优势。

所谓无品牌化，即企业对其产品既不规定品牌名称和品牌标志也不向有关部门注册登记，而直接在市场上销售。企业推出无品牌产品的主要目的是节省品牌化业务方面的费用，降低经营成本和价格，扩大销售。适用于无品牌化的产品有：①未加工的原料产品以及有固定规格、标准，不会因生产者不同而质量、特色不同的产品，如矿石、煤炭、钢材、水泥等；②消费者习惯上不认品牌购买的产品，如信封、信纸、练习簿等；③生产简单，无一定的技术标准，在加工过程中无法形成一定特色，由于同质性很高，选择性不大的产品，如橡皮筋、纽扣等；④临时性或一次性用品，一般来说消费者在购买时不会过多地注意品牌。

2. 品牌使用者策略

企业决定对其产品使用品牌之后，下一步还要对使用谁的品牌做出决策，这就是品牌使用者策略。一般来说有三种可供选择的策略：

（1）使用制造商品牌，或称生产者品牌。一般情况下，绝大多数制造商都使用自己的品牌。享有盛誉的制造商还将其商标租借给其他中小制造商，收取一定的特许使用费。

（2）使用经销商品牌，或称中间商品牌。近年来，经销商的品牌日益增多。西方国家许多享有盛誉的百货公司、超级市场、服装商店等都使用自己的品牌，有些著名商家（如美国的沃尔玛）经销的90%的商品都用自己的品牌。

一个生产企业是使用自己的品牌还是使用经销商的品牌应视具体情况而定。一般来说，如果生产企业具备良好的市场声誉，企业的实力较强，产品的市场占有率较高，那么使用自己的品牌比较明智；反之，则可以考虑采用经销商品牌，这样可以借助经销商良好的市场声誉及完善的销售系统推销自己的产品。

（3）制造商品牌与经销商品牌混合使用，可能有三种情形：

第一，制造商品牌与经销商品牌同时使用，兼收两种品牌单独使用的优点；

第二，制造商在部分产品上使用自己的品牌，另一部分产品批量卖给经销商，使用经销商品牌，以求既扩大销路又能建立品牌形象；

第三，为进入新的市场，先采用经销商品牌，待产品在市场上受到欢迎后再改用制造商品牌。

3. 品牌名称策略

企业如果决定使用自己的品牌，接下来还要决定其产品是统一使用一个或几个品牌，还是分别使用不同品牌，这就是品牌名称策略。品牌名称策略大致有以下四种模式：

（1）统一品牌，即企业决定其所有的产品都使用同一个品牌名称。当企业所生产经营的各种产品具有密切的关联性且质量水平大致相同时，就可以采用这一策略。这种策略的好处在于，可以节省品牌业务费用，尤其通过品牌扩展可以节省新产品的宣传和促销费用；有利于消除顾客对新产品的不信任感，借助原有品牌良好的声誉可以使新产品顺利上市、迅速打开销路；有利于壮大企业的声势，树立超级企业和超级品牌的市场形象。美国通用电气公司的所有产品都统一使用“GE”这个品牌名称。这种策略的缺点在于，一旦企业的某个产品出现了问题，就会影响企业其他产品的声誉，从而毁坏整个品牌的形象。

（2）个别品牌，即企业决定其各种不同的产品分别使用不同的品牌名称。当企业的产品品种较多，生产条件、技术专长等在各种产品上又有较大差别时，采用这一策略较为有利。这种策略的好处在于，为每种产品寻求不同的市场定位，有利于增加销售额和对抗竞争对手，还可以分散风险，使企业的整个声誉不会因某种产品表现不佳而受到影响。例如，宝洁公司的洗衣粉使用了"汰渍"品牌；香皂使用了"舒肤佳"品牌；牙膏使用了"佳洁士"品牌。这种策略的缺点主要是品牌业务的工作量较大，企业要为每一个产品分别进行品牌设计和广告宣传，相关的费用支出较大，创立品牌需要付出较多的努力和较长的时间。

（3）分类品牌，即企业决定不同类别的产品分别使用不同的品牌名称。当企业生产经营多个不同种类的产品，各产品大类之间的相关性又很低时，适宜采用这种策略。这主要是因为企业生产或销售许多不同类型的产品，如果都统一使用一个品牌名称，则这些不同类型的产品就容易互相混淆。例如，美国斯维夫特公司同时生产火腿和化肥，这是两种截然不同的产品，需要使用不同的品牌名称，以免互相混淆。因此公司就给它们分别取名为"普利姆"和"肥高洛"。而有些企业虽然生产或销售同一类型的产品，但由于品质等级的差异，往往也分别使用不同的品牌名称。例如，美国A&P茶叶公司所经营的各种产品，一等品的品牌名称为"安·帕格"，二等品的品牌名称为"苏坦娜"，三等品的品牌名称为"伊欧娜"。

（4）个别品牌名称与企业名称并用，即企业决定其各种不同的产品分别使用不同的品牌名称，同时在各种产品的品牌名称前都冠以企业名称。这种策略实际上是个别品牌名称策略与统一品牌名称策略的结合，因而它兼有两种品牌名称策略的优点。企业多将这种策略用于新产品开发，在新产品的品牌名称上加上企业名称，可以使新产品享受企业的声誉，而采用不同的品牌名称，又可使各种新产品显示出不同的特色。例如，海尔集团就推出了"海尔——双王子"、"海尔——帅王子"冰箱，"海尔——探路者"、"海尔——先行者"彩电，以及"海尔——神童"、"海尔——小小神童"洗衣机等。

4. 品牌扩展策略

所谓品牌扩展策略，就是指企业利用其成功品牌名称的声誉来推出改良产品或新产品，包括增加新的功能、包装、规格、式样和风格等。例如，海尔品牌在冰箱上获得成功之后，又利用这个品牌成功地推出了海尔牌的洗衣机、电视机、热水器、电脑等新产品。金利来从领带开始，然后扩展到衬衣、皮夹包、皮带等领域。企业采取这种策略，可以加快新产品的定位，保证新产品投资决策的快捷准确；有助于减少新产品的市场风险，节约促销费用，使新产品能迅速地、顺利地打入市场。这种策略的缺点是会影响原有强势品牌在消费者心目中的特定心理定位；当一个品牌在市场上取得成功后，在消费者心目中就有了特殊的形象定位，消费者的注意力也集中到该产品的功用、质量等特性上。若企业推出其他不具备此种形象特色的产品，就会干扰消费者心中对其品牌的定位，使品牌印象模糊。例如，娃哈哈品牌在消费者心目中是儿童果奶的代名词，随着娃哈哈红豆沙、娃哈哈纯净水的出现，在消费者心目中的娃哈哈——儿童食品的形象模糊了，从而失去了娃哈哈在儿童食品领域的有利地位。

5. 多品牌策略

所谓多品牌策略，就是指企业决定对同一种或同一类产品同时使用两种或两种以上的品牌。如宝洁公司就为其生产的洗发水设计了多个品牌：飘柔、潘婷、海飞丝、沙宣等。采取多品牌策略的优点是：①多一个品牌，企业可以占用更多的零售货架位置，适应消费者不同的需求，挤压竞争者产品；②新的品牌可以给消费者一个全新的感受，使品牌转换者有更大的选择空间而不致流失，促进企业销售总额的增长；③多品牌能给企业内部各产品部门、品牌经理之间带来竞争和效率，促使产品向各个不同的市场部分渗透，吸引更多顾客；④有利于提高市场占有率，分散企业风险。但是，企业实施多品牌策略必须考虑企业的盈利水平，因为品牌建立需要一定的资源投入，若不能获得相应的市场份额，就会影响企业的经济效益。同时，还要注意协调好多品牌之间的矛盾。

案例 3-11

宝洁公司是一家美国的企业。它的经营特点：一是种类多。从香皂、牙膏、漱口水、洗发精、护发素、柔软剂、洗涤剂，到咖啡、橙汁、烘焙油、蛋糕粉、土豆片；从卫生纸、化妆纸、卫生棉到感冒药、胃药，横跨了清洁用品、食品、纸制品、药品等多种行业。二是许多产品大都是一种产品多个牌子。以洗衣粉为例，他们推出的牌子就有“汰渍”、“洗好”、“欧喜朵”等近10种品牌。在中国市场上，香皂用的是“舒服佳”、牙膏用的是“佳洁仕”，卫生巾用的是“护舒宝”，洗发水就有“飘柔”、“潘婷”、“海飞丝”等不同品牌。要问世界上哪个公司的牌子最多，恐怕非宝洁公司莫属。

如果将多品牌策略理解为企业多到工商局注册几个商标，那就大错而特错了。宝洁公司经营的多种品牌策略不是将一种产品简单地贴上几种商标，而是追求同类产品不同品牌之间的差异，包括功能、包装、宣传等各方面，从而形成每个品牌的鲜明个性。这样，每个品牌有自己的发展空间，市场就不会重叠。以洗衣粉为例，宝洁公司设计了9种品牌的洗衣粉。他们认为，不同的顾客希望从产品中获得不同的利益组合。有些人认为洗涤和漂洗能力最重要，有些人认为使织物柔软最重要，还有人希望洗涤和漂洗能力最重要，有人希望洗衣粉具有气味芬芳、碱性温和的特征。于是就利用洗衣粉的9个细分市场，设计了9种不同的品牌。

案例评析

宝洁公司就像一个技艺高超的厨师，将洗衣粉这一简单的产品，加以不同的作料，烹调出多种可口的大菜。不但从功能、价格上加以区别，还从心理上加以划分，赋予不同的品牌个性。宝洁公司的多品牌策略如果从市场细分上讲就是寻找差异，而且每个产品的差异都是独一无二的。宝洁公司能让消费者相信每个产品的特点都是别人没有的，这些特点能为消费者带来实实在在的利益。

课堂随笔

6．品牌更新策略

所谓品牌更新策略，就是指废弃原有的品牌而代之以新的品牌。例如，科龙集团原来生产容声冰箱，后来生产空调时改用科龙这一品牌；联想原先使用 legend，现在使用

lenovo。随着企业经营环境的变化和消费者需求的变化，品牌的内涵和表现形式也要不断变化发展，以适应社会经济发展的需要。对陈旧的、不适应现有产品特点的品牌加以更换，可带来新的活力；有的产品名声不佳，可通过改用新的品牌重新进入市场。只要社会经济环境在发展变化，人们需求特征在趋向多样化，社会时尚在变，就不会存在一劳永逸的品牌，只有不断设计出符合时代需求的品牌，品牌才有生命力。

案例 3-12

李宁公司方面表示，2004 年公司在港上市后重新规划了发展目标：2005 — 2008 年专注于国内市场；2009 — 2013 年为国际化准备阶段；2014 — 2018 年为全面国际化阶段。2010 年 6 月 30 日，李宁公司正式宣布更换启用“Make The Change”（来改变吧）的品牌新口号，取代原来的“一切皆有可能”；新标识是李宁原创的“李宁交叉”体操动作的抽象形象。

课堂随笔

案例评析

此举代表着李宁品牌重塑战略的全面启动，目标直指中国体育用品市场排名第一的国际化公司。品牌重塑战略的开始，也预示着李宁品牌向着国际化目标更近了一步。

任务六　认识产品的包装

案例 3-13

2012 年 7 月 16 日下午，广药集团在全国 18 个城市同步召开新闻发布会，高调对外公布北京市第一中级人民法院 2012 年 7 月 13 日做出的判决。这意味着持续了 445 天的“王老吉”商标争夺案总算是尘埃落定，正式以广药集团的完胜而结局。但是，刚刚从商标争夺战场上撤下来的两家企业，并没有就此休战的意思，而是将战场搬到了对红罐包装和“怕上火喝王老吉”广告语的抢夺上，使这场“养母”与“生父”的“夺子战争”再添变数。关于红罐包装装潢的争夺，再次使双方纠纷升级。

案例评析

"王老吉"这个商标已经过了创造知名度的阶段，现在双方不停地争斗，只能让消费者搞不清楚状况，降低品牌美誉度。没有永远的品牌，只有创新是永恒的，如果双方继续争斗下去，结果可能是两败俱伤。

课堂随笔

一、产品包装的含义

包装最初是指赋予产品实体一种外在的保护层，使产品在运输、储存及销售过程中避免遭受损毁或减少。在现代经济生活中，"包装"一词被人们越来越广泛地运用，从而也就具有了多种含义。它既可用来指盛装产品的容器，也指将产品装入包装物中的行为，还可指对产品的包装物进行设计的管理活动。

包装一般分为三个层次：第一层是直接包装，指最接近产品的容器或包装物，如饮料瓶子；第二层是间接包装，指保护第一层包装的包装物，当产品进入使用状态时，它一般被丢弃，如酒瓶外的包装纸盒；第三层是运输包装，指产品储存、辨认、运输时和方便进一步销售时所必需的包装，如一箱汽水的包装纸盒。

作为整体产品的组成部分，包装的意义已经远远超越了作为容器保护商品的作用，而逐步成为树立企业形象，促进扩大商品销售的重要因素之一。其功能主要体现在以下几个方面：保护产品，提供便利，促进销售，增加利润。

二、研究产品包装的意义

产品包装最初的功能是承载和保护商品，使之避免损坏、散落、溢出或变质。随着人们生活水平和审美情趣的提高，消费者对商品包装的要求也越来越高，不仅要求它能妥善地保护商品，还能美化商品，有效地展示商品的特性，使其达到实用化、艺术化和个性化的效果。在现代商品经济中，包装已融为产品的一部分，它直接刺激着人们的购买欲望，具有强大的促销力，开始受到越来越多的商品生产者的重视。

首先，产品包装是消费者对产品的视觉体验，是产品个性的直接和主要传递者，是企业形象定位的直接表现。好的包装设计是企业创造利润的重要手段之一。随着人们生活水平的提高，消费者对商品越来越挑剔，生产厂家和同类商品之间的竞争也日趋白热化，策略定位准确、符合消费者心理的产品包装设计，能帮助企业在众多竞争品牌中脱颖而出。

其次，在商品极大丰富的今天，消费者对每个产品的关注时间非常短暂，如何让消费者选择自己的商品？必须抓住消费者的眼光从货架扫过的一瞬间，只有包装能够综合利用颜色、造型、材料等元素，同时表现出产品、品牌等企业的内涵和信息，对消费者形成较直观的视觉冲击，进而影响到消费者对产品和企业的印象，使产品醒目地摆在货架上，有效地完成吸引消费者的目的。

总之，一种产品能立足于市场，取信于消费者，往往与产品包装有着密切的关系。随着市场经济的发展，人们购买力的不断提高，产品包装对促进产品销售越来越明显。研究设计出适应商业活动和消费者乐于接受的产品包装，对企业发展有着重要的意义。

三、产品包装的策略

完善产品包装，美化装潢设计，无论对于增进消费者的利益，还是对于增进企业与社会的经济效益，都有积极的意义。因而，产品包装设计与装潢正成为产品整体设计中的一个重要决策。常见的产品包装策略主要有以下几种：

（1）类似包装策略。指企业对其生产的所有产品采用相同的图案、近似的色彩、相同的包装材料和相同的造型进行包装，体现出共同的特色，使顾客很容易就能识别出是来自同一厂商的产品。这种策略，便于企业节省包装的设计、制作费用，同时可以树立企业形象、扩大影响，特别是在推出新产品时，可以利用企业的声誉，使顾客首先从包装上辨认出产品，从而迅速打开市场。但类似包装策略只适用于质量相同或相近的产品，一旦质量水平相差悬殊则优质产品的声誉将蒙受不利影响。

（2）组合包装策略。又称为配套包装策略，指企业根据消费者的购买和消费习惯，将多种有关联的产品组合在同一包装容器内成套供应。如化妆品的组合包装、节日礼品盒包装等，都属于这种包装方法。这种包装，既便于消费者购买、使用和携带，又可扩大产品的销售，特别是推销新产品时，可将其与老产品组合出售，创造条件使消费者试用、接受。

（3）再使用包装策略。又称为双重用途包装策略，指包装内的产品使用完后，包装物并未作废，还能改作其他用途。如各种形状的香水瓶，在香水用完后可作装饰物；又如设计精巧的果酱瓶，在果酱吃完后可作茶杯等。这种策略可使消费者感到一物多用而激发其购买欲望，扩大产品销售，有时，顾客甚至会为了得到包装容器而去购买商品。而且带有企业标志的包装物在继续使用过程中也起到了经常性的广告作用，增加了顾客重复购买的可能性。

（4）等级包装策略。指企业根据产品本身的市场定位或消费者的心理需求，为不同质量等级的产品分别设计和使用不同的包装，使消费者根据包装选择商品。如用作礼品，则包装要精致优良；若自己使用，则只需简单包扎。这种策略将产品内在质量的差别体现在了产品的包装等级上，适应了不同购买力水平或不同需求层次的顾客的购买心理，从而扩大产品销售。

（5）附赠品包装策略。指在包装容器内除目标产品外另附有赠品，以引起消费者的购买兴趣，扩大销售量。如在儿童用品的包装物中附赠玩具、连环画、名人诗词卡片等。这种策略有时还能激发顾客重复购买的意愿。如在珍珠霜盒里放一颗珍珠，顾客买了一定数量之后就能串成一条项链。

（6）改变包装策略。指企业放弃原有的产品包装，采用新的包装技术、包装材料、包装设计等，对原有产品包装加以改进，以改变产品的原有形象。由于包装技术、包装材料的不断更新，消费者的偏好不断变化，采用新的包装可以弥补原包装的不足，使之更加便于顾客使用，对提高产品形象，扩大销售，提高经济效益有一定的促进作用。

四、包装设计的未来发展趋势

（1）绿色包装设计。经济的快速发展，加快了对自然生态环境的破坏；人民生活水平的提高，各种包装固体废弃物随着人们对商品需求量的增加而增多。包装所带来的环境问题日益突出，人们纷纷致力于研究新的包装材料和环保型设计方法来减少包装固体废物带来的环境问题。在包装设计上力求减少后期不易分解的材料用于包装上，尽量采用质量轻、体积小、易压碎或压扁、易分离的材料；尽量多采用不受生物及化学作用就易退化的材料，在保证包装的保护、运输、储藏和销售功能时，尽量减少材料的使用总量等。

（2）个性化包装设计。个性化包装设计是一种牵涉广泛而影响较大的设计方法，主要是针对超市、仓储式销售等因销售环境、场地的不同而采用的不同的设计方法。不论是对企业形象、产品本身还是社会效果均有莫大的关联与影响。这样的商品包装在琳琅满目的货架上就很容易引起消费者的兴趣，被消费者接受。

（3）网购包装设计。社会进入到电子商务时代，对包装的功能提出了新的要求，随之商品的包装设计遇到了新的问题。网络技术彻底改变了顾客的消费行为和消费方式，包装装潢的促销功能也将随之被淡化，但对商品防伪的包装设计提出更高的要求。一般的包装设计防伪技术对造假者已产生不了作用。可以在包装设计中采用特殊纹理的纸张、特定的颜料与包装设计工艺技术来获得特定的效果，使那些假冒伪劣商品因复制成本过高或效果不逼真，知难而退。因此，包装设计的创新方法与融汇高新科技成果的印刷工业技术强强联手，追求精辟独到的原创性和独特视觉效果是未来包装设计业可持续发展的又一方向。

案例 3-14

美国发明了一种鱼类保鲜方法，将刚捕到的鱼装入塑料袋，袋内注入混合气体（二氧化碳60%、氧气21%、氮气19%），密封包装后，放在普通仓库内4个星期后，鱼的外观和味道都没有改变，像刚捕到的一样。

日本市场出现一种活鱼罐头，将活鱼用一种麻醉液浸泡至昏迷状态后装入罐头，两星期内不会死。烹调前从罐头中取出，放入清水中10分钟就会苏醒。活鱼罐头携带方便、清洁卫生、味道鲜美。

缅甸一家食品厂制作出鱼虾速冻产品，该产品经真空密封杀菌处理，耐久存、卫生、可口，可替代罐头食物。

案例评析

包装设计是为消费者服务的，从消费者使用、喜好的角度考虑才是包装设计最基本的起点。

课堂随笔

指点迷津

另类包装——绿色包装

绿色包装的内涵：消费者对产品包装不仅要求其外观新颖美观，还要求包装材料无污染、易回收、易降解。

绿色包装的种类：

一是再生包装材料，指经物理和化学方法处理后，包装材料可用于再生包装材料。二是可食性包装材料，人工合成可食性包装，它无色、无味、无毒，具有韧性、高抗油性，能食用。三是可降解包装材料，指能在自然界中分裂降解和还原，最终以无毒的形式重新进入生态环境中，回归自然。四是以农业原料或副产品为包装材料，指利用农林原料或植物乳汁或粮食提炼成的蛋白质作为包装材料。

实训与练习

一、判断题

1．产品就是顾客购买的有形物体。 （ ）

2．人们购买产品是为了得到产品的实体本身，而不是为了得到产品提供的效用或利益。 （ ）

3．产品生命周期是指产品从进入市场到产品损坏，直至丧失使用价值的全过程。（ ）

4．某摄影用品公司经营照相机、摄影器材、冲洗照片等，其中照相机就是一个产品线，在相机这类产品中，海鸥 DF 相机就是一个产品项目。 （ ）

5．从市场营销角度看，只有采用新原理、新技术、新材料、新工艺等研制出来的前所未有的产品才能称为新产品。 （ ）

6．某厂生产的新型手机在广州市场上已经销售半年，最近又北上在河北开拓新市场，对于河北来说该产品不能算新产品。 （ ）

7．新产品研制成功后，经过试销程序就可以进行大批量生产，正式投入市场销售。 （ ）

8．品牌标志是品牌中不能用语言称谓，只能通过人们的视觉或触觉加以辨识，使用图案、符号、颜色等表示的部分。 （ ）

9．包装一般分为三个层次，其中最接近产品的容器，如润肤露的瓶子，就是运输包装。 （ ）

10．某企业经营儿童“六一”礼品袋，将不同的玩具、学习用品装在一个袋子里，它采取的是附赠品包装策略。 （ ）

二、选择题

1．产品的整体概念体现了以（ ）为中心的现代营销观念。

a．生产　　b．利润　　c．产品　　d．顾客

2．当一位女性消费者购买香水的时候，她买的远远不只是一些芳香的液体。香水的形象、香味、名字、包装以及它的制造公司和销售商店，所有这些都已经成为整个香水产品的一部分。香水的形象、香味、名字、包装属于产品整体概念中的（　　）。

a．核心产品　b．有形产品　c．附加产品　d．实质产品

3．某电冰箱厂决定生产170升、500升、1000升电冰箱，并把这些不同型号的电冰箱都供应给饭店。该厂采取的“产品组合类型”属于（　　）。

a．单一化组合　b．产品专业化组合

c．市场专业化组合　d．选择性组合

4．某皮鞋企业原来一直生产大众化、价格适中的皮鞋，后来根据市场需求开发了高档皮鞋投放市场，取得了一定的效果，并使企业增加了产品线的长度，这种产品组合策略可称为（　　）。

a．向上延伸　b．向下延伸

c．双向延伸　d．扩充产品组合

5．产品的生产批量小，制造成本高是产品生命周期中（　　）阶段的特征之一。

a．成长期　b．引入期　c．成熟期　d．衰退期

6．相对于黑白电视机而言，彩色电视机属于（　　）。

a．全新型新产品　b．换代型新产品

c．改进型新产品　d．仿制型新产品

7．品牌的两个基本组成部分是品牌名称和（　　）。

a．品牌称谓　b．品牌符号　c．品牌标志　d．品牌图案

8．“皮尔卡丹”是法国著名的时装品牌，公司推出的服饰品、装饰品、日用品、眼镜等，也都使用“皮尔卡丹”这个品牌，显示其高贵、优雅、豪华的风格，该品牌策略为（　　）。

a．品牌扩展　b．分类品牌　c．统一品牌　d．个别品牌

三、实训题

1．以某实物产品为例，分别描述其核心产品和有形产品，并为其设计附加产品。

2．案例分析：为顾客设计形象

美国、德国的一些服装商店，不久前推出一种“形象设计服务”。店里专门聘请形象设计专家为每一位前来的顾客设计形象。专家根据顾客的身材、气质、经济条件等情况，出主意，做参谋，指导顾客该买什么服装，配什么领带或饰物；头发做成什么式样与服装、身材最相称；足蹬什么颜色和款式的鞋才能相得益彰等，从而使服装及其各种配套物品最能体现顾客的长处，达到风度迷人的理想境界。这项服务推出后，立即受到广泛欢迎，一时间，顾客如云，而且都是服装、饰物整套整套地购买，商店收入顿时大增。

试运用产品整体性概念的理论分析服装商店为顾客设计形象为什么会使商店顾客如云、收益大增？

3．案例分析：1988 年 10 月开始投资大陆的台湾顶新国际集团，是目前国内最大的方便面生产企业。除方便面系列产品，该企业还涉足糕饼、饮品、粮油、快餐连锁等多个事业领域，产品种类已发展到百余种（见表 3-1）。

表3-1 台湾顶新国际集团产品组合

方便面	饮料	糕饼	其他产品	快餐
康师傅珍品精装	果汁系列	米饼	房地产	德克士
面霸120	清凉系列	彩笛卷	脱水蔬菜	
小虎队干脆面	乌龙茶	乐茯球	包装材料	
康师傅挂面	纯净水	3+2苏打饼干		
好滋味	实粒派	轻巧薄片		
	冰红茶系列	蛋酥卷		
	冰绿茶系列	礼包		
		礼盒		

根据表 3-1，分析其产品组合：

（1）产品组合宽度为＿＿＿＿＿＿＿＿；

（2）产品组合长度为＿＿＿＿＿＿＿＿；

（3）产品组合深度：以面霸 120 为例，有袋装、碗装两种规格，分别有葱香牛肉、香辣牛肉、翡翠鲜虾、上汤排骨、泰式酸辣、麻辣牛肉、韩式牛肉七种口味，深度为：＿＿＿＿＿＿＿＿。

扩展阅读

1．榜样人物：李彦宏

李彦宏，百度公司创始人、董事长兼首席执行官，全面负责百度公司的战略规划和运营管理。创立百度之前，李彦宏已经跻身全球顶尖的搜索引擎工程师行列，其拥有的“超链分析”技术专利，是奠定整个现代搜索引擎发展趋势和方向的基础发明之一。李彦宏曾经获得“CCTV 2005 中国经济年度人物”、“改革开放 30 年 30 人”等荣誉称号，被美国《商业周刊》和《财富》等杂志评为“全球最佳商业领袖”和“中国最具影响商界领袖”。2011 年，以 94 亿美元资产位列福布斯全球富豪榜第 95 位，并成为中国内地首富。

李彦宏 19 岁背上行李离开山西阳泉到梦想中的北大读书，23 岁远渡重洋赴美国布法罗纽约州立大学主攻计算机，31 岁创建中国最大的搜索引擎公司——百度网络技术有限公司。知识改变了命运！百度公司创始人、CEO 李彦宏坐在北京中关村的海泰大厦会议室，望着北京四环繁华地段，想起这些年的寒窗苦读，感叹不已。在美国8年的人生历程，李彦宏亲身感受了硅谷的腾起：他先后担任了道·琼斯公司高级顾问、《华尔街日报》网络版实时金融信息系统设计者以及国际知名互联网企业Infoseek的资深工程师。他为道•琼斯公司设计的实时金融系统，迄今仍被广泛地应用于华尔街各大公司的网站。在搜索引擎发展初期，李彦宏作为全球最早研究者之一，最先创建了ESP技术，并将它成功地应用于Infoseek的搜索引擎中。

在美国一批搜索引擎公司已经崛起之时，李彦宏却选择了回国创业。他在回忆这段人生抉择时说，“我小时候有很强的不服输心理，越是大家不看好的事，我越是要做成。”1999年年底，李彦宏怀抱“科技改变人们的生活”的梦想，携120万美元的风险投资回国与好友徐勇先生共同创建百度网络技术有限公司，并在短短6个月的时间内完成了中文搜索引擎的开发工作。经过多年努力，百度已经成为中国人最常使用的中文网站，全球最大的中文搜索引擎，同时也是全球最大的中文网站。2005年8月，百度在美国纳斯达克成功上市，成为全球资本市场最受关注的上市公司之一。在李彦宏领导下，百度不仅拥有全球最优秀的搜索引擎技术团队，同时也拥有国内最优秀的管理团队、产品设计、开发和维护团队；在商业模式方面，也同样具有开创性，对中国企业分享互联网成果起到了积极推动作用。目前，百度也是全球跨国公司最多寻求合作的中国公司，随着百度日本公司的成立，百度加快了走向国际化的步伐。

像很多硅谷技术人员的理想一样，李彦宏的理想是希望靠技术改变世界，我“希望自己做的事能改变大多数人的生活方式，让足够多的人受益，这是我的人生理想和目标。无论当初做Infoseek还是现在做百度，我看到每天有上千万的人在用自己的技术，大家从中受益了，我心里就特别高兴，觉得对社会做出了贡献。而且现在这个社会越来越趋向合理，你对社会做出贡献了，社会也会给予你同样的回报。”

【李彦宏语录】

人生是可以走直线的，这条“直线”在自己心中。但妥协、分心和屈从让我们往往偏离了原来的轨道，浪费了很多时间。

命运是一个人一生所走完的路，是一个人用一辈子所完成的作业。有的人认为，命运是天注定的，是不可改变的。但在我看来，命运不过是人生的方向盘，驶往哪个方向掌握在每个人自己的手中。

各种各样的性格都能够成功，关键是你要分析自己的实际情况并做一个判断，究竟自己的性格适合什么。上帝关上一扇门，一定会打开另一扇窗，每个人都应该去寻找适合自己的东西，做自己喜欢做的事情，做自己擅长做的事情，因为只有这样，你才能够坚持下去，你才能够在遇到困难的时候，不退缩、不轻易地改变你的方向。我相信，做到这点，成功就会离你不远了，你的命运也会因此与众不同。

2. 为什么"苹果"很迷人

为什么"苹果"很迷人？为什么"苹果"爱好者们都疯狂追随？一个顶级产品的魅力体现在什么地方？"苹果"的迷人之处不仅仅在于它的使用价值，而是体现在这个品牌本身所具有的品位、优雅、尊贵、时尚等元素。另外，乔布斯的成功更倾向于通过顾客导向，是基于对人性的了解，把握人的欲望和对需求的细节，把人性营销做到了极致。

- 未曾营销先造势。往往越是未知的东西即将到来，人们便越是想迫切地知道真相。而苹果公司利用了人们这种围观和看热闹的心态，让企业使用低成本也能做好宣传。
- 饥饿式营销。苹果的产品之所以如此受欢迎，很大程度上来源于其对市场供应的控制，也就是使市场处于某种相对的"饥饿"状态。自上市以来，不管市场对这款产品的呼声多高，苹果公司始终坚持限量供应。不少人或许是因为买不到，而想买一部试试。有人甚至花很大的代价得到了自己并不了解的东西，他就会满足于得到的喜悦，有时候甚至不清楚自己想要的究竟是什么，而苹果的饥饿营销则正好利用了人们这种赶潮流、追时尚的心理。这种强势的营销风格和它的产品一样，让人又爱又恨，欲罢不能。
- 体验营销——让用户享受不一样的神秘感受。乔布斯总是会考虑这样的问题，即产品的用户体验是怎样的？苹果公司每推出一款新产品的推介会，都会选择充满神秘色彩的剧场进行，通过幕剧的形式对产品进行宣传，激起人们强烈的好奇心。乔布斯在 Macworld 大会上推出 iPhone 的时候，他展示了谷歌地图是如何在 iPhone 上使用的。乔布斯通过 iPhone 查到了当地的星巴克商店清单，然后说"让我们打一个试试"。于是他拨通了电话，乔布斯当着全场观众对电话另一端说，"我要订 4000 杯拿铁咖啡。不，只是开个玩笑"。只是一个玩笑，却让电视屏幕前的所有人都有了想买一部苹果手机体验一下的冲动。
- 口碑营销——让手机从通信工具变成时代玩具。还有哪个手机品牌像明星一样被追逐？可能只有苹果。"苹果迷"们追逐苹果的各种产品，常常忘我地向周围的人炫耀自己的爱机，亲自演示，交流使用心得，炫耀爱机的个性配件，甚至走到哪里都捧着个苹果笔记本。微博上超高人气的企业家、明星都在用 iPhone 发着各种的信息，信息下方还会标注此信息来自 iPhone 用户。这让更多玩微博的人希望拥有这一标识。

项目四

掌握价格制订策略

学习目标

了解企业产品的定价目标；掌握定价的策略和技巧；把控产品价格调整的尺度。

听故事

广东格兰仕集团有限公司创建于1978年，1992年开始做家电，1998年做到微波炉销量“世界第一”，并跻身世界最大微波炉生产企业的行列。素有“价格杀手”、“价格屠夫”称号，以善用降价武器、不断抢占竞争对手市场而著称。格兰仕的价格战的确打得比一般企业出色，其显著特点就是消灭散兵游泳的目标十分明确。规模每上一个台阶，价格就大幅下调。当自己的规模达到125万台时，就把出厂价定在规模为80万台的企业的成本价以下；当规模达到300万台时，格兰仕又把出厂价调整到规模为200万台的企业的成本线以下。此时，格兰仕还有利润，而规模低于这个限度的企业，多生产一台就多亏一台。除非对手能形成显著的品质技术差异，在某一较细小的市场获得微薄利润，才能抵挡住这种价格冲击。结果使一大批规模小且技术无明显差异的企业陷入了亏本的泥潭。

故事感悟 从格兰仕的起家产品微波炉来看，格兰仕舞动的就是“规模—降价”和“降价—规模”的双刃剑，最终格兰仕赢了，一跃成为微波炉全球第一的“巨无霸”。对于格兰仕而言，价格战只不过是一种表现形式，格兰仕选择的是总成本领先战略，这也是格兰仕进入微波炉行业以来始终坚持的。

学知识

在营销组合中，价格是唯一能产生收入的因素，其他因素表现为成本。价格也是营销组合中最为灵活的因素，它与产品特征和渠道承诺不同，它的变化是异常迅速的。

- 从经济学的观点看：价格是严肃的，是商品价值的货币表现形式，是不可随意变动的。价格总是与利润的实现紧密联系在一起的。即：价格 = 总成本 + 利润。从经济学角度来说，定价是一门科学。
- 从市场营销学的观点看：价格是活泼的，是可以随时随地根据需要而变动的。从营销学角度来看，艺术的成分更多于科学的成分。

案例 4-1

马鞭的定价

宋朝时，开封的市场上来了个卖马鞭的人，他的马鞭看上去似乎并不出众。

有个人问他：“喂，卖马鞭的，你的东西多少钱呀？”

他开口就把人吓一跳：“5万。”

买东西的人说道：“你是不是疯了？别人才卖50，你怎么卖这么贵?50怎么样？”

卖马鞭的人忽然笑了起来，不理睬他。这个人又试探道：“那500呢？”

卖马鞭的人显出很生气的样子。

这个人知道这马鞭不值什么钱，存心逗逗他，又说："5000总该行了吧？"

卖马鞭的人大怒道："你不想买就走，不用啰唆，我是一定要5万才卖的！"

这时，有个有钱的少爷来买鞭子，见这个卖鞭子的态度如此坚决，以为这鞭子真的有什么独到之处，就出5万买了下来。然后，他就拿着这根昂贵的马鞭，到处去给人欣赏，炫耀说："瞧我这根马鞭，值5万呢！"

课堂随笔

案例评析

透过这个故事，可以看到营销定价的艺术性——一根普通的马鞭，可以卖50，也可以500、5000，甚至50000。所以，有人讲：价格是一把剑，能削来利润，能击退对手，也能刺伤自己，就看舞剑者的功夫！为了达成预期的目标，让我们来共同练功吧！

一个公司在进行价格制订时，要考虑的因素很多。

任务一　明确企业的定价目标

当作为一个消费者购物时，你是否想过：商家为什么这样定价？是否可再定高点，如果稍降低价格又会出现什么情况？商家定价需要考虑哪些因素呢？

定价目标是企业制定价格时应该首先考虑的因素。一个公司对它的目标越清晰，它制订价格越容易。

一、当期利润最大化目标

营销的最终目标是企业获得利润。所以，利润最大化是企业定价重要的目标之一，是指企业将利润最大化作为企业财务管理的最终目标。追求最大利润，几乎是所有企业的共同目标。但利润最大化并不等于制订最高价格，定价偏高，消费者不能接受，产品销售不畅，反而难以实现利润目标。同时，高价会刺激竞争者介入及仿冒品增加，更不利于提高企业市场地位与形象。所以，希望实现利润最大化也同样可以制定低廉的价格。

二、市场份额领先目标

这是很多企业普遍采用的一种定价目标。较高的市场份额可以保证企业产品的销路，便于企业掌握消费者需求变化，易于企业形成控制市场和价格的能力。拥有最大的市场份额后企业将享有最低的成本和最高的长期利润。为争取市场份额领先，企业需要制定一个尽可能低的价格，广开销路。

格兰仕企业的微波炉，当初就是用低价来逼退竞争者而获得市场份额最大化，形成规模效应。格兰仕用价格这个武器为自己带来了丰厚的利润。

如果具有下述条件之一时，企业就可考虑通过低价来实现市场占有率的提高。

- 市场对价格高度敏感；
- 生产与分销的单位成本会随着生产经验的积累而下降；
- 低价能吓退现有的和潜在的竞争者。

三、产品质量最优化目标

如果一个公司想树立在市场上成为产品质量领先地位目标的话，往往就会用高价格来弥补高质量和研究开发的高成本。但不可忘记：产品优质优价的同时，应辅以相应的优质服务。

海尔在这方面就做得非常棒。在国内厂家大打价格战时，海尔结合产品档次和服务水平的提高，在产品价格方面始终坚持比同行高的价格策略，不断塑造海尔的品牌价值。在一波又一波价格战中，海尔始终没有追杀，而是保持自己的良好形象。海尔也成了哈佛商学院写入哈佛案例的第一个中国企业。

四、生存目标

生存目标是企业处于不利环境中实行的一种特殊的过渡性目标。如果企业遇上生产能力过剩、剧烈竞争或者消费者需求改变时，为避免倒闭，企业必须制定一个低的价格，借助于大规模的价格折扣，以保本价格、甚至以低于成本的价格出售产品，以期迅速收回资金，维持营业，争取研制新产品的时间，重求生机。

在 2002 － 2004 年“非典”期间，在市场不景气的情况下，许多餐饮企业为了生存，在定价时只求保本，待抗“非典”胜利市场需求回升后再提高价格。此外，也有一些企业集团或公司为方便接待来往的客户而开办一家餐饮企业，此类餐饮企业也通常以保本为定价目标。

案例 4-2

一个小姑娘在多家美容院积累一定的工作经验后，考取了高级美容师证。在家人的帮助下，她在一个生活区内开了一家美容院。美容院虽然不大，但在她的精心布置下充满着家的温馨。在美容院创建初期，为了生存，她将美容项目的价格定得非常低，甚至是其他美容院同类项目价格的一半。初期，到她店里来的大多是她在原来工作过的美容院的老客户。同样的美容师、同样的产品、同样的服务，价格却是原来的一半，通过口碑相传，更多的顾客走进了她的美容院。于是小姑娘的美容院在竞争激烈的市场上生存下来了。

课堂随笔

案例评析

小姑娘明白，对于一个没有背景、涉世不深的女孩来说，在美容院开张初期，生存下去是最重要的。所以，她首先采用低价来聚人气，再用优质服务、良好技巧留住顾客。当然，美容院要生存下去并获得越来越多的利润不能一直以低价位来取悦顾客，因此，她后来只是把美容院作为开展各项其他业务的固定场所，如同时还从事保险等业务。

五、防止竞争目标

这种定价目标是指企业按照竞争需要来制定价格。一般说来，企业对竞争者的行为都十分敏感，尤其是价格的状况。企业从有利于竞争的目标出发选择定价目标，一般有以下几种。

（1）力量较弱的企业，应采用与竞争者价格相同或略低于竞争者的价格出售产品的方法。

（2）力量较强的企业想扩大市场占有率，可采用低于竞争者的价格出售产品的方法。

（3）资本雄厚并拥有特殊技术或产品品质优良，或能为消费者提供较多服务的企业，可采用高于竞争者的价格出售产品的方法。

（4）为防止别人加入同类产品竞争的企业在一定条件下，往往采用一开始就把价格定得很低的方法，从而迫使弱小企业退出市场或阻止对手进入市场。

案例 4-3

2012年的京东商城、当当网、天猫、亚马逊、易迅、苏宁易购、国美网上商城七大电商展开的“价格战”就是一场以竞争为目标，被业界冠以“史上最强的电商价格战”。在这场战争中，电商们投入了近70亿元，产生了1.1万亿元销售额。业内人士评价:2012年6月开始的价格战，是电商史上的一幕大戏，可能会引起整个商业形态的快速转型。

与2012年只有“价格战”一个关键词相比，2013年的电商大战增添了不少新内容。但2013年的价格战热度丝毫未减。6月，为了年中促销，电商就纷纷摩拳擦掌，先是口水战，从京东商城推出“别闹”开始，其他电商纷纷用“别”字组词造句，像苏宁的“别慌”、国美的“都别装”、天猫的“别扯”、易迅的“别吹”、当当的“都别吵”。随后即是实打实的价格战。这次价格战涉及面更广，不仅京东、苏宁易购、天猫等价格战老手参与其中，之前对价格战不怎么热衷的亚马逊和当当网也加入了战团。

课堂随笔

案例评析

自从电商的集中价格战诞生之时，就有业内人士分析，这种集中烧钱的发展模式不可能持续，但价格战却依然有持续的趋势。既然电商有精力持续下去，消费者也乐享其成，只是其消费观念会变得越来越理性。电商经过比拼，优胜劣汰是必然，只有在优胜劣汰之后，市场才能有序发展。

指点迷津

电子商务

电子商务一词源自 Electronic Business，就是通过电子手段进行的商业事务活动。通过使用互联网等电子工具，使公司内部、供应商、客户和合作伙伴之间，利用电子业务共享信息，实现企业间业务流程的电子化，配合企业内部的电子化生产管理系统，提高企业的生产、库存、流通和资金等各个环节的效率。

任务二　分析影响定价的因素

产品价格的上限取决于产品的市场需求水平，产品价格的下限取决于产品的成本费用。在最高价格和最低价格的范围内，企业能将产品价格定多高，则取决于竞争对手同种产品的价格水平、买卖双方的议价能力等因素的影响。影响企业定价的因素是多方面的，主要有以下几个方面。

一、产品成本

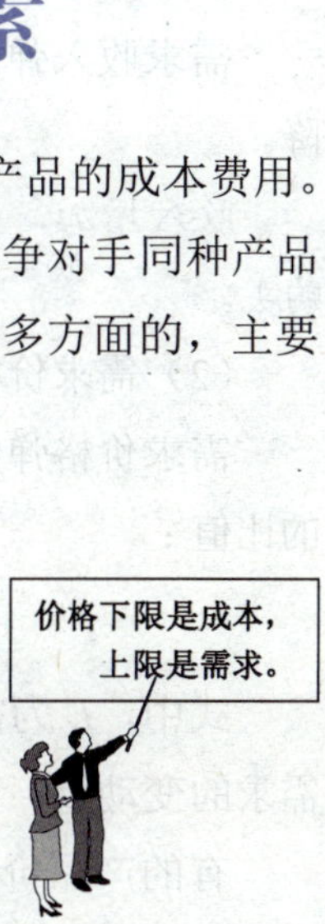

虽然从营销角度来看，定价是一门艺术，但商品定价也不能异想天开。价值通常以产品的生产成本为主要依据。因此，企业的产品生产成本是影响企业定价的重要因素，也是产品价格的最低经济界限。产品成本是企业核算盈亏的临界点，产品售价大于产品成本时企业才有可能盈利，反之则亏本。

一般情况下，企业产品成本越高，其价格也越高；成本越低，价格也越低。企业产品的总成本除生产成本外，还包括产品在流通环节中的流通费用。工商企业都不是以个别成本去决定企业产品的价格，而是以社会平均成本为依据制定自己产品的价格，所以企业应努力降低其个别成本。如果企业个别成本低于社会平均成本，则可获得高额利润，并有充分的调价余地，企业的市场竞争力也随之增强。

二、需求因素

考虑需求因素对定价的影响时，应建立在对下述几点理论的理解基础之上。

1．产品供求关系

通常，当某个产品供小于求（即供不应求）时，产品价格上涨，形成卖方市场，价格可定得较高；当产品供大于求时，形成买方市场，价格应定得较低。

中秋节前几个月，因为月饼需求蛋黄量大，所以，蛋的价格会涨；春节期间，少数餐饮店营业，用餐价格会比平时上涨。

2．需求弹性

需求弹性是指因价格和收入等因素变动而引起的需求量的相应变动率，反映需求变动对收入变动、价格变动的敏感程度。

（1）需求收入弹性（因收入变动而引起需求相应的变动率）。

需求收入弹性大的产品，一般包括耐用品、消费品、高档食品、娱乐支出等，这类产品在消费者货币收入增加时会导致对其需求量的大幅度增加。

当收入增加后，消费者心理也会发生改变。考虑的消费项目就不仅仅是温饱问题，还会视增加的幅度考虑美容、美发、旅游、购车、购房等消费。

需求收入弹性小的产品，一般包括生活必需品，这类产品在消费者货币收入增加时会导致对它们需求量的增加幅度比较小。

盐、油等生活必需品并不会因为人们收入增加而大幅度增加它的使用量。

需求收入弹性为负值的产品，意味着消费者货币收入的增加将导致该产品需求量的下降。

收入增加，生活质量提高后，通常会减少对一些低档食品、低档服装等低档次商品的购买。

（2）需求价格弹性（指因价格变动而引起需求相应的变动率）。

需求价格弹性用弹性系数 E 表示，该系数是需求量变动的百分比与价格变动的百分比的比值：

$$E=(\Delta Q / Q) / (\Delta P / P)$$

式中，E 为需求弹性系数；P 为原价格；Q 为原需求量；ΔP 为价格的变动量；ΔQ 为需求的变动量，变动曲线如图 4-1 所示。

有的产品价格稍微变动，就会引起需求量发生很大变化。价格从 10 元降到 9 元，价格降低 10%，可需求量就增加 100%，需求量的变动是价格变动的 10 倍。而有的产品大幅度变动价格，而需求量变动很小。价格从 10 元降到 5 元，价格降低 50%，需求量只增加 25%，需求量的变动只是价格变动的 0.5 倍。一般来说，价格需求弹性可分为以下几种。

① $E>1$，称弹性充足，即需求量的相应变化大于价格自身变动，价格的升降与总收入的增减成反比，可采取降价策略。定价时，可通过降低价格，薄利多销以达到增加盈利的目的。

② $E<1$，称弹性不足，即需求量的相应变化小于价格自身变动，价格的升降与总收入的增减成正比，可采取提价策略。定价时，较高水平的价格往往会增加盈利，低价对需求量刺激效果不大，薄利不能多销，反而会降低收入水平。基本生活用品、生产资料商品多属于这种情况。

③ $E=1$，称弹性不变，即需求量与价格等比例变化，是弹性大和弹性小的分界点。定价时，可选择实现预期盈利率的价格或选择通行的市场价格，同时把其他市场营销策略作为提高盈利的手段。

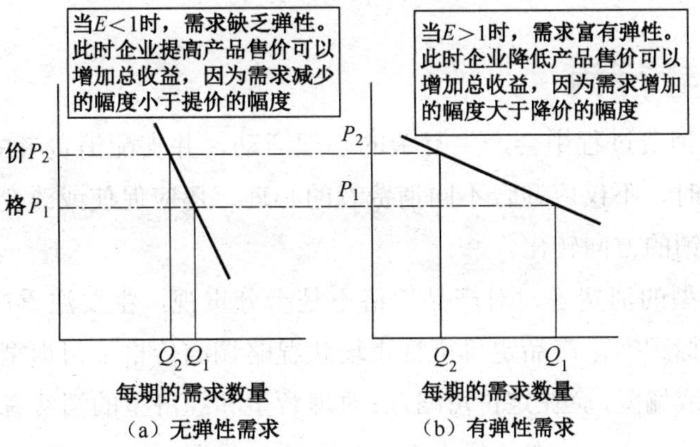

图4-1 价格需求弹性变动曲线

影响价格敏感度的 8 个因素是：

- 独特价值效应：产品越是独特，顾客对价格越不敏感。替代品知名效应：顾客对替代品知之越少，他们对价格的敏感度越低。
- 难以比较效应：顾客越难以对替代品的质量进行比较，他们对价格就越不敏感。
- 总开支效应：开支在顾客收入中所占比重越小，顾客的价格敏感度越低。
- 最终利益效应：开支在最终产品的全部成本的费用中所占比例越低，顾客的价格敏感度越低。
- 分摊成本效应：一部分成本由另一方分摊时，顾客的价格敏感度越低。
- 积累投资效应：产品与以前购买的资产可合在一起使用时，顾客对价格不敏感。
- 价格质量效应：顾客认为某种产品质量更优、声望更高或是更高档的产品，他们对价格的敏感度就越低。
- 存货效应：顾客如无法储存商品，则他们对价格的敏感度就越低。

三、市场竞争因素

企业必须考虑竞争对手的价格情况，力求定出对竞争更有利且受欢迎的价格。市场竞争一般分为完全竞争、不完全竞争、寡头竞争和完全垄断四种情形。

如果出现完全竞争，企业可采取随行就市的定价策略。例如，一些生产简单、供应来源便捷的日用小商品，对于这类商品，任何企业都不可能通过加强营销措施来提高价格，只能接受市场竞争中形成的价格。

如果出现不完全竞争，企业在制定价格时，应当认真周密地分析研究竞争对手的价格和价格策略，制定针锋相对的价格措施，力争竞争的主动性。

如果出现寡头竞争，企业不能随意改变价格，只能相互依存，彼此价格接近。如西方国家的汽车、飞机制造业、钢铁业等都是寡头竞争。

如果出现完全垄断，垄断企业可以控制市场价格。如拥有资源垄断、专卖、专利产品的企业，像电信、电力、自来水等都处于垄断地位。非垄断性企业定价应十分谨慎，以防垄断者的价格报复。

四、消费者行为

由于消费者在消费过程中会产生复杂的心理活动，并支配消费者的消费过程。因此，企业制定产品价格时，不仅应迎合不同消费者的心理，还应促使或改变消费者的行为，使其向有利于自己营销的方向转化。

冲动型和情感型的消费者，对产品价格不是十分重视，主要注重产品的质量、花色、式样等，对这类目标顾客，产品定价可视市场状况略调高价格；习惯型消费者对零售商或品牌等产生了信任或偏爱，企业定价可略高；对理智型和经济型的消费者，企业应依质定价。

英国塞弗里奇百货公司推出售价为 148 美元的三明治。此三明治以昂贵的日本和牛牛肉为原料，佐以法国鹅肝、新鲜黑块菌以及欧洲最好的布里干酪。这个价格的三明治对于一般消费者来讲是天价，但对于高收入、讲究生活情趣、喜欢新鲜事物的人而言，则是一种消费的体验。

五、国家政策法规

企业在定价过程中要充分注意考虑政府宏观调控和市场管制措施及有关法规。政府主要运用经济、法律和行政手段对经济运行进行调控，或直接对市场价格实行最高限价和最低限价的管制。

国务院总理李克强在第十二届全国人民代表大会第二次会议上做政府工作报告时指出："2014 年经济社会发展的主要目标是：国内生产总值增长 7.5% 左右，居民消费价格涨幅控制在 3.5% 左右，要实现 2014 年经济社会发展的目标任务，要完善宏观调控政策框架，守住稳增长、保就业的下限，继续实施积极地财政政策和稳健的货币政策，确保中国经济这艘巨轮行稳致远。"

除了上述主要因素外，企业定价还必须考虑企业实力的强弱、公司经营政策、分销渠道、营销组合等其他因素。企业在制定价格策略时，必须综合、充分地研究影响价格的多种因素，制定出最合理的产品价格。

任务三　选择产品定价方法

所有的营利组织和许多非营利组织都面临一个给他们的产品或服务制定价格的任务。一般来讲，小企业是由老板来制定的；在大企业里，高层管理者会制定企业总的定价目标和政策，然后由下一级管理部门提出建议价格。部分企业不知如何科学制定价格，就只好用开会举手表决的方式来处理。但一些专业的企业却将价格作为一个关键的市场战略工具，他们根据产品的基本价值和成本来制定价格和提供服务。

依照不同的价格制订依据，大体上可将定价方法分为三大类。

一、成本导向定价法

1. 成本加成定价法

成本加成定价法，即在单位产品成本基础上加上一定比例的预期利润和税金构成价格。其基本计算公式为：

单位产品价格 =（单位产品的固定成本 + 单位产品的变动成本）×（1+ 成本加成率）

固定成本：又称固定费用，是指成本总额在一定时期和一定业务量范围内，不受业务量增减变动影响而能保持不变的成本。如厂房和机器设备的折旧、财产税、房屋租金、管理人员的工资等。

变动成本：变动成本是指那些成本的总发生额在相关范围内随着业务量的变动而呈线性变动的成本。直接人工、直接材料都是典型的变动成本。

【例题】制造商 A 产品的固定成本是 300 000 元，单位变动成本是 10 元，预计单位销售量是 50 000 个，则该制造商的单位成本为多少元？制造商想在销售额中有 20% 的利润，该以多少价格出售产品？

解题思路：

单位产品价格 =（固定成本 / 预计单位销售量 + 单位变动成本）×（1+ 成本加成率）

= [（300 000÷50 000）元 +10 元] ×(1+20%)=19.2（元）

如果某品牌的价格弹性低，加成率则可相对高些；如果其价格弹性高，加成率则可相对低些；如果其价格弹性不变，加成率也应保持相对稳定。

成本加成定价法的优点是：计算简单、简便易行，可以使企业获取预期利润。

成本加成定价法的缺点是：忽视了市场需求和竞争状况，缺乏灵活性。

2. 目标利润定价法

目标利润定价法，即根据估计的销售收入和估计的销售量来制订价格的一种方法。其计算公式为：

单位产品价格＝单位变动成本＋（总固定成本＋目标利润）÷预计销售量

运用这种定价方法时若不能正确测算价格与销量间的关系，则可能因价格过高而导致销量达不到预期水平的被动局面，以致企业难以实现投资回报。故此法适用于产品市场潜力很大，而需求价格弹性不大，市场占有率较高的企业或垄断企业。

上例中，假设预计销售 50 000 个，只想保本的话，则保本点价格定位为：

固定成本 / 预计单位销售量＋单位变动成本＝（300 000÷50 000）+10=16（元）。

上例中，假设预期销售量达到 50 000 个时，想赚取 200 000 元目标利润的话，价格为：单位变动成本＋（总固定成本＋目标利润）÷预计销售量 =10＋（300 000＋200 000）÷50 000 =20（元）

利用上述公式，也可以计算保本量，如果以 20 元的价格出售上述商品，则保本销售量为：总销售量 300 000÷（出售价格 20－单位变动成本 10）=30 000（个）。

3．边际成本定价法

边际成本定价法，也叫边际贡献定价法，即在定价时只计算变动成本，不计算固定成本，只要定价高于变动成本，就可获得边际收益。此方法重点是在考虑变动成本的回收后尽量补偿固定成本。其计算公式为：

单位产品价格＝（总的变动成本＋边际贡献）÷预计销售量

这种方法一般在竞争十分激烈、市场形势严重恶化的情况时采用。此时高价会导致产品滞销积压、丢失市场，因此不如低价保市场，减少库存积压，减少企业损失。只要售价不低于变动成本，生产可以维持；如售价低于变动成本，则生产越多亏本越多。

上例中，单位固定成本为 300 000÷50 000=6 元，单位可变成本为 10 元，因此单位成本为 16 元，意味着价格低于 16 元就要亏损。现在假设出现一个机会，有人愿意以 13 元的价格购买企业的产品，这时企业应不应该抓住这个机会呢？答案是，如果市场竞争激烈，企业的短期目标是生存，生产能力过剩，或者固定成本已经收回，可以利用边际成本定价法抓住这一机会。因为 13 元除了可以弥补 10 元的变动成本之外，还可以弥补 3 元的固定成本。

二、需求导向定价法

1．认知价值定价法

这是以买主对产品价值的认知和需求强度作为定价依据而不是依据卖方的成本定价的一种定价方法。

被称为“现代营销之父”的菲利普·科特勒，2002 年曾在中国某个城市演讲，门票分 9800 元、5880 元、3980 元三档 。2011 年 6 月他在广州、宁波、苏州三个城市的演讲门票高达 19800 元，但仍吸引了近 4000 名企业家、学术专家等商业领袖参与。这是因为主办方在制定价格时已准确预测到菲利普·科特勒在中国的价值。

消费者对商品价值的认知价值，是消费者根据自己对产品的功能、效用、质量、档次等多方面的印象，综合购物经验、对市场行情和同类产品的了解而对价格做出的评判，其实质是商品的效用价格比，其关键是消费者对价值的理解和认可。因此，认知定价法的关键有两点：

一是充分运用各种营销策略影响和提高消费者对商品同竞争对手的同类产品相比较而言的认知价值；

二是尽量准确估测购买者对商品的认知价值。估测过高，会造成定价过高而使消费者感到企业漫天要价，从而抑制购买；估测过低又会造成定价太低而使消费者怀疑产品的质量也不愿购买。

认知定价法的步骤如图 4-2 所示。

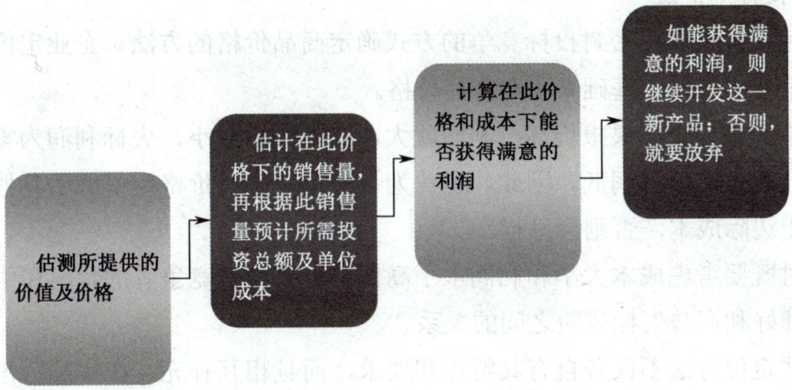

图4-2 认识定价法的步骤

2．反向定价法

反向定价法是指企业依据消费者能够接受的最终销售价格，逆向推算出产品的出厂价、批发价、零售价。这种定价方法不以实际成本为主要依据，而是以市场需求为定价出发点，力求使价格为消费者所接受。分销渠道中的批发商和零售商多采取这种定价方法。在如今的商业渠道中已成为批发商或供应商向终端零售商提供价格参考的常用计算方法。思考的思路是：消费者愿意支付的价格→零售价、批发价→出厂价→总收入、总成本→利润总额→是否合算。

三、竞争导向定价法

一般有两种定价方法，即随行就市定价法和投标定价法。

1．随行就市定价法

随行就市定价法是指企业按照行业的平均现行价格水平来定价。随行就市定价法有利于与竞争者和平相处，避免因价格竞争带来的风险，保证企业获得恰当的利润。同时，市场通行价格也易于被消费者所接受，从而保证产品销路。

家乐福北京分店是 1995 年 12 月 5 日在中国内地开设的第一家分店。开业初期，它采用低价策略成功地打开了市场后，下一步便是针对主要对手来制定价格。每周三都要派出大量人员到两个主要竞争对手燕莎望京、普尔斯马特处采价（尤其是地处同一区域内的燕莎望京），然后迅速汇总，星期四晚上调整价格，迎接双休日的销售高峰。在竞争导向定价法中，它主要运用了随行就市法，它以燕莎望京的价格作为基础，只是稍微进行下调，从而既保证了价格的优势，也不致使收入过分降低。

以下情况适合采用随行就市定价法：

- 产品难以核算成本，或打算与同行和平共处，或另行定价揣摩不准竞争者和顾客的反应时；
- 在完全竞争市场销售相同产品，实际上只能随行就市；
- 寡头垄断市场，由于企业太少，也难以用不同价格增加收益。

2. 密封投标定价法

密封投标定价法即由密封投标竞争的方式确定商品价格的方法。企业定价的基点主要是以预期竞争者的价格为基础来决定产品价格。

投标竞争的过程中如果报价高，利润就大，但中标机会小，失标利润为零；如果报价低，中标机会就大，但利润低。因此，企业为了中标，会将价格定得低于其他投标者，但一般不得低于边际成本，否则会亏损。

即报价时既要考虑成本大小和利润水平高低，更要结合竞争者的状况和中标概率的大小，正确处理好利润与失标风险之间的关系。

以上这些定价方法不仅各自有其特点和要求，而且相互补充，在实际营销活动中，企业应在全面考虑成本、需求及竞争状况的基础上选择适宜的定价方法。

议一议

湖南电视台的《爸爸去哪儿》播出后，节目中的爸爸们和孩子们的身价水涨船高，原本名气最小的张亮身价涨幅最高，从过去出席时尚活动报价几千元，上升到现在普通品牌活动出场费近百万元。请问：这些爸爸们及孩子们的出场费的制订是采用哪种定价法？

任务四　选择产品定价策略

定价方法着重于确定产品的基础价格，而定价策略是根据市场中不同变化因素对产品价格的影响程度，运用不同的定价艺术与技巧，制定出适合市场变化的灵活机动的产品价格，从而实现定价目标的企业营销战术。定价策略的宗旨在于使产品的价格既能为顾客所接受，又能为企业带来较多的利润。

一、新产品定价策略

新产品刚上市时一般采用以下三种定价策略。

1. 高价定价策略——撇脂定价策略

撇脂定价策略，就是在新产品上市之初，将价格尽可能定得很高，以期在短时间内获

得最大利润，就像从牛奶中撇取油脂一样，

本策略适用于具有独特的技术，不易被仿制，有专利保护，生产能力不太可能迅速扩大等特点的新产品，同时市场上要存在高消费或时尚性需求。

本策略的优、缺点分析如图 4-3 所示。

图4-3　高价定价策略分析

案例 4-4

美国的哈根达斯在中国是只属于少数高收入者的消费奢侈品牌，而在其发源地美国则是个极普通的品牌。在中国售价超过 100 元的大桶家庭装哈根达斯，在美国仅售 2.99 美元。

案例评析

哈根达斯进入中国市场采用的就是高价定价策略，它利用的就是所谓的小资们和大众的盲目虚荣，追求所谓的异国“典雅精致情调”心理。

课堂随笔

2．低价定价策略——渗透定价策略

渗透定价策略，即在新产品投入市场时，以较低的价格吸引消费者，从而很快打开市场，就像倒入泥土的水一样，从缝隙里很快渗透到底，从而获得最大的市场份额。

阿里巴巴公司旗下的淘宝市场，连续几次提到免费三年，其实目的是和易趣竞争，培养网络购物市场，聚集淘宝网的人气。现在目的实现了，淘宝也开始用各种创新的方式收费。

渗透定价策略作为一种长期价格策略，适用于能尽快大批量生产，产品差异小，特点不突出，易仿制，技术简单，顾客对价格敏感性强的新产品。

本策略的优、缺点分析如图 4-4 所示。

图4-4　低价定价策略优、缺点分析

3．温和定价策略——适中定价策略

对于一般商品来说，价格定得过高，不利于打开市场；价格定得太低，则可能出现亏损。因此，最稳妥可靠的是将商品的价格定得比较适中。适中定价策略被称为温和定价策略，它吸取了上述两种定价策略的长处，采取比撇脂定价低、比渗透定价高的适中价格，使企业既获得一般利润，又能吸引顾客，赢得顾客的好感。

二、心理定价策略

企业在进行定价时，不能仅仅从经济学角度出发，还要多研究消费者的心理。消费者的价格心理是非常微妙的。

案例 4-5

意大利奢侈品牌“阿玛尼”、美国服装零售商“盖普”和瑞典平价服装连锁店“H&M”所出售的女士黑色T恤实际上并没有太大的区别，但它们的价格却是天壤之别。“阿玛尼”的标价为275美元，“盖普”的标价为14.9美元，“H&M”的标价为7.9美元。而实际所含成分是：“阿玛尼”的T恤含70%的尼龙、25%涤纶、5%的蛋白纤维，“盖普”和“H&M”的T恤则是全棉。

案例评析

“阿玛尼”的T恤看起来比较时尚，产自意大利，带有明显的意大利原产地烙印；作为一个全球著名的奢侈品牌，“阿玛尼”因其价格高达数千美元的套装、手袋和晚礼服而出名，在这种情况下，它的T恤不可能只卖与“盖普”和“H&M”相类似的价格，否则有悖于“阿玛尼”的形象价值；275美元一件的“阿玛尼”女士黑色T恤通常都属于限量版，因为没有太多人会购买价格如此高昂的T恤，这又突显出“阿玛尼”限量版T恤所能够彰显出的身份价值，所以支撑起“阿玛尼”的限量版T恤卖到了两三百美元一件的高昂价格。

课堂随笔

扩展视野

消费者价格心理

消费者价格心理是消费者在购买活动中对商品价格认识的各种心理反应及表现，它是由消费者自身的个性和其对价格的知觉判断共同构成的，而且还受到社会生活各个方面的影响。

1. 整数定价

整数定价是将产品价格采取合零凑整的办法，企业有意将产品价格定为整数，以显示产品具有一定质量，这样给人以高档的感觉。

炫耀性商品、贵重物品、价格较贵耐用品，车、房、名贵礼品等，适合整数定价。

10 万左右的车价一般不会定为 99999 元，因为车是家庭的重要大件物品，消费者不会在乎几元钱，如果定价为 100008 元，就会比 99999 元要高一个档次，消费者能显示其地位、身份，满足其“自尊心理”需要。

2. 尾数定价

利用消费者数字认知的某种心理，尽可能在价格数字上不进位，而保留零头，消费者会认为这种价格经过精确计算，购买不会吃亏，从而产生信任感。同时，价格虽离整数仅相差几分或几角钱，但给人一种低一位的感觉，符合消费者求廉的心理愿望。这种策略具有一定的促销作用，通常适用于基本生活用品。对名牌、优质产品不一定适合。

经常可见换季打折衣服：现价 19 元！商家为什么不定价为 20 元呢？因为一元之差，却让消费者觉得商品的性价比不一样。如果定价为 20 元，它的十位数是“2”，而定价 19 元，它的十位数是“1”，给人感觉两种定价差了十元。再如，药品定价为 5.9 元。而不是 6.0 元。

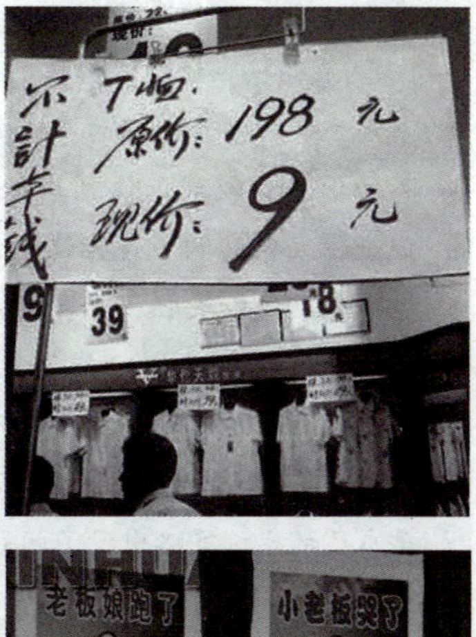

3. 声望定价

声望定价是利用顾客“一分钱一分货”和仰慕名牌商品或名店的声望所产生的某种心理，制定高于其他同类产品的价格。顾客购买名牌产品不仅仅是为了消费，还要显示他们的身份和地位。因此，豪华轿车、高档手表、名牌时装、名人字画、珠宝古董等，在消费者心目中享有极高的声望和地位，价格越高，心理满足的程度也越高，如果价格定得低，反而不能满足消费者心理的需要。

摩托罗拉、诺基亚等公司的移动手机进入中国市场时，一开始就定价 20 000 元左右人民币，便是一种典型的声望定价。德国的奔驰轿车，瑞士的莱克司手表，巴黎里约时

装中心的服装，以及我国的一些国产精品也多采用这种定价方式。

4．招徕定价

也称特价商品定价。指零售商利用部分顾客求廉心理，特意将几种商品的价格定得较低，以吸引顾客到商店来，借机带动其他商品的销售，以扩大销售业绩。采用此策略的关键是"特价品"必须是大多数顾客熟悉且日常生活必需、购买频率较高的商品，"特价品"的数量也要适宜，既不可太多，也不可太少。

在节假日或换季时，常看到商家打出来这样的招徕广告：商品大减价、大出血、大拍卖、清仓处理、跳楼价等。

而有一家小店，它的招徕定价策略让人忍俊不禁：

第一个月是："老板娘跑了，老板娘跑了，老板无心经营，清仓大处理。"

第二个月是："老板娘回来了，老板娘回来了，老板庆祝，打折大酬宾。"

最终，这家小店长年累月地用这个方式促销，不仅不能起到促销的效果，还让周围的居民感到是一种干扰。所以，在使用招徕定价策略时，要不断创新才能达到预期效果。

5．习惯定价

某些商品需要经常、重复地购买，因此这类商品的价格在消费者心理上已经"定格"，成为一种习惯性的价格。许多商品尤其是家庭日常生活用品，在市场上已经形成了一个习惯价格。消费者已经习惯于消费这种商品时，只愿付出这么大的代价。对这些商品的定价，一般应依照消费者的习惯确定，不要随便改变价格，以免引起顾客的反感。

案例 4-6

某高校市场营销专业的老师组织学生在校门附近开了一家学生实习超市。因为学校免交租金和水电费，所以超市商品的价格都较周围便利店低。学生们热情高涨、信心满满。但一位大妈的购买行为让他们有些费解：她连着几天到超市逛，可就是没买任何物品。店长于是与她进行沟通。大妈的话让他们吃惊不小："这种包装的盐在任何超市都是卖 3 元，你们为什么只卖 2.5 元，是不是有什么问题？你们超市商品的进货渠道正规吗？"经历这个小插曲后，实习学生意识到是自己的定价策略出现了问题。

课堂随笔

案例评析

超市对消费者经常、重复购买，特别是顾客在购买时甚至习惯到不问价格直接购买的商品，最好采用习惯定价法。否则就会出现这个实习超市同样的问题。

三、折扣定价策略

企业为了鼓励顾客及早付清货款、大量购买、淡季购买或配合促销，常常给予顾客一定的价格折扣和折让。折扣定价的形式有以下 5 种。

1．现金折扣

又称销售折扣，这是企业给那些在规定时间期限内付清货款的顾客的一种减价。采用现金折扣可以减少企业的收账费用，管理消费者及时付款，加速资金周转，避免坏账、呆账。

顾客在 30 天内必须付清货款，如果 10 天内付清货款，则给予 2% 的折扣；20 天内付清货款，给予 1% 的折扣。

2．数量折扣

这种折扣是企业给那些大量购买某种产品的顾客的一种减价，以鼓励顾客购买更多的物品。

某些商场做促销，购买 2 件服装 7 折，购买 3 件 6.8 折。

3．季节折扣

这种价格折扣是企业给那些购买过季商品的顾客的一种减价，以鼓励顾客提前购买或在淡季购买，使企业的生产和销售在一年四季保持相对稳定。

啤酒生产企业对在冬季进货的客户给予大幅度让利，羽绒服生产企业则为夏季购买其产品的客户提供较大折扣。

4．功能折扣

功能折扣又叫交易折扣。是由制造厂商向履行了某种功能，如推销、储存和账务记载的贸易渠道成员所提供的一种折扣。

某机械企业产品的零售价格为 500 元，如给予零售商的折扣是 25%，给予批发商的折扣是 20%，则该批发商对零售商的销售价格为 500×(125%)=375 元，企业对批发商的销售价格为 375×(120%)=300 元。

5．价格折让

价格折让分为以旧换新折让和促销折让两种。

一个新热水器标价为 350 元，商家允许顾客以旧热水器折价 80 元购买，因此只需支付 270 元，这种为以旧换新折让。如经销商同意参加制造商的促销活动，则制造商卖给经销商的物品可以打折扣，这种为促销折让。

沃尔玛能够迅速发展，除了正确的战略定位以外，也得益于其首创的“折价销售”策略。每家沃尔玛商店都贴有“天天廉价”的大标语，同一种商品在沃尔玛比其他商店要便宜。沃尔玛提倡的是低成本、低费用结构、低价格的经营思想。低廉的价格、可靠的质量是沃尔玛的一大竞争优势，吸引了一批又一批的顾客。

四、差别定价策略

差别定价策略是指企业按照两种或两种以上不反映成本费用的比例、差异的价格销售某种产品或服务。差别定价策略主要有以下几种形式。

1．顾客差别定价

顾客差别定价是指企业把同一产品或服务卖给不同的顾客采用不同的价格。

许多博物馆和展览馆对学生给予价格优惠；公园对晨练的人给予优惠价格；我国火车客运票价对军人、劳模、学生给予价格优惠；电力部门对工商企业和居民用电也分别制定了不同的价格。

2．形式差别定价

产品形式差别定价是指企业对不同型号或形式的产品分别制定不同的价格，但不同型号或样式的产品其价格之间的差额和成本之间的差额是不成比例的。

某超市里"喜之郎"果冻布丁散装价格为 15 元 / 千克，但装在塑料玩具小背包或塑料玩具坦克里，600 克就分别卖到 13 元和 18 元。再如，一个帽子 50 元，成本 10 元，如果在帽子上点缀一组花，追加成本 5 元，但价格却可定到 100 元。

3．地点差别定价

产品地点差别定价是指企业对于处在不同位置的产品或服务分别制定不同的价格，即使这些产品或服务的成本费用没有任何差异。

体育馆或电影院的座位，虽然前后排的成本费用都一样，但由于观赏效果有所不同，因而可制订不同的价格；成本一样，但舒适度不同，火车卧铺从下铺到中铺、上铺，价格逐渐减少；由于看到的景观不同感觉也不同，开发商对离湖越近的房子定价越高。

2012 年年底，有记者在广州调查，飞天茅台在不同的地点销售，价格相差很大。飞天茅台的指导价为 1519 元，而广州友谊商店定价 2090 元，高端商超定价约为 1800 元，烟酒商行的售价则均低于指导价，约为 1500 元，最低售价为一家烟酒商贸行的 1300 元。

4．时间差别定价

销售时间差别定价是指企业对于不同季节、不同时期甚至不同重点的产品或服务分别制定不同的价格。

旅游服务企业在淡季和旺季的收费不同；长途电话在不同的时间收费不同；电影院、KTV、网吧等娱乐场所晚场和白天定价不同。

表 4-1 是民航机票的差别定价规则。

表4-1 民航机票的差别定价规则

按顾客	一般人、教师、学生、军人、团体、儿童等
按时间	早班、晚班、首航、寒暑假、节假日等
按距离	单程、来回程、联程等
按档次	特等舱、普通舱、包机等
按出票时间	预购、既购等

想一想

想一想，还有其他的差别定价方式吗？

五、地区定价策略

商品的产地与消费者的购买地之间必然存在着一定的空间距离，在商品的交易过程中，为了完成商品的实体转移，或多或少地会发生一些费用，如运输、仓储、装卸、整理、保险等费用。这部分费用由谁承担及如何承担，是企业销售过程中必须面对的一个问题，不同的费用处理方式会直接影响到企业的最终产品定价，也就形成了不同的地区定价策略。地区定价策略一般有 FOB 原产地定价、统一定价、分区定价、基点定价等。

1．FOB 原产地定价

FOB 原产地定价即卖方负责在约定的地点（如车站、码头、机场等）将货物运到买方指定的运输工具上（如卡车、火车、船舶、飞机等）交货，并承担此前的一切风险和费用。交货后的一切风险和费用包括运费则由买方承担。这一价格在国际贸易中成为离岸价格，简称 FOB。

广东某制鞋厂向美国一公司出口功夫鞋 30 000 双，每双售价 FOB 深圳蛇口港：2.75 美元。这一价格指的是该鞋厂负责将 30 000 双功夫鞋运送到深圳蛇口港的货船上，并负责运送到船上以前的一切费用，而美方则需要承担从深圳蛇口港到美国销售地的全部费用。

2．统一定价

这种定价法与原产地定价相反，完全没有地区差价。企业对不同地区顾客实行统一价格，按照相同的厂价加上相同的运费即平均运费计算，实际上是让近处的顾客承担了部分远方买主的运费，对近处的顾客不利，但很受远方买主的欢迎，并且便于计算。这种方法比较适用于运费占总成本比例较小的产品。买主往往认为运费是一项免费的附加服务，有利于促进销售。

3．分区定价

这种形式介于前二者之间，是企业把全国（或某些地区）分为若干价格区，对于卖给不同价格区顾客的某种产品，分别制定不同的地区价格。距离企业远的价格区，价格定得较高；距离企业近的价格区，价格定得较低。在各个价格区范围内实行一个价。

4．基点定价

基点定价即企业选定某些城市作为定价基点，然后按一定的厂价加上从基点城市到顾客所在地的运费来定价。有些企业为了提高灵活性，选定多个基点城市，按照最近的基点计算运费，这样有利于生产企业市场的扩大。

六、产品组合定价策略

当企业同时经营多种产品时，定价需着眼于整个产品组合的利润实现最大化，而不是单个产品。具体的做法有以下几种。

1．产品线定价

产品线定价是指企业对属于同一产品线的某一大类产品进行定价。在进行产品线定价时，要区分两种情况。一是同一产品线中的各个产品有大致相同的目标市场，这样它们之间的价格就应当有较大的关联性。

宝洁公司在中国市场的洗发水产品线，包含了“飘柔”、“潘婷”、“海飞丝”等多个品牌，它们的主要目标客户群体都是城市内中高收入的消费者。尽管使用了不同的品牌，宝洁公司仍然将这些产品的价格都定得比较接近，而不会将某一品牌的价格定得比其他品牌低很多，以保证宝洁产品的高品质的名牌形象。

另一种情况是相同产品线中的各项产品有不同的目标市场，这时各产品间价格的关联性相对较弱，企业只要针对不同目标市场的情况及产品的成本情况对相应的产品进行定价，而无须过多考虑各产品之间的价格差异。

森达集团的皮鞋生产线同时提供“森达”和“好人缘”两个不同品牌，它们分别代表高档和中档两个不同的等级，“森达”的皮鞋价格一般在250元以上，而“好人缘”的皮鞋价格则在100～200元，两类产品的价格差距恰恰反映了不同目标市场的特征。

2．选择品定价

许多企业在提供主要产品的同时，还会附带一些可供选择的产品或特征。

饭店的顾客除了订购饭菜外也买酒类。许多饭店的酒价很高，而食品的价格相对较低。食品收入可以弥补食品的成本和饭店其他成本，而酒类则可以带来利润。这就是为什么服务人员极力要求顾客买饮料的原因。也有的饭店会将酒价定得较低，而对食品制定高价，以吸引爱饮酒的消费者。

3．互补品定价

当企业同时生产与主要产品一起使用的附属或补充产品时，可以有意识降低弹性大、购买频率低的商品价格，同时提高弹性小、购买频率高的商品价格。

销售打印机时不妨定价稍低，而将墨盒和纸张的价格提高。因为打印机是一次性购买，墨盒和纸张却是长期消费品。

4．分部分定价

企业经常将原本可以以整体形式销售的产品分拆开来出售，并对不同的产品组件单独定价，这些分拆开来的产品组件在功能上往往具有一定的互补性。

吉列公司在销售剃须刀时将刀架和刀片分开定价。此外，还有一些汽车生产企业，它们首先为消费者提供一种只具有基本设备的车型，同时还提供电动门窗、安全气囊、真皮座椅等可以提高汽车舒适度的选购设施，消费者如果希望安装这些设施，必须支付相应的额外价款。

市场营销基础与实务

再例如，你是否意识到单独购买鸡爪、鸡翅等鸡的某个部分时，价格比购买整只鸡还贵？

分部分定价在服务行业也得到了较为广泛的运用。服务性企业经常收取一笔固定费用，再加上可变的使用费用。

在很多健身俱乐部，消费者不仅要支付一定的门票费或入会费，还要为他们所得到的服务项目付费。游乐园一般先收门票费，如果游玩的地方超过规定，就再交费。服务性企业一般收取较低的固定成本，以推动人们购买服务，利润可以从使用费中获取。

5. 组合产品定价

企业经常以某一价格出售一组产品，例如，化妆品、计算机、家具、厨具等公司，他们为顾客提供一系列活动方案。这一组产品的价格低于单独购买其中每一产品的费用的总和。因为顾客可能并不打算购买其中所有的产品，所以这一组合的价格必须有较大的降幅，以此来推动顾客的购买。

案例 4-7

某省“移动套餐”的“花式”共有 7 种，月租费较低的是 30 元和 98 元两种，比较高一些的有 568 元和 788 元两种，而属中间状态的有 168 元、268 元和 388 元这三种。缴纳月租费的“档次”不同，所被“赠与”的免费通话时间也是差别很大，总的原则是：月租费缴得越多，“被赠”的时间就越长、“折扣”也越大。月租费缴 30 元的，每月“被赠”的通话时间是 48 分钟；而月租费缴 788 元的，每月“被赠”的通话时间达 2588 分钟。

案例评析

该移动电话公司推出的“移动套餐”新话费方案中，定价既运用了心理定价策略中的尾数定价策略，如“98 元”、“788 元”、“388 元”等。又运用了如意定价策略，如绝大多数定价尾数和“赠与”的免费通话时间的尾数都为“8”，以使消费者从价格数字上获得美好的联想，招徕顾客，促进销售。

课堂随笔

6. 副产品定价

在生产加工食用肉类、石油产品和其他化学产品中，常常有副产品。如果这些副产品对某些顾客群具有价值，必须根据其价值定价。副产品的收入多，都将使公司更易于为其主要产品制定较低价格，以便在市场上增加竞争力。

棉的副产品包括棉粕、棉油、棉籽、棉短绒等。在不同的时间这些副产品的价格不一样。

任务五　调整产品价格策略

企业制定产品的价格一般不会一成不变，而是随着市场环境的变化而不断进行调整。调整的方式有两种：一是降价，二是提价。

一、降价策略

1．企业降价的原因

①生产能力过剩，产品积压。

②维持或提高市场占有率。

③产品生产成本下降。

④竞争产品降价。

如图 4-5 所示是企业对竞争者降价的评估及对策示意图。

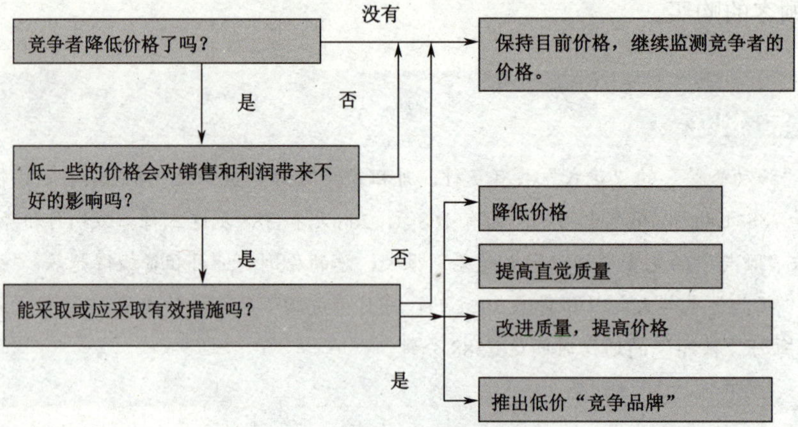

图4-5　企业对竞争者降价的评估及对策

2．企业降价常用的方法

降价也不是一降了之，简单从事，否则后果将不堪设想，降价也是要讲策略和方法的。降价最简单的方式是将产品的目录价格直接调低，但是企业更多地会采取一些间接手段来降低价格。常用的间接降价的方式有以下几种：

（1）实行价格折扣，如数量折扣、现金折扣、津贴等。

（2）采用营业推广方式。此时产品的标价不变，只是在销售时赠送商品或购物券，或实行有奖销售，允许顾客分期付款或赊销等。

（3）增加产品价值。在产品标价不变的情况下增加产品的附加价值，如提高产品质量，改进产品性能；提供免费送货及安装服务；延长产品的免费保修服务期；免费提供技术培训等。

你是否关注过近几年房地产降价有哪些方式？

- 直接降价。面对国家政策的调控压力，2012 年，部分房地产商采取了“以价换量”的促销手段。
- 送赠品。这是大多数房地产商采用的间接降价方式。有送面积、送电器、送车、送车位、送装修、送物业管理费等五花八门的赠品。珠海市某售楼盘曾抛出“买房子、赠菜地”的降价方式。购房者有机会获赠一块菜地并租种三十年，居住在该小区内的业主可以充分享受田园生活，并且吃到自己种植的放心蔬菜。

3．顾客对降价的反应

有利的反应：认为企业让利于顾客。

不利的反应：认为产品过时；认为产品有缺陷；认为企业资金周转困难；认为这是企业进一步降价的前奏等。

二、提价策略

1．企业提价的原因

（1）由于通货膨胀，物价上涨，企业的成本费用提高，迫使企业不得不提价以确保获取目标利润。

（2）企业产品供不应求，不能满足市场的需要。此时，企业可以适度提价。

（3）同行业之间竞争者少或替代品少。

2．企业提价常用的方法

在通货膨胀条件下，除直接提高产品实际价格外，企业还可采用以下变相提价的方式：

（1）推迟报价。

（2）在合同中规定按物价指数调价的条款。

（3）将原来低价或免费提供的服务分解出来，单独定价。

（4）降低价格折扣。

（5）采用低价原料或配件，或采用廉价包装材料，或减少产品的功能、服务和分量，或降低产品质量等。

3．顾客对提价的反应

（1）有利反应：质量提高；产品供不应求，不及时买就可能买不到；价格可能继续上升等。

（2）认为企业想要获取更多的利润。

案例4-8

2013年下半年以来，各个企业明显感觉到原奶供应日趋紧张。中国奶业协会表示，导致“奶荒”是刚性需求所致，奶牛增长缓慢，新西兰奶粉进口受到限制，多重因素叠加从而导致目前原奶供应紧张。原奶供应日趋紧张，这也加剧了企业之间的奶源之争，从而引发原奶价格2013年下半年以来不断攀升，奶荒自然传导到终端产品价格上扬。2013年8月下旬以来，部分超市已接到蒙牛、光明、三元等品牌的上调价格通知，多款国产液态奶价格涨幅普遍在5%～17%。

蒙牛方面表示：为了应对原奶价格上涨，公司部分液态奶产品提价，提价幅度平均在4.9%。公司也在不停压缩成本，不希望因为提价丢失原有市场；普通液态奶产品不赚钱，主要是为了走量占据市场份额，如果提价过高就有可能丢失这个市场份额，而且很难再重新夺回来。

伊利方面表示：即使公司液态奶部分提价，也是因为原奶成本压力过大，公司做出的无奈之举，从公司方面讲也不希望提价。

案例评析

国内奶牛养殖一直陷入一个怪圈："牛奶降价——杀牛卖肉——奶荒——牛奶涨价——奶农买牛——牛奶过剩降价——再杀牛倒奶"，而这样的现象其实在近几年一直有循环发生，每一次都给奶农、乳企、消费者带来了伤害。要避免或改善"奶荒"的现象，只有通过提高奶牛规模化养殖程度，保护奶农积极性、规范生鲜牛乳和复原乳使用、加强奶源检测和监管等方式，稳定和扩大生产。保障养殖户利益，保障市场供应稳定、安全，才能真正防止"奶荒"的不断来袭。

课堂随笔

三、企业对竞争者调价的反应及对策

在异质市场上，对于竞争者的调价，企业做出反应的自由度很大。而在同质产品市场上，企业如果认为提价有好处，也可以跟进；如果企业不提价，那么竞争者的价格最终也会降下来。而如果竞争者降价，企业也只能降价，否则顾客会转去购买竞争者价格较低的产品。

1．了解竞争者的调价的相关信息

面对竞争者的调价，企业在做出反应前，应对下列问题进行调查和分析研究。

（1）为什么竞争者要调价？

（2）竞争者的调价是长期的还是临时的措施？

（3）如果企业对此不做出反应，会对企业的市场占有率和利润产生什么影响？

（4）其他企业对竞争者的调价是否会做出反应？这又会对企业产生什么影响？

（5）对企业可能做出的每一种反应，竞争者和其他企业又会有什么反应？

2．企业的应对策略

企业总是经常受到其他企业以争夺市场占有率为目的而发动的挑衅性降价的攻击。

当竞争者的产品质量、性能等方面与企业的产品没有差异时，竞争者产品的低价有利于其市场份额的扩大。在这种时候，企业可以选择的对策主要有以下几种。

（1）维持原来的价格。如果企业认为降价会导致企业利润大幅减少，或认为企业顾客的忠实度会使竞争者市场份额的增加极为有限时，可能采取这一策略。但如果由于竞争者市场份额增加而出现其竞争信心增强、企业顾客忠实度减弱、企业员工士气动摇等情况，那么这一策略可能会使企业陷入困境。

（2）维持原价并采用非价格手段（如改进产品、增加服务）进行反攻。

（3）追随降价并维护产品所提供的价值。如果企业不降价将会导致市场份额大幅度下降，而要恢复原有的市场份额将付出更大的代价时，企业应该采取这个策略。

（4）提价并提出新品牌来围攻竞争对手的降价品牌。这将贬低竞争对手降价品牌的市场定位，提升企业原有的品牌定位，也是一种有效的价格竞争手段。

（5）推出更廉价的产品进行竞争。企业可以在市场占有率正在下降时，在对价格很敏感的细分市场上采取这种策略。

竞争者发动的价格竞争通常是经过周密策划的，留给企业做出反应的时间很短。因此，企业应该建立有效的营销信息系统，加强对竞争者的有关信息的搜集，以便对竞争者可能的调价行动做出正确的预测。同时最好事先制定反应程序，到时按程序处理，提高反应的灵活性和有效性。

实训与练习

一、判断题

1．从市场营销学的观点看，价格是活泼的，是可以随时随地根据需要而变动的。（　　）

2．利润最大化并不等于制定最高价格。（　　）

3．生存目标是企业处于不利环境中实行的一种特殊的过渡性目标。（　　）

4．价值通常以产品的生产成本为主要依据。（　　）

5．撇脂定价策略就是低价定价策略。（　　）

6．渗透定价策略适用于具有独特的技术，不易仿制，有专利保护，生产能力不太可能迅速扩大等特点的新产品。（　　）

7．声望定价是利用顾客“一分钱一分货”和仰慕名牌商品或名店的声望所产生的某种心理，制定高于其他同类产品的价格。（　　）

二、填空题

1．价格总是与利润的实现紧密联系在一起。即：价格 =________+________。

2．产品价格的上限取决于____________，产品价格的下限取决于__________。

3．渗透定价策略也称为____________定价策略。

4．竞争导向定价法一般有两种定价方法，即__________定价法和_______定价法。

三、选择题

1．企业对部分商品实行“大减价”、“大甩卖”、“大派送”，采用的是（　　）定价策略。

a．声望　　b．习惯　　c．招徕　　d．整数

2．Intel 公司是美国占支配地位的计算机芯片制造商，当他们推出一种新产品时，定价总是比同类产品的定价低，在销售的第一年他们可能获利很小，但他们很快就将产品打入了市场，第二、第三年便会大量销售产品而获利。他们采用的是（　　）定价策略。

a．撇脂　　b．渗透　　c．温和　　d．高价

3．体育馆或电影院的座位，虽然前后排的成本费用都一样，但由于观赏效果有所不同，

因而制订不同的价格采用的是（　　）定价策略。

a．时间差别　　b．形式差别　　c．地点差别　　d．顾客差别

4．价格调整的主要形式有（　　）和（　　）两种。

a．降价　　b．重新定价　　c．提价　　d．价格组合

5．以下各种定价策略中，属于心理定价策略的有（　　）。

a．撇脂定价策略 b．尾数定价策略　　c．组合定价策略 d．声望定价策略

6．某企业在情人节时做了一个非常梦幻的蛋糕，定价为 9999 元，该企业采用的定价策略是（　　）。

a．整数定价策略 b．尾数定价策略　　c．声望定价策略　d．差别定价策略

四、实训题

1．请认真阅读以下资料后回答问题：为什么长虹多轮降价，却难圆一统江湖梦？

价格战是长虹彩电多年来的营销战略主线，也是倪润峰称雄途中一把难舍的利剑。但这把“双刃剑”既让长虹一度辉煌，也曾使长虹陷入进退两难的境地。

1996 年 3 月，长虹突然宣布降价，国内其他彩电企业如康佳、TCL、熊猫等竞相降价，降幅为 50 元～ 200 元。1998 年 4 月，价格大战狼烟又起，不过此番领头的是康佳、TCL 和创维，长虹却保持了沉默。

直到 7 个月后，倪润峰突然宣布：长虹已垄断下半年国内彩管市场。但是由于各方原因，长虹整体囤积计划落空，长虹不得不承受着彩管大量积压的痛苦。

1999 年 4 月，长虹又一次宣布全面降低彩电价格，涉及到所有的产品规格。但是，长虹并没有达到抢占市场份额的目的。2000 年 5 月，倪润峰下课，职位由赵勇接任，长虹开始强化研发力度。随后，长虹又宣布全面大幅降价，最大降幅达 20%，但此次价格战的目的是清理库存。

2001 年 2 月，倪润峰又以 CEO 身份重掌大权。同年，长虹再掀彩电降价狂潮，此后，TCL、厦华等开始跟进，然而这次降价并没有引起购买热潮。随着彩电行业微利时代来临，全行业的平均利润已降至 2% ～ 3%。彩电业面临整体亏损。

2003 年 4 月，倪润峰掀起背投普及计划，背投电视最高降幅达 40%，但是，国内竞争对手却用等离子彩电与之抗衡，进行差异化竞争。一个月后，长虹在海外被以倾销罪名起诉，其低价策略在国际上受到了质疑。

2004 年 4 月，美国宣布反倾销裁定，美国向几乎所有的中国彩电生产商关上了大门。

2．请认真阅读以下资料后回答问题：为什么顺电商品价格比同行高还生意红火？说明什么问题？

顺电是深圳大型的家用电器专卖店，顺电销售的产品价格通常比同类企业产品高出 5% ～ 15%，而商场里几乎每天都是生意红火，来到这里的顾客在寻找除了价格以外的东西：更好地服务、可信赖的承诺、退货保证以及透明的价格。

扩展阅读

1. 榜样人物—张瑞敏

张瑞敏，山东莱州人，高级经济师，中国科技大学工商管理硕士，现任海尔集团党委书记、董事局主席、首席执行官。

1984年，张瑞敏出任海尔的前身——青岛电冰箱总厂厂长，拉开了海尔创业的序幕。张瑞敏以创新的企业家精神和顺应时代潮流的超前战略决策带领海尔从一个亏空147万元的集体小厂发展成为全球营业额1600多亿元（2012年）的全球化企业。被美国“新闻周刊”网站评为全球十大创新公司。

海尔持续创新不断壮大的过程中，张瑞敏确立的以创新为核心价值观的企业文化发挥了重要作用。在管理实践中，张瑞敏将中国传统文化精髓与西方现代管理思想融会贯通，“兼收并蓄、创新发展、自成一家”，从“日事日毕、日清日高”的OEC管理模式，到每个人都面向市场的“市场链”管理，张瑞敏在管理领域的不断创新赢得全球管理界的关注和高度评价。

在带领海尔持续健康发展的同时，张瑞敏始终高度重视企业社会责任的践行，积极投身教育、慈善等社会公益事业，真情回馈社会，致力于环境友好，谋求可持续发展。张瑞敏以其创造全球化海尔品牌和创新管理模式的卓著成就赢得世界性的广泛赞誉。

【张瑞敏语录】

看不出问题是最大的问题。

观念不变原地转，观念一变天地宽。

管事先管人，管人带作风。

开发的是市场而不是产品。

市场目标的确定不是以个人能力为限，而是以用户满意度为准。

有效供给才能创造出市场。

经营企业就是要经营人，经营人首先要尊重人。

不是因为有些事情难以做到，我们才失去了斗志；而是因为我们失去了斗志，那些事情才难以做到。

什么是不简单？能够把简单的事千百遍都做对，就是不简单；什么不容易？大家公认的非常容易的事情认真地做好，就是不容易。

“想干与不想干”是有没有责任感问题，是“德”的问题；“会干与不会干”是“才”的问题，但是不会干是被动的，是按照别人的要求去干；“能干与不能干”是创新的问题，即能不能不断提高自己的目标。

2. 花钱后为什么两手空空还吹嘘

你花了100美元到拉斯维加斯看了一场秀，或者花了70元钱看了3D版的《泰坦尼克号》，走出来两手空空，却开心，甚至向亲朋好友吹嘘。这就是用户体验。

好的用户体验，一定要具备下面三点：

（1）要超出用户预期，给用户带来惊喜。汉庭房地产开发商为每个房间配备了五种枕头，适合不同的人睡眠，是国内第一个这么做的经济型酒店。这也算不上什么革命性创新，但顾客打开衣柜十分惊喜，完全超出了他们的预期。

（2）让用户感知到。用户体验就是产品外观和包装？错了，产品体验贯穿在用户使用产品时的每一个细节。曾经有一家著名的电信公司，策划一款手机的卖点是绿色无辐射。但这个卖点没有成功，因为消费者根本无法判断、无法感知，看不到就等于没有。不是说绿色无辐射不好，而是说必须要有一种形式，让用户感知到这些技术带来的好处。

（3）从细节开始，并贯穿于每一个细节。《商业秀》一书的作者Scott Mckain要到美国一个城市做演讲，很不幸，他装西装的行李箱被航空公司塞进了另一个航班。于是，他试着通过电话，让另一家男装品牌店根据他的尺码准备西装。他此前知道这个品牌，但从来没有买过。但这一次紧急情况下的服务，让他彻底成为该品牌的忠实顾客。发生了什么？是迅速响应吗？我觉得不尽然。这家店为他准备了两种颜色的西装——藏青色和炭黑色，质地都相当不错，而且还准备了领带、衬衫、皮鞋。

这就是细节的魅力。

（资料来源：《销售与市场》渠道版2012年10月）

项目五

选择分销渠道

学习目标

深刻理解分销渠道的类型，掌握中间商的选择技巧，注意正确选择合适的分销渠道。

听故事

两个人在丛林中露营，突然看到一只老虎。其中一个赶紧穿跑鞋，另外一人说："别穿鞋了！你真以为穿上鞋子能跑得过老虎吗？""我不需要跑得比老虎快，我只要跑得比你快就行了"。

故事感悟 行业生存空间很窄，胜者为王，败者为寇。谁先跑出第一步，谁的生存概率就大一些；谁能首先投身"渠道革命"，强化渠道管理，谁就会淘得第一桶金。

学知识

任务一　认识分销渠道

俗话说：人走路需要人行道，车行驶需要车道，飞机航行需要航道。同样，产品的流通也需要营销渠道。

一、分销渠道概述

1．分销渠道的含义

分销渠道，是指负责产品或服务从生产者向消费者或用户转移所有权或帮助所有权转移的一切组织或个人。生产者和消费者分别处于分销渠道的两个端点，作为商品的提供者和接收者。绝大部分商品从生产者到达消费者手中需要经过批发、零售等环节一系列的中介机构。生产者、中间商、消费者因商品的流动而连接起来，被形象地称为渠道成员。这样就形成了分销渠道。

想一想

市场营销渠道与分销渠道是同一个概念吗？

两者是有区别的。市场营销渠道是指配合在一起生产、分销和消费某一个生产者的产品和服务的所有企业和个人。它包括某一种产品供、产、销过程中的所有有关的企业和个人，如供应商、生产者、商人中间商、代理中间商、辅助商以及最终消费者或用户。而分销渠道包括处于渠道起点的生产者和最终消费者或用户以及商人中间商、代理中间商，但不包括供应商、辅助商。

2．中间商

议一议

经常会听到"经销商"、"批发商"、"零售商"、"代理商"等词汇，它们的真正含义以及它们之间的联系是什么呢？

中间商是指介于生产者和消费者之间，专门从事组织或参与商品流通业务、促进交易行为完成的企业和个人。在流通领域，履行商品从生产厂家到消费者之间的信息沟通、所有权转移和实物转移等各种职能。它们是生产者和消费者之间的纽带与桥梁，如图 5-1 所示。

图5-1　中间商图示

中间商的作用是：

- 促成商品交换。中间商作为生产者和消费者之间的流通中介，促成商品交换。
- 简化交易。如有 3 家制造商，每家都向 3 个消费者出售自己的产品，总计要发生“3×3=9”笔交易。而如果有一个中间商介入，则只需发生“3+3=6”笔交易。由此可见，中间商的介入将减少交易次数、节约交易成本。
- 扩大交易范围。中间商是专门化的市场营销组织，熟悉市场，市场信息灵通，接触面广，从而为生产者联系到更多的消费者。
- 加快商品流转速度，保证市场供应，减少生产者商品占有资金。
- 沟通信息。中间商连接产销双方，最了解市场状况、掌握市场信息，可以随时向生产企业和消费者传达信息，使产品适销对路，既可以避免生产的盲目性，又能指导消费。

依据中间商在商品流通过程中是否取得商品的所有权，可将其分为经销商和代理中间商，如图 5-2 所示。

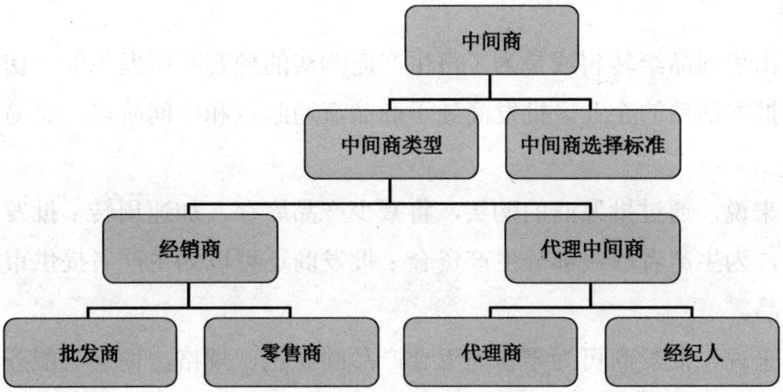

图5-2　中间商类型

（1）经销商。

经销商是从事商品交易业务，在商品买卖过程中拥有商品所有权的中间商。按商品销售对象的不同，经销商又可分为批发商和零售商，批发商、零售商的特点、作用和类型对比见表 5-1。

表5-1 批发商、零售商的特点、作用和类型等对比

名称	批发商	零售商
概 念	不直接服务于消费者，而是将产品或服务卖给零售商或工业用户的中间商	将产品或服务直接销售给最终消费者的中间商
特 点	① 不直接与消费者打交道 ② 不注意促销、店址选择和装饰 ③ 业务量大 ④ 覆盖地区广	① 零售商数目多 ② 经营形态变化大 ③ 分布广，网点多 ④ 业务活动受季节的影响大
作 用	① 连接作用 ② 推销和促销 ③ 运输和储存 ④ 融资作用 ⑤ 信息沟通 ⑥ 咨询服务 ⑦ 分担风险	① 出售货品 ② 提供销售情况 ③ 反映货品的意见 ④ 提供货品 ⑤ 提供选购意见 ⑥ 提供售后服务
类 型	① 完全职能批发商：提供存货、推销人员、顾客信贷、送货及协助管理等全面服务。主要包括向零售商服务的批发中间商和为制造商服务的工业分销商 ② 有限职能批发商：只提供有限服务。主要包括现金交易批发商、卡车批发商、直送批发商、专柜寄售批发商、生产者合作和邮购批发商6类	① 店铺零售商：包括百货商店、超级市场、便利商店、折扣商店、专业商店、仓储式商场、超级商店和样品目录展示室 ② 无店铺零售商：直接销售、自动售单、购物服务、直邮营销、电话营销、电视营销和网络营销

① 批发商。

批发是指出售商品给转售或是为了再生产而购买的顾客时所发生的一切活动，批发商是指主要从事批发活动的企业。批发商处于商品流通起点和中间阶段，交易对象是生产企业和零售商。

对生产者来说，通过批发商的购买，将减少产品库存，加速周转；批发商可以凭借自己的资金实力，为生产者解决部分生产资金；批发商还可以为生产者提供市场信息，帮助生产者促销产品。

对零售商来说，批发商可为零售商组合产品的花色、规格，便于其配齐品种；批发商通过产品的加工、整理、分类和包装，方便零售商进货、勤进快销；批发商利用自身的仓储设施储存产品，减轻零售商存货负担；批发商还可为零售商提供各种支持，帮助其开展营销业务。

② 零售商。

零售商是直接面向最终消费者销售商品或提供相关服务的企业或个人，是分销渠道的最终环节和出口。零售商处在商品流通的最终环节，直接为广大消费者服务。零售商的交

易对象是最终消费者，交易结束后，商品脱离流通领域，进入消费领域；零售商销售产品的数量比较少，但销售频率高；零售商数量多，分布广。

零售商一般按业态进行分类，零售业态总体上分为有店铺零售和无店铺零售。有店铺零售有固定进行商品陈列和销售所需要的场所和空间，并且消费者的购买行为主要在这一场所内完成的零售业态。无店铺零售是不通过店铺销售，由厂家或商家直接将商品递送给消费者的零售业态。

目前国内外的零售商根据其经营特征可分为如下几种类型：

- 专业商店。

专业商店是专门经营某一类商品，或专门经营具有连带性的几类商品，或专门为特殊消费对象经营特殊需要商品的商店，如钟表店、眼镜店、妇女用品商店、体育用品商店、文化用品商店等。专业商店的经营要求具有较高的专业知识和操作技能，销售与服务密切结合，能提供周到的服务。

- 百货公司（或商场）。

百货公司是一种大型零售商店，分门别类地销售品种繁多的商品，其特点是经营范围广、商品类别多、花色品种齐全，能满足消费者多方面的购买需要。

- 超级市场。

超级市场也叫自选商场，其特点是由顾客自取自选、自我服务、定量包装、预先标价，顾客出门时一次交款，因而可以节约售货时间，节约商店人力和费用，避免或减少顾客与售货员的矛盾。

- 购物中心。

购物中心是一种由多家商店组合而成的大型商品服务中心，一般设在公共建筑物内，以一家或数家百货商店、超级市场为骨干，由各类专业商店、书店、餐馆、旅馆、银行、影院等组合而成，融购物、服务和娱乐休闲于一体。

- 便利店。

便利店是一种以经营最基本的日常消费用品为主，规模相对较小，位于住宅区附近的综合商店。其特点是营业时间较长，很多是全天 24 小时营业，且每周 7 天均营业。因能随时满足消费者的即时需要，所以商品的价格相对较高。

- 折扣商店。

严格来说，折扣商店是百货公司的一种。商品以日常用品为主，同一产品有两种价格——牌价和折扣价，消费者按折扣价购买，因其价格具有吸引力，所以深受消费者喜爱。这种商店经营品牌的产品，质量可靠，折扣形式也多变。

- 连锁店。

连锁店是由多家出售同类商品的零售商店组成的一种规模较大的联合经营组织。其特点是由中心组织统一向生产者进货（选购商品），以较大的订购批量，获得最大的价格优待；采取薄利多销的方针，争取顾客；商品价格经常浮动，有竞争对手时便减价争取顾客，无竞争对手时则提价争取多赢利。

● 邮购商店。

邮购商店主要是通过向消费者寄送商品目录来吸引顾客邮购商品。

此外，还有很多形式的零售商，如直接销售、自动售货机、街头摊贩、外汇商店等。

（2）代理中间商。

代理商是从事商品交易业务，接受生产者委托，为生产企业寻找用户、销售产品，借此赚取佣金作为报酬，但不拥有商品所有权的中间商。代理中间商又分为代理商和经纪人，两者区别见表 5-2。

表5-2 代理商、经纪人的特点和类型对比简表

名称	概念	特点	类型
代理商	不拥有所经营商品的所有权，受委托代理商品采购和销售业务，从代理业务中获得一定佣金的中间商	①不发生独立的购销行为 ②不具有产品所有权 ③不承担市场风险 ④有广泛的社会关系 ⑤信息灵通	①企业代理商 ②销售代理商 ③采购代理商
经纪人	为买卖双方撮合并从中取得佣金的人	①无商品所有权 ②无现成的货物 ③不承担市场风险 ④为买卖双方提供产品、价格和一般的市场信息	①房地产经纪人 ②保险经纪人 ③证券经纪人 ……

（3）经销商与代理商的区别。

经销商与代理商的区别可以用表 5-3 简单表述。

表5-3 经销商与代理商的区别

名称	理论上的区别	实务上的区别
经销商	经销的双方是一种买卖关系	经销商以买卖商品为专业，为应付客户需要，需配备适当的库存，而且自己多半拥有销售组织
	经销商以自己的名义从事销售	经销商一般是自己承担售后服务
	经销商的收入是买卖差价收入	发生索赔事件时，经销商一般是自己承担
代理商	代理的双方是一种代理关系	代理商多半只有样品而无存货，依订单进货
	代理商以厂家的名义从事销售	代理商一般在合同中订明不负售后服务责任
	代理商的收入是佣金收入	代理商一般在合同中订明不负索赔责任

3．分销渠道的作用

产品在分销渠道中流动，可以看到其中存在几种以物质或非物质形态运动的“流”。同时，一些企业如银行、保险公司、运输公司、仓储公司、广告公司以及其他机构（如海关、商检局等）虽不在渠道之中，或不介入商品所有权的转移过程，但与渠道运行有着密切的联系。营销渠道的五个流程是：商流、物流、信息流、货币流和促销流。在这五个流程中，商流是分销活动的基本前提，物流是分销活动的实质内容。

（1）商流。

商流是产品从生产领域向消费领域转移过程中所实现的产品所有权由一个机构向另一个机构的实际转移。商流是销售活动的基本前提。

其运动方向是：制造商→消费者。

（2）物流。

物流是产品从生产领域向消费领域转移过程中的一系列产品实体的运动。它从实质上保证了产品由生产领域向消费领域的安全转移。

其运动方向是：制造商→消费者。

（3）信息流。

信息流是产品从生产领域向消费领域转移过程中的一切信息收集、传递和处理活动，其运动方向是双向的。即：制造商←→消费者。

（4）货币流。

货币流是产品从生产领域向消费领域转移过程中，由于交易活动所引发的货币运动。它一般与商流的方向相反，而且在其运动中需要金融中介的参与。

即：制造商←金融中介←消费者。

（5）促销流。

促销流是产品从生产领域向消费领域转移过程中，生产者通过广告公司或其他宣传媒体向中间商及其顾客所进行的一切促销努力。其运动方向是：

制造商→中间商→消费者

分销渠道的基本功能是实现产品从生产者向消费者用户的转移。它消除了产品或服务与使用者之间的差距与矛盾；减少了交易次数，提高了流通效率；有利于收集与传播顾客的信息，促进销售；洽谈生意时实现了商品所有权的转移，承担了商品储存运输、分类、包装、资金融通等市场风险，帮助企业开拓市场。

4．分销渠道的模式

产品分销渠道可根据其渠道层次的数目来划分类型、确定模式。在产品从制造商向消费者转移的过程中，任何一个对产品拥有所有权或负有推销责任的机构，都称为一个渠道层次。渠道层次的多少决定了渠道的具体模式。由于产品的消费目的与购买特点等具有差异性，形成了消费品市场的分销渠道和产业市场的分销渠道两种基本模式，每种基本模式中又存在具体的分销渠道模式，如图 5-3 所示。

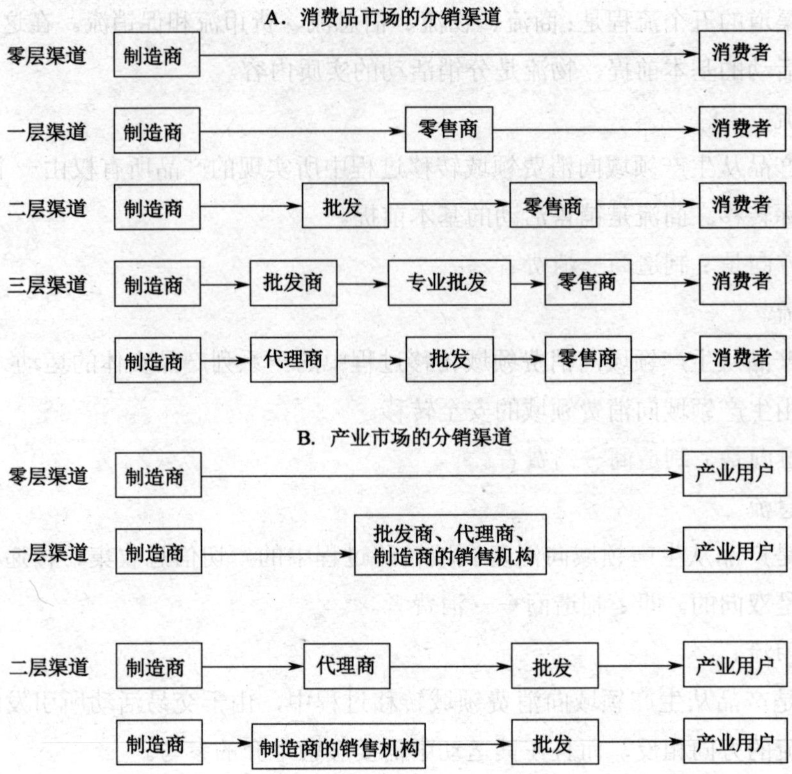

图5-3　分销渠道的模式

5．分销渠道的类型

分销渠道首先可以根据中间层次的数目来区分。不算处于起点的制造商和处于渠道终点的消费者，产品每经过一个直接或间接转移商品所有权的中介机构，就称为一个流通环节或中间层次（如代理商、批发商、零售商等）。

（1）直接渠道和间接渠道。

按商品在交易过程中是否经过中介环节，可以分为直接渠道和间接渠道。直接渠道是指生产企业不通过流通领域的中间环节，将产品直接卖给消费者。间接渠道是指商品从生产者转移至消费者或用户手中经过若干中间商的分销渠道。

更多层次的市场分销渠道虽然存在，但不多见。从制造商的角度来看，渠道层次越多，越难控制，出现的矛盾和问题也会越多。

议一议

平时大家在街头巷尾常看到有些商家吆喝着“厂家直销”产品，你认为真的是“直接渠道”销售吗？

案例 5-1

戴尔计算机公司1984年由迈克尔·戴尔创立，现已成为全球领先的计算机系统直销商，跻身业内主要制造商之列。所谓戴尔直销方式，就是戴尔公司通过互联网的商务网站建立一套与客户联系的渠道，由客户直接向戴尔发订单，订单中可以详细列出所需的配置，然后由戴尔“按单生产”。戴尔所称的“直销模式”实质上就是简化、消灭中间商。

案例评析

从戴尔的经营效果看，其销售方式显然是成功的，值得学习借鉴。该网站销售额占公司总收益的40%～50%。然而，戴尔的这种销售方式是不可以大量复制推广的。因为人们的消费需求多种多样，需求差别大，没有中间商的局面是难以想象的。产销分离，体现了诸多优越性，这是历史证明了的。具体运用什么销售方式，应根据商品、消费对象、时间、地点等条件来决定。

课堂随笔

（2）长渠道和短渠道。

分销渠道的长度也就是分销渠道中中间商层级数量的多少。如果用中间商的级数来表示渠道的长短，级数越多，表明渠道越长，反之表明渠道越短。

如图5-3所示，可看出：

零层渠道通常叫直接市场营销渠道。直接市场营销渠道是指产品从制造商流向最后消费者的过程中不经过任何中间商转手的市场营销渠道。制造商直接销售的主要方式有上门推销、产品展示会、邮寄销售、电视直销、网上直销和生产者自设商店等。

一层渠道是指包括一种类型的中间商。在消费品市场中，这个中介机构通常是零售商；在产业市场中则可能是代理商或经纪人。

二层渠道是指包括两种类型的中间商。在消费品市场中通常指批发商和零售商；在产业市场中则可能是代理商和批发商。

三层渠道是指包括三种类型的中间商。在消费品市场上通常有专业批发商处于大批发商与零售商之间，即专业批发商向大批发商进货，再卖给无法直接从大批发商处进货的小零售商；或是制造商通过代理商将产品批给批发商、零售商。

零层渠道最短，三层渠道最长。长渠道是指产品分销过程中经过两个或两个以上的中间环节，短渠道是指企业仅采用一个中间环节或直接销售产品。

案例 5-2

雅芳公司从短渠道（直销模式）向长渠道的变革

自1998年政府发布直销禁令后，有着100多年直销史的雅芳在中国放弃了最具竞争力的直销，开始全面开拓批发零售通路。雅芳虽然还存留着当年直销时代的影子和风格，但是在销售路线上，已经完完全全像一家传统的化妆品公司了。她飙升的业绩以及品牌形象的提高，已经使得众多的大牌化妆品公司将她当成一个真正的对手来对待。专柜、专卖店和超市，几乎都有着雅芳的影子，而且都取得了不俗的业绩。

据悉，雅芳现已在中国70余个大中城市开设了分公司，依据"6万非农业人口一个点"的原则将中国市场细分成为5000个区域，委任经销商实施区域经营和管理。雅芳在中国具有中国特色的营销模式已经基本建立：美容专柜、专卖店、零售店和推销员4种渠道同时启动，集多种销售方式为一身的全方位销售模式。雅芳美容专柜大举进入全国各大中城市的著名商厦、大型超市、连锁店。专卖店不仅售卖雅芳产品，还向顾客提供专业的美容服务；专卖店的开发，同时为雅芳深入中国三、四线城市提供了一个良好的渠道。换句话说，雅芳成功地在三、四级市场制造了一个能抵御假货，能顺利做深度分销的专卖店渠道。雅芳在全国拥有多家分公司，为销售人员和顾客提供产品和服务。

课堂随笔

案例评析

雅芳正在结一张网，通过这张网，其产品如血液一样在销售渠道里流淌。在一个以提供服务赢得市场的时代，谁在未来能够向消费者提供最快、最方便接触产品的机会，尽量缩短产品与消费者的距离，减少附加成本，谁就是最后的赢家。

指点迷津

传销与直销

合法的直销和非法的传销最根本的区别是：合法的直销公司有自己的工厂，有自己的科研机构，生产和销售的产品都是国家批准的，公司和直销员是合作关系，利益是建立在销售商品的基础之上；非法传销公司没有自己的工厂，而是将其他厂家粗劣的产品逐层传销给下线会员，每层都要加上中间利润，这种借着商品的转换而赚取中间利润的"间接贩卖"，使商品和实际的价格相差甚远，而且传销的层次越多，商品价格就越高，这样底层人员的产品根本卖不出去，而传销又不准退货，最终使得购买者经济上受到极大的损失。

（3）宽渠道和窄渠道。

分销渠道的宽度也就是分销渠道中每一流通层级中中间商数量的多少。如果用每级中间商的数量来表示渠道的宽度，数量越多，表明渠道越宽，反之则表明渠道越窄。

企业使用的同类中间商多，产品在市场上的分销面广，称为宽渠道。如一般的日用消费品（洗发水、牙膏、洗涤剂等）。宽渠道适用于购买频率高、购买量不多的商品。

如图 5-4 所示，为饮料类产品采用的宽渠道图例。

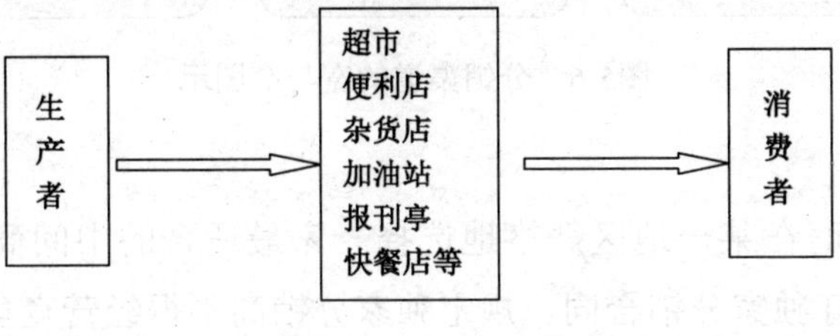

图5-4 饮料类产品宽渠道分销模式

可口可乐和百事可乐公司销售饮料时就选择了宽渠道，单单零售商这个层级中就拥有成千上万的零售商（超市、便利店、杂货店、加油站、报刊亭、快餐店、网吧等）。可口可乐和百事可乐这样像毛细血管一样的分销渠道，显然是其他品牌饮料无法比拟的。

任何一种渠道方式都不能达到十全十美。宽渠道范围广，广大消费者可以随时、随地买到企业的产品；而且可以造成中间商之间的竞争。但由于同类型的中间商数目多，使中间商推销企业的产品不专一，不愿为企业付出更多的费用；另外，在宽营销渠道下，生产企业和中间商之间的关系松散，使得在交易中中间商会不断变化。

企业使用的同类中间商少，分销渠道窄，称为窄渠道。适用于销售技术强、生产批量小或贵重的耐用消费品。生产企业只选择那些熟悉本企业产品技术性能的中间商经销自己的产品。如劳力士手表在营销中选择了窄渠道，在零售商这个层级中就只选择某个珠宝店推销商品。如图 5-5 所示，为劳力士手表采用的窄渠道图例。

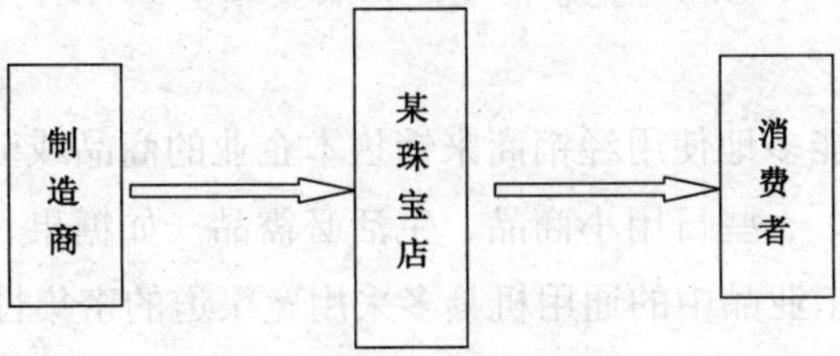

图5-5 劳力士手表窄渠道分销模式

窄渠道的优点是生产企业和中间商之间的关系密切，相互间有较强的依附关系，销售和生产相互促进。但市场分销面受到限制，风险较大，一旦双方关系出现变化，便会影响生产或销售。

企业必须决定每个渠道层次使用多少中间商，即决定渠道的宽窄。渠道的宽窄体现在以下三种中间商的选择策略，如图 5-6 所示。

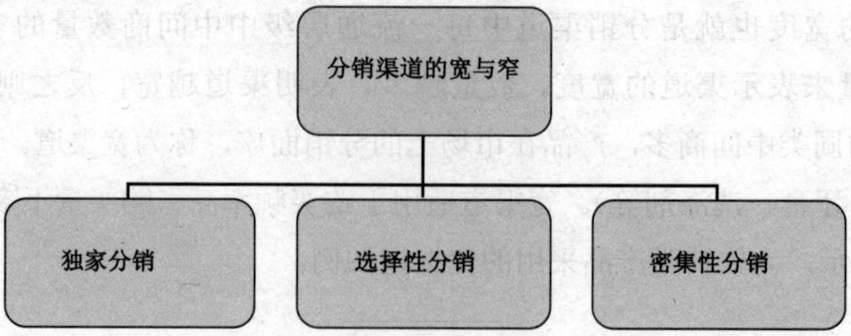

图5-6　分销渠道的宽与窄图示

① 独家分销。

独家分销指制造商在某一地区严格地选择一家最适合的中间商经营本公司产品或服务，通常双方协商签订独家分销合同。规定独家分销商不得经营竞争品牌，它适用于制造商想对分销商进行有效控制的情况。这种策略尤其适用于一些名牌和声望品，如汽车、家用电器、时装等。

美国通用汽车公司针对汽车市场的竞争状况，首先创立了独家代理的销售渠道。在一个城市、一个地区，甚至是一个国家只选择一家代理商，由它独家经营通用公司的产品。这一渠道模式使通用公司和代理商均获得了理想的收益，并为通用公司取得世界汽车的霸主地位奠定了基础。这一模式很快在汽车行业推广开来。

② 选择性分销。

选择性分销是通过精心挑选愿意经销本公司产品的少数几家中间商。选择性分销市场覆盖面较宽，利于实施市场控制和节约成本。一些有较高信誉的公司大多都利用选择性分销方式来寻找和选择经销商。如消费品中的选购品（如时装、鞋帽、家用电器等）适合选择性分销。新产品开发的试销阶段也适宜采用选择性分销模式。

“李宁”牌服装在全国地、市包括县份只精心挑选愿意经销“李宁”牌服装的少数几家中间商加盟，这样既统一了“李宁”牌服装的企业形象和产品形象，又利于实施市场控制和节约渠道建设成本，可以在耐克、阿迪达斯、安踏等品牌的夹缝中稳步前行。

③ 密集性分销。

密集性分销是尽可能多地使用经销商来销售本企业的商品或劳务，以求迅速进入目标市场或扩大市场的策略。一些日用小商品、生活必需品（如糖果、饼干、牙膏、肥皂、香烟、通用小工具等）和工业品中的通用机具多采用宽渠道的密集性分销。

耐克在以下 6 种不同类型的商店中销售其生产的运动鞋和运动衣：

- 体育用品专卖店，如高尔夫职业选手用品商店。
- 大众体育用品商店，供应许多不同样式的耐克。
- 百货商店，集中销售最新样式的耐克产品。
- 大型综合商场，仅销售折扣款式。

- 耐克产品零售店，设在大城市中的耐克城，供应耐克的全部产品，重点是销售最新款式。
- 工厂的门市零售店，销售的大部分是二手货和存货。

以上三种分销渠道策略，应根据企业自身和产品市场变化情况灵活运用，具体比较见表 5-4。

表5-4　分销渠道宽度三策略比较

类型	独家分销策略	选择性分销策略	密集性分销策略
渠道的长度、宽度	短而窄	较短而窄	长而宽
中间商数量	一个地区一个中间商	有限中间商	尽可能多的中间商
销售成本	较低	较低	高
宣传任务承担者	生产者、中间商	生产者、中间商	生产者
商品类别	高价品、特色商品	选购品、特殊品	便利品、消费品

企业的产品处在生命周期的不同阶段时，其分销渠道策略也应随之发生变化：

- 在产品的投入期，消费者对新产品不了解，企业可采取选择性分销策略，选择几家有影响力的中间商经销自己的新产品；
- 到了产品的成长期或成熟期，大部分消费者对产品已有所了解，企业可采取密集分销策略，扩大市场面，全面打开市场；
- 当产品处于衰退期，企业则可缩小销售面，以待产品的更新换代。

④ 单渠道与多渠道。

单渠道是指制造商采用同一类型渠道分销企业的产品，渠道比较单一。多渠道是指制造商根据不同层次或地区的消费者的情况，选用两种或两种以上不同类型的分销渠道。

某公司的酒产品定位于中高档，共分三个档次：50 元、80 元、180 元，刚开始在全国开拓市场时，该公司只做酒店，渠道单一，白酒销售很不理想。后来公司领导决策层有了这样的共识——仅仅一个渠道对于一个品牌的成长是远远不够的。单渠道只可以是发展过程中的一个阶段，任何一个品牌想要在区域市场站稳脚跟，都必须多渠道铺货、全面开花。虽然说中高档白酒的主要销售渠道是酒店，但是批发渠道还是具有一定的生命力和价值，另外，终端卖场的作用也日益突出。因此在白酒区域市场推广中，这个企业采取了先进入餐饮渠道的策略，在获得消费者认可之后，再进入商超渠道，然后进入批零渠道。三年后，该公司白酒的销售渠道主要在酒店，其他在批发、超市卖场、名酒专营店等渠道上也遍地开花，销售逐渐红火起来。

归纳起来，影响渠道结构选择的主要因素表现如图 5-7 所示。

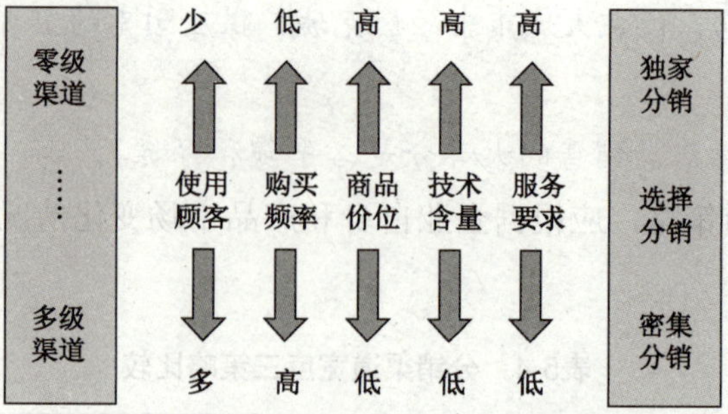

图5-7　影响渠道结构选择的主要因素

任务二　设计分销渠道

案例 5-3

乐华彩电渠道调整酿悲剧

2002 年乐华彩电扮演了彩电渠道变革的急先锋。乐华渠道改革的核心是全面推行“代理制”。为了完成从渠道自营制到代理制的根本转变，乐华对企业结构进行了必要调整后，就开始了疾风暴雨式的渠道革命。

乐华一口气砍掉了旗下 30 多家分公司及办事处，同时乐华对其选定的代理商提出了严格要求——现款拿货。从理论上分析，全面推行代理制后，厂家集中精力搞研发、品牌，代理商做渠道、分销、售后服务；又因为现款现货，厂家提高了现金流转速度，还可节省自营渠道的运营支出，可谓益处多多。

然而是否有经销商愿意加盟呢？对代理商来说，他们没有账期、没有了厂家的终端和市场支持，风险和压力大增。这样，代理制能否推行下去，就取决于企业的品牌和实力。而作为二线彩电品牌，乐华彩电并不具备吸引经销商的足够实力和品牌资源。

从公开资料上看，乐华也估计到了这种情况。乐华在调整渠道前预想，可以借助国内新出现的强力家电连锁终端进行销售，继而争取专业代理商加盟。在这种思路下，乐华匆匆砍掉了自己自建渠道，从全国各大商场、超市中撤柜，并大量裁撤售后服务人员。

乐华的渠道激进很快让自己尝到了苦果。强力家电连锁终端主要集中在一类二类城市，在这些城市中间，乐华彩电因为不具备强大品牌、对消费者吸引力不强，因此其销售额直线下降。又因为乐华彩电大量裁撤其售后服务人员，致使正常的售后服务不能提供。

销量锐减切断了乐华彩电的现金流，售后问题则直接打击了消费者和终端商对乐华彩电的信心。2002 年 11 月，曾被乐华彩电寄予厚望的连锁家电销售商对乐华彩电丧失信心，北京国美率先对乐华撤柜，至此，乐华彩电无力回天。从 2002 年 5 月～11 月，半年内乐华彩电就轰然坍塌。

案例评析

乐华彩电进行渠道调整，从主观愿望看无可非议，其调整之所以会酿成悲剧，一是对市场特别是经销商代理商情况把握不准，一厢情愿；二是纸上谈兵，调整方案脱离实际，无法推行；三是渠道调整过猛，没有过渡缓冲，企业内外都难以适应。因此，悲剧的酿成就无法避免。

课堂随笔

1．渠道设计的含义

渠道设计是指为了实现分销目标，对各种备选渠道结构进行评估和选择，从而开发新型的营销渠道或改进现有营销渠道的过程。

广义的营销渠道的设计包括在公司创立之时设计全新的渠道，以及改变或再设计已存在的渠道。对于后者，现在也称为营销渠道再造。

2．渠道设计的原则

在选择具体分销渠道模式时，无论出于何种考虑，从何处着手，一般都要遵循以下原则。

（1）畅通高效的原则。

畅通高效原则是渠道选择的首要原则。任何正确的渠道决策都应符合物畅其流、经济高效的要求。商品的流通时间、流通速度、流通费用是衡量渠道效率的重要标志。畅通的营销渠道应以消费者的需求为导向，将产品尽快、尽好、尽早地通过最短的路线，以尽可能优惠的价格送达消费者方便购买的地点。畅通高效的营销渠道模式，不仅要让消费者在适当的地点、时间以合理的价格买到满意的商品，而且应努力提高企业的营销效率，争取最大化地降低营销费用，以尽可能低的营销成本，获得最大的经济效益，赢得长期竞争优势。

正如美国铝业公司一位管理高层人员所说："有的时候，当分销商堆放滑板时，他们并没有在外面放置包裹清单，这样对叉车司机来说，要按照分销商内部文件的要求分开和挑选滑板就是一件非常困难的事。为什么不在仓库的两头都放置包裹清单呢？如果这样，当工作人员堆放滑板时，不管以何种方式堆放，他们都可以看到包裹的号码。这不是一件大事，但是它将使客户更易于同我公司而非公司的其他竞争对手进行商务合作。"

（2）覆盖适度的原则。

随着市场环境的变化及整体市场的不断细分，传统渠道已经很难满足批发商对市场份额及覆盖范围的要求，更重要的是，随着人民生活水平的提高，消费者的消费习惯发生了翻天覆地的变化，消费者要求购买更便捷、更物有所值、更有选择性。因此，批发商应深入考察目标市场的变化，及时把握原有渠道的覆盖能力，并审时度势，对渠道结构做相应调整，要勇于尝试新渠道。另外，批发商在选择营销渠道模式时，仅仅考虑加快速度、降低费用是不够的，还应考虑及时准确地送达的商品能不能销售出去，是否有较高的市场占有率足以覆盖目标市场。因此，不能一味强调降低营销成本，这样可能导致销售量下降、市场覆盖率不足的后果。成本的降低应是规模效应和速度效应的结果。在分销渠道模式的选择中，也应避免扩张过度、分布范围过宽过广，以免造成沟通和服务的困难，导致无法控制和管理目标市场。

固特异公司是世界闻名的轮胎制造商。最初，固特异是通过专业的轮胎经销商销售产品的。然而，为了满足消费者购买更便利的要求，固特异决定授权西尔斯、沃尔玛这样的大型零售商及轮胎折扣商店销售其轮胎。当然，固特异的这种做法必然触及专业轮胎经销商的利益，双方甚至诉诸公堂。但固特异坚持认为，市场环境已经发生了巨大变化，原有渠道根本无法满足其对市场覆盖率的要求。最终，固特异在付出很大代价做出让步后，仍坚持采用新渠道，取得了良好效果。

（3）稳定可控的原则。

对批发商来说，营销模式一旦选定，就需要花费相应的人力、物力和财力去建立和维护，且整个建立和维护的过程是复杂而缓慢的。因此，批发商一般不会轻易更换自己的渠道成员，也不会随意转换渠道模式。事实上，任何企业要想提高渠道的效益，就必须保持渠道的稳定性，否则，企业就很容易在渠道竞争中“翻船”。当然，由于影响营销渠道的各种因素总是在不断变化，一些固有的营销渠道难免会出现某些不合理的问题。这时，就需要营销渠道具有一定的调整功能，以适应市场的新情况、新变化。批发商在具体调整时应综合考虑各个因素的协调，使渠道始终都在可控制的范围内保持基本的稳定状态。

（4）市场导向原则。

批发商确定渠道层次结构时，必须重点考虑顾客的需求，要树立顾客导向的经营思想。所确定的渠道层次结构，不仅要能提供符合消费者需求的产品，而且还必须使渠道满足消费者在时间、地点及售前、售中、售后服务的需求。

（5）协调平衡原则。

对批发商来说，保持与上下游渠道成员之间的协调与合作是保证渠道畅通的关键。因此，批发商在确定渠道层次结构时，不能只简单地追求自身的利益最大化，忽视乃至损害其他渠道成员的局部利益，这无益于整合渠道的高效运转。批发商在选择渠道模式时，应综合考虑各渠道成员之间的利益，使各成员之间的利益达到综合平衡。批发商应制定一套科学、合理的分配制度，根据各渠道成员担负的职能、投入的资金与精力，以及取得的绩效，对渠道所能获得的利益进行科学、合理、公平的分配。事实上，渠道成员之间发生渠道冲突的关键原因就在于利益分配不均。

（6）精耕细作原则。

市场覆盖面大了，如果缺乏管理，缺乏精耕细作，那么分销渠道的危机就很显然了。因此，在竞争越来越激烈的今天，抛弃粗放经营，实行精耕细作是很重要的，它保证了网络的正常运转，保证了网络的健康发展。在精耕细作的网络设计中，所有的网络管理工作必须做到定点、定时、定人、定路线、定效应，推行细致化、个性化服务，及时准确地反馈市场信息，全面监控市场的动向。

（7）不断创新原则。

在不同的企业发展阶段，在不同的品牌发展阶段，分销渠道的设计应该有所不同——因此，分销渠道的设计也应该注重求新、求变的原则。根据竞争趋势和市场的发展，根据消费者的变化和个性化需求，不断调整分销渠道，让分销渠道和企业、产品、品牌共同进步。

案例 5-4

小米的成功大家有目共睹。创始人雷军深度剖析总结了小米成功的 6 大因素：一是电商，二是社交媒体，三是将手机当电脑做，四是群众运动，五是粉丝经济，六是硅谷式创业。在这 6 种成功经验中电商模式体现了小米的渠道创新。小米手机除了运营商的定制机外，只通过电子商务平台销售，最大限度地省去中间环节。通过互联网直销，市场营销采取按效果付费模式，这样的运营成本相比传统品牌大大降低，从而最终降低终端的销售价格。

课堂随笔

案例评析

小米火热的表现超出了人们的想象，有人说小米手机的硬件配置是现有技术的组合，称不上是重大技术创新。MIUI 操作系统是在 Android 基础之上改进的，而米聊虽然号称有数百万名用户，但比起 QQ 来就小巫见大巫了。从硬件配置上找不到小米成功之处，但当小米科技企业将其拥有的资源整合在一起的时候，小米就拥有了一种神奇的力量。小米的成功源于营销模式、商业模式及竞争战略上的创新。

3．影响渠道设计的因素

分销渠道选择的好坏很大程度上决定了企业营销的成败，谁掌握了主动权，谁就取得了终端的胜利。生产企业在选择分销渠道时，必须对如图 5-8 所示的几方面因素进行系统的分析和判断。

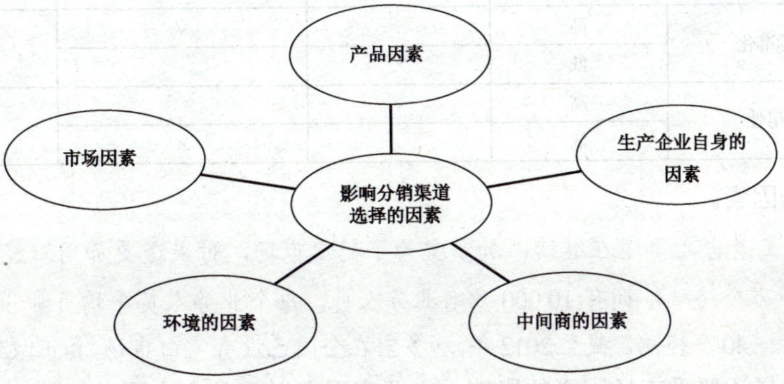

图5-8 影响分销渠道选择的因素

（1）产品因素。

生产商在选择中间商时，首先要考虑产品的特性。

- 产品的性质。如有的产品易毁或易腐烂，产品有效期短。这些产品应尽量减少中间商，采取尽可能短的分销渠道甚至专用渠道，尽快送到消费者手中。还有一些体积大、分量重，移动不便的商品适宜选择最短的分销渠道。
- 产品的价值。一般来说，产品价值越高，越倾向于减少流通环节，否则会造成销售价格的提高，从而影响销量，这对生产企业和消费者都不利。而价值较低的产品，则通常采用多环节的间接分销渠道来拓展市场。
- 产品的技术。对于技术性强、专用性强的商品或需要专门复杂的技术服务与维修的产品，应使用直接渠道，采取产销见面的直接销售。直接销售给用户，向用户提供专门技术标准的产品和及时良好的技术服务。
- 定制品和标准品。定制品一般由产需双方直接商讨规格、质量、式样等技术条件，不宜由中间商销售。标准品具有明确的质量标准、规格和式样，分销渠道可长可短。
- 产品的新旧。许多新产品在试销阶段需要大量的售后服务工作，加上市场需求不稳定，商业利润低，中间商往往不愿意经销，迫使生产企业组织自己的推销队伍，直接与消费者见面，推介新产品和收集用户意见。
- 产品的季节性。季节性强的商品，为了尽快销售出去，可考虑利用中间商来进行分销。

随着社会的发展，个性化消费的趋势越来越明显，那些需要高附加值服务的商品也以选择直接渠道为宜，产品因素对分销渠道选择的影响见表 5-5。

表5-5　产品因素对分销渠道选择的影响

产品因素	产品属性	渠道短	渠道长	举例说明
产品的单位价格	高	√		大型机械设备
	低		×	
产品的体积与重量	整、大	√		大型机械设备
	细、小		×	
产品的易腐性和易毁性	强	√		鲜活产品
	弱		×	
产品的技术与服务要求	高	√		医疗设备
	低		×	
产品的标准化	高		√	小配件
	低	×		
产品专用性	高	√		医疗设备
	低		×	

（2）市场因素。

加多宝与王老吉之争还在继续，加多宝为了稳定市场，对渠道更加用心经营。加多宝目前掌控着 30 多万个终端，拥有 10 000 多名业务人员，每个业务人员平均负责 300 个终端，平均每天要跑 30～40 个终端。截至 2012 年，加多宝在全国已没有空白市场，真正做到了全国覆盖。

渠道的选择还要受市场因素的影响，主要表现在以下几个方面：

- 目标市场范围。目标市场范围越大，渠道相应越长越宽。
- 购买量的大小。对于一次购买量小、购买频率高的商品适宜选择长渠道。反之，一次购买量巨大、购买频率低的则宜选择短渠道。
- 顾客集中程度。某些商品消费者分布比较集中，适合直接销售；反之，则适合间接销售。工业品用户相对集中，适合直接渠道销售；生活消费品顾客数目多且分散，流通成本偏高时，就需要较多层次的中间商来建立分销渠道。
- 顾客的购买习惯。顾客对各类消费品的购买习惯，如可接受的价格、购买场所偏好、对服务的要求等都会影响到企业的渠道选择。如消费品中的便利品，消费者对这类商品的购买表现为购买频率高，希望能随时随地买到，所以这类商品的制造商只能通过批发商，最后由为数众多的中小型零售商销售给消费者。
- 竞争状况。一般情况下，应尽量避免与竞争者采用相同或者相近的分销渠道，除非自己的产品有独特的地方。

市场规模越大，位置越集中，顾客一次购买量大，可采取直销或短渠道；反之，当对日用品，顾客习惯现买现用，所以选择大量且分布广泛的零售中间商；对高端产品，顾客往往要在充分了解信息做出选择后才会购买，这时渠道就不必长。另外，随着顾客消费习惯的改变，市场潜力的变化，企业也要适时地调整自己的分销渠道。

当前鞋业市场的竞争越来越趋向于渠道的竞争，而渠道的竞争也越来越表现为终端的竞争。下面就从温州市场的案例来看看中国鞋业的渠道建设。

案例 5-5

1998年11月，奥康在温州创办第一家皮鞋专卖店，从此以后，“专卖连锁”开始风行于温州鞋业界，一些大中型鞋企纷纷跟进。在当时，鞋企在终端开设专卖店的多少一度成为衡量其品牌实力的一个标准。一时间，统一形象、统一价格的温州品牌鞋专卖店如雨后春笋般在全国涌现。到2001年，温州鞋业专卖店数量达到顶峰，突破3万家，但相当一部分企业的效益却一路滑坡。到2003年年底，一些难以支撑下去的企业不堪重负，开始转变思路。一些运作相对较为成功的品牌专卖店，也开始进一些杂牌皮鞋销售，以期维持生计。到目前为止，这种态势正愈演愈烈。专卖店数量的减少并非意味着专卖店的衰落，这是市场竞争、市场优胜劣汰的必然结果。专卖连锁店的销售渠道的发展趋势使鞋企自营店比重大幅上升，优秀加盟商合股店比例上升，普通的加盟专卖店比例逐渐下降，优胜劣汰、资源整合。现如今，专卖店仍是以温州为代表的内销鞋企最重要的销售渠道。

案例评析

从以上案例可以看出，企业销售渠道的选择并不能想当然，要依据市场环境的变化来进行适时的调整。

课堂随笔

（3）生产企业自身的因素。

- 生产企业自身的资源条件。如生产企业自身规模大、财力雄厚、声誉高，则可以建立自己的销售网点，或选择短渠道策略。
- 经营能力与管理经验。如企业具备市场营销所需的人才、设施、技术和经验，具有经营能力和管理渠道的经验，则应选择直接渠道或短渠道；反之，则必须借助中间商，选择间接分销渠道。
- 服务能力。如生产企业有能力为最终消费者提供很多服务项目，如维修、安装调试、广告宣传等，则可以取消一些中间环节。

2005年4月18日，美的空调在井冈山甩出了乡镇市场开发的四大"杀手锏"：投资1亿元在全国新建数千家经销商网络；营销中心全面下移；针对三四级市场和消费者需求开发革命性产品；"满意100"服务工程城乡同步推出。此举宣告了美的"乡镇空调普及革命"活动的全面启动，该活动随后引发了全国整个空调业的"上山下乡"运动。截至2012年12月，美的专卖店数量已超过1.5万家，涵盖8万多个经销商网点，农村市场销售网络普及率超过95%，形成了不同层次、不同地区的立体销售网络。

（4）中间商的因素。

- 中间商对生产商的态度和要求。
- 中间商的规模。如大型零售商多，进货批量大，则生产者可以直接跟零售商交易，此时宜使用短渠道策略。
- 中间商提供服务的能力。如果中间商开拓市场能力和提供服务的能力高，就应该使用长渠道策略。

案例 5-6

斯地勒公司是美国一家生产办公设备的生产商，该生产商拥有优质的产品，有竞争力的价格以及有效的促销手段，并通过使用了一家优秀的代理商，为顾客提供了满意的服务，从而取得了较好的市场业绩。

事情发生在一个星期二的晚上，斯地勒公司在纽约地区的代理商麦克正与家人共进晚餐，这时接到纽约一家大银行的设备经理打来的电话。这位设备经理在电话里冲着麦克大叫大嚷，暴跳如雷。原来这家银行通过麦克向斯地勒公司订购了一批价值50万美元的米色开放式办公室专用隔板系统，可是刚收到的第一批500张隔板——全是深桔红色的！当时，墙壁已经粉刷好了，门已经漆好，地毯也已铺好，就等银行董事长前来视察安装情况了。时间只有一个星期。

麦克接到电话后，本可以推卸责任的，因为颜色出问题并不是他的过错，他只是代理商。但麦克没有这样做，他在电话里向设备经理真心诚意地道歉并保证马上纠正错误，在董事长视察之前安装好了500块米色隔板。

麦克积极想办法协助公司解决问题：①尚未交货的部分隔板立即改成米色的；②已运到银行的500张深桔红色隔板暂不退货，但必须尽快运来1800码米色纤维布。

待米色纤维布运到后，麦克组织人力，在500块隔板上刮掉了深红色纤维布，全部套上了米色纤维面并安装好，银行对此十分满意。

案例评析

显而易见，正是纽约这位代理商第一流的经营素质为斯地勒公司挽回了名誉，斯地勒公司才能在竞争中占一席之地。

课堂随笔

（5）环境因素。

渠道选择还要考虑到政治、经济、科技、法律、文化等因素。如整个社会的经济形势好、发展快，分销渠道的选择余地大；在经济萧条时，市场需求下降，生产者要控制销售费用，降低售价，常常减少流通环节，使渠道变短变窄。如一些国家实施医药、烟酒专卖制度，对这些产品的分销渠道，就必须依法选择，其分销自由度大大下降。某些按国家政策如专卖制度、反垄断法规、进出口规定等应严格管理的商品或计划分配的商品，企业无权自销和自行委托销售。此外，随着电子信息和网络技术的发展，电子商务已逐步成为许多企业的渠道选择。

4．渠道设计的程序

企业在设计分销渠道时，必须在理想的渠道和可能得到的渠道之间做出选择。最后确定达到目标市场的最佳渠道。最佳渠道是对目标市场的覆盖能力最强、使目标市场的顾客满意程度最高、能给企业提供较多利润的渠道。企业的分销渠道设计过程一般由以下几个步骤构成。

（1）建立分销渠道目标。

渠道目标，就是在企业营销目标的总体要求下，选择分销渠道应达到的服务产出目标。企业在认真分析影响销售渠道选择决策的主客观因素的基础上，划分出若干分市场，然后决定服务于哪些分市场，并为之选择和使用最佳渠道。

（2）确定分销渠道模式。

确定分销渠道模式，即决策分销渠道的长度。渠道长度是以渠道层次（或称中间环节）的数量来衡量的。在进行渠道决策时，企业应根据产品、顾客、中间商、竞争者等因素，决定选择什么类型的分销渠道。是派销售人员上门推销或自设销售商店的直接渠道？还是选择通过中间商的间接渠道？是一层还是二层？是什么规模和类型的中间商？

（3）确定中间商的数目。

确定中间商的数目，即决策渠道的宽度。每个渠道层次使用多少个中间商，这一决策在很大程度上取决于产品本身的特点、市场容量的大小以及市场需求面的宽窄。常用的有独家分销、选择性分销、密集性分销三种形式。

（4）确定渠道成员的权利和责任。

制造商必须确定渠道成员的权利和责任。如生产企业给予中间商的供货保证、产品质量保证、退换货保证、价格折扣、广告促销协助等；经销商向生产企业提供市场信息和各种业务统计资料，保证实行价格政策，达到服务水准。确定渠道成员的权利和责任时必须十分谨慎，并要得到各相关方面的配合。

（5）选择渠道成员。

中间商选择合理与否，对企业产品进入市场、占领市场、巩固市场和发展市场有着重要的影响。选择中间商时，应主要考虑以下如表5-6所示因素：

表5-6　选择中间商要考虑的因素

考虑因素	基本要求
中间商的地理位置	接近目标市场
中间商的信誉	选择资信状况好、知名度高的企业
中间商的资本实力	中间商资本实力强一般经营管理实力也强
中间商的经营能力	中间商市场覆盖面，人员素质，储存、运输、服务能力
合作的意愿	有合作愿望和动机
与公众、政府以及顾客的关系	要获得公众、政府的支持和包容，获得顾客的欢迎

（6）对分销渠道方案进行评估。

分销渠道方案确定后，生产企业根据各种备选方案进行评价，找出最优的渠道路线。通常渠道评估的标准有三个：经济性标准、可控性标准和适应性标准，其中最重要的是经济性标准。

- 经济性标准评估。

比较每个方案可能达到的销售额及费用水平。首先，比较由本企业人员直接推销与使用销售代理方式的销售额水平哪个更高；其次，比较由本企业设立销售网点直接销售所花费用与使用销售代理方式所花费用，哪种方式支出的费用大。企业进行权衡后，最终选择最佳的分销方式。

- 可控性标准评估。

企业对分销渠道的选择不仅考虑短期经济效益，还应考虑分销渠道的可控性。分销渠道稳定与否对企业能否维持并扩大市场份额、实现长远目标关系重大。企业自销对渠道的控制能力最强，但由于人员推销费用较高，市场覆盖面较窄，因此不能完全自销。利用中间商分销就应充分考虑渠道的可控性。一般来说，建立特约经销或特约代理关系的中间商较容易控制。对分销渠道的控制讲究合理适度，较好地实现企业的销售目标。

- 适应性标准评估。

每个分销渠道的建立都意味着渠道成员之间的关系持续一定时间，不能随意更改和调整，而市场是不断变化的。企业在选择分销渠道时就必须充分考虑其对市场的适应性。如地区适应性、时间适应性等。

任务三　管理分销渠道

在渠道确定后，企业还要对渠道进行管理。分销渠道管理，主要是指对间接分销渠道中的成员进行管理，即对中间商的管理。分销渠道选择后就产生了相互联系、相互影响的渠道成员。因此渠道管理主要包括激励渠道成员、评估渠道成员、调整渠道成员。

1. 激励渠道成员

企业在选择了分销渠道以后，为了保证中间商努力扩大对本企业产品的销售，不断提升业务水平，还必须对中间商进行激励与扶持。企业与中间商在一定程度上是一种利益共同体，因此必须"风险共担、利益共享"，这就要求企业必须合理分配双方利润，否则中间商就会失去销售积极性。中间商是独立经营者，乐于接受受到顾客欢迎的产品，关心的是所有产品的销路。企业应向中间商提供适销对路的优质产品，只有经销畅销商品，才是最好的激励。当生产者满足了中间商的要求时，他会积极扮演好产品销售和顾客购买代理的双重角色；当生产者不能满足中间商要求时，他会转向销售其他生产商的商品。一般说来，生产商激励渠道成员的方式有三种：合作、合伙和分销规划。

（1）合作，指当中间商比较依赖生产商时，生产商往往会采用较高的利润、特殊优惠等正面激励和减少提供服务、终止双方关系等消极制裁措施相结合的办法。合作方式采取直接激励的方法。直接激励往往借助于物质的刺激，给予中间商附加利益。如较高的毛利、特殊优惠、各种奖金、返利、合作性广告补贴、陈列津贴以及推销竞赛等。合作是一种授之以鱼的做法。

（2）合伙，指生产商致力于和中间商建立长期的合伙关系，他们会共同从市场覆盖面、市场开发、产品供应、技术支持、市场信息等方面来衡量。一些老牌企业往往试图与经销商建立长期合伙关系，就要求制造商必须深入了解他能从经销商那里得到些什么，以及经销商可从制造商那里获得些什么。制造商希望经销商能同意上述有关政策，并根据遵守的具体程度确定付酬办法。

某企业不直接付给经销商25%销售佣金，而是按如下标准支付：如果保持适当的存货，则付5%；如能达到销售配额，则再付5%；如能有效地为顾客服务，则再付5%；如能及时报告最终顾客的购买水平，则再付5%；如能对应收账款进行适当管理，则再付5%。

（3）分销规划，是生产商和中间商之间最先进的联系方法，旨在建立一个有计划的、专业管理的纵向营销系统，将二者的需要有机地结合起来。合伙和分销规划方式使用间接激励的方法。间接激励着眼于对中间商的长期激励，帮助他们提高管理效率，是授之以渔的做法。制造企业建立一个有计划的、专业管理的纵向营销系统，把制造商和分销商双方的需要结合起来。制造商的任务是分析分销商的各种需要；制定推销方案，帮助经销商的经营达到最佳水平。制造商和分销商联合制订：销售目标，存货水平、铺面空间和商品陈列方式，销售培训要求及广告促销计划等。如过去经销商可能认为他之所以能赚钱是他与购买者站在一起共同对抗制造商的结果，现在他可能改变了看法，认为他之所以能赚钱是因为他与销售者站在一起。

案例 5-7

某食品有限公司是一家以生产醋饮和果饮为主的食品生产厂家，为避免春节市场缺货而公司库存过多的压货现象，在春节来临之前，采取了一系列占仓压货政策：① 凡在春节前20天内批量进货的经销商，一律给予10%的随车搭赠政策。② 与经销商签定书面协议，凡在春节前批量进货的二批商和零售商，一律给予每10件“虞美人”苹果醋，均赠送名牌不粘锅一套的促销奖励政策。③ 箱内增设刮刮卡，刮刮卡形式新颖，有现金奖、礼品奖等多种奖项，100%中奖。

案例评析

该公司通过这一系列的渠道利益再分配，以及终端拉动措施，有效地刺激了各级销售渠道购进的积极性，并直接促进了产品的终端消费和购买，促进了产品流的畅通，使其产品在春节无论是流通渠道还是餐饮酒店终端都销售较好，火了一把。

课堂随笔

有些情况下，正面激励并非总是有效，这时就需要一些负面强化激励。中间商如果不能很好合作的话，可以减少毛利、放慢供货，甚至终止合作关系。在分销商对制造商高度依赖的条件下，这种方法尤其有效。

2．评估渠道成员

生产者除了选择和激励渠道成员外，还必须定期评估他们的绩效。企业根据自己的营销目标，制定对中间商的工作绩效进行考核的办法，通常包括：积极性、销售额、增长率、市场占有率、平均存货水平、回款速度、宣传推广、服务水平、顾客满意度等。对企业有较大影响的中间商，往往应成为企业合作的重点；对于绩效一般或低于企业要求的中间商，要找原因及补救办法，必要时，可剔除绩效差的中间商来保证渠道的效能。评估渠道成员应遵循经济性原则、发展性原则、适应性原则和合作性原则。

案例 5-8

娃哈哈渠道政策

（1）实行双赢的联销体制度。娃哈哈采用保证金的方式，要求经销商先打预付款。打了保证金的经销商，与娃哈哈的距离大大拉近，极大地改变了娃哈哈的交易组织。

（2）实行级差价格体系 。娃哈哈的销售网络构成是：公司——特约一级经销商——特约二级经销商——二级经销商——三级经销商——零售终端，娃哈哈实行严格的价格管理体系，保证每个梯度都存在价格空间。

（3）全面的激励措施。娃哈哈的返利机制不是单一的销量返利的直接激励，而是采取包括间接激励在内的全面激励措施。间接激励通过帮助经销商进行销售管理，以提高销售的效率和效果来激发经销商的积极性。

（4）制订严明的奖罚制度。娃哈哈对越区销售行为，严惩不贷。绝不讲任何情面，对于没有遵守协议的销售商，公司将扣除经销商的保证金用以支付违约损失，情节严重的取消经销资格。

案例评析

娃哈哈对经销商的选取和管理十分严格。选取合适的经销商，规范经销商的市场行为，为经销商营造一个平等、公正的经营环境，对于防止蹿货是十分重要的。

课堂随笔

3．调整渠道成员

渠道的建成，仅是迈向消费者的第一步。随着市场容量、消费者需求和产品寿命周期的变化，企业需要动态地进行调整，重新选择目标市场、细分市场与产品再定位，适当进行中间商的增减，整合优化配置与渠道创新等。

- 增减渠道宽度。当发现现有的渠道过少，不能使产品有效抵达目标市场而影响了产品的销路时，则应增加新的渠道，即增加同一层次的中间商数目；反之，则应减少、缩小渠道宽度。
- 增减渠道长度。当制造商在某目标市场上只通过增减个别中间商不能解决根本问题时，就会采取增减某一特定分销渠道。效率低下，分销不力，对渠道整体运作有较大影响的中间商应以剔除，如有必要可另选合适的加入。如饮料公司发现其经销商只注意成年人市场而忽视儿童市场时，为了促进儿童饮料市场开发，就可能增加一条新的分销渠道。当企业产品市场扩大时，而中间商销售范围变化不大，就可以增长渠道。
- 调整整个渠道结构。渠道是为营销服务的，当企业原有的渠道产生严重矛盾冲突或不能满足市场需要时，或企业调整战略目标、营销组合发生重大变化时，就需要对渠道进行重新设计和组建。实际上，由于市场竞争激烈，生产者往往需要对整个分销模式进行调整，通过多种渠道模式将相同的产品送到不同的市场。

案例 5-9

2013年年初，宝洁旗下的系列品牌"海肌源"低调进入化妆品专营店领域，各家对此看法不一。首先看一下国内化妆品专营店的现状：2000—2010年，国外大牌基本都在拼命地兼并国产品牌，在销售渠道上走分销商渠道和商超渠道。然而在化妆品行业飞跃发展的10年里，中国本土化妆品企业也进行了几轮生死淘汰。该兼并的已经被兼并，该淘汰的已经被淘汰，活下来的都是本土比较有风格的一些化妆品品牌。这些品牌有两大惊人相似之处：一是主力在三四线城市，走的是农村包围城市路线；二是在做专营店。众多的现象都说明一个问题，昔日的打工人群已经有很大一部分回流到内地，人流就是资金流。位居专营店老大的屈臣氏无疑深刻意识到这点，号称2000家店面的屈臣氏在三级市场的比重让同行吃惊，奉行几十～几百元中低档产品的价格策略就是屈臣氏对现在中国市场的认同。现在回过头来再看宝洁的专营店之举，说明宝洁已对中国的巨大市场现实深刻理解，对专营店在中国的影响力也有了全新的看法。

课堂随笔

案例评析

未来的专营店将是化妆品行业的增长亮点，尤其是三四线城市的专营店最值得业内人士关注。或许宝洁公司的管理层们也深刻意识到中国市场的热点是专营店，难点也是专营店，才走进了这条专营店的特殊渠道上，让我们共同期待宝洁的中国新生吧！

任务四　关注渠道发展新趋势

尼尔·鲍顿第一次总结了市场营销活动中与渠道有关的各项活动内容，并进行了初步的分析；指出了在市场营销活动中，在渠道方面应该如何做好有关"供销路线、人员销售、陈列、扶持、实体分配"等活动，对需要注意的问题进行了分析。

20世纪60年代，麦卡锡提出了影响深远的4Ps组合策略，即"产品策略、价格策略、渠道策略和促销策略"，这一组合策略使人们从较为繁杂的营销变数中找到了最为重要的因素，其中第一次提出"渠道策略"的概念。

渠道策略包括为使目标顾客能接近和得到其产品而进行各种活动的策略。如必须有效利用各种中间商和营销服务设施，以便更有效地将产品和服务提供给目标市场；厂家必须了解各种类型的零售商、批发商和从事实体分销的公司以及他们是如何进行决策的。

20世纪90年代强调渠道的便利。在渠道策略方面更多地强调便利（Convenience），即指为消费对象提供尽可能方便的消费通道，使其消费的非货币成本降低，如现在兴起的大型连锁卖场和网络营销就为居民提供了方便快捷的服务，体现了便利性。解决了为消费者创造便利的消费通道问题，往往会使铺货率或市场占有率有戏剧性的巨大提升。便利只是渠道战略的重要组成部分。

进入 21 世纪开始在渠道策略方面强调关系营销，强调厂商应当与顾客建立长期、稳定且密切的关系，降低顾客流失率，建立顾客数据库，开展数据库营销，从而降低营销费用。

现在的市场经济中，商业合作伙伴之间强调合作、双赢，在厂商与顾客之间也是如此。留住一个老顾客的成本只是开发一个新客户的 1/5；而且一个满意的老顾客往往会带来更多的新顾客，口碑广告是最有效的广告之一；由于现代信息管理技术的进步，使得为厂商与顾客建立长期、稳定且密切的关系创造了技术条件，使厂商能够更快、更准地找到老客户。渠道的目的就是厂商与客户建立联系，从而实现商品的流通。从这个意义上说，强调关系营销的渠道战略开始回归营销渠道的核心和本义。

我国学者认为现在的渠道策略新趋势表现为三个方面：

（1）渠道结构以终端市场建设为中心。以前企业多是注重销售通路的顶端和中端，通过市场炒作和大户政策来展开销售工作；市场转为相对饱和的状态，对企业的要求由“经营渠道”变为“经营终端”。

（2）渠道成员发展伙伴型的关系。传统的渠道关系是“我”和“你”的关系，即每个渠道成员都是一个独立的经营实体，以追求个体利益最大化为目标，甚至不惜牺牲渠道和厂商的整体利益。在伙伴式销售渠道中，厂家与经销商由“你”和“我”的关系变为“我们”的关系。厂家与经销商一体化经营，实现厂家渠道的集团控制，使分散的经销商形成一个有机体系，渠道成员为实现自己或大家的目标共同努力。

（3）渠道体制由金字塔形向扁平化方向发展。销售渠道改为扁平化的结构，即销售渠道越来越短，销售网点越来越多。销售渠道变短，可以增加企业对渠道的控制力；销售网点增多，则有效地促进了产品的销售量。如一些企业由多层次的批发环节变为一层批发，即形成“厂家——经销商——零售商”这样的模式，企业直接面向经销商、零售商提供服务。

案例 5-10

据统计，我国原本一万多家的老字号商家到今天仍在经营的超不过千家，其中勉强维持的占 70%，长期亏损、面临倒闭或破产的占 20%，效益好的只有 10%。

百雀羚也曾几度面临折戟沉沙的尴尬。然而，就在人们纷纷担忧本土老字号在国际化竞争中何去何从的时候，百雀羚却以一种崭新的面貌，在“洋枪大炮”的夹击之下畅销起来。众所周知，建立品牌必须渠道先行，没有渠道，再好的产品也无法销售出去。因此，百雀羚在“复兴”过程中，自 2008 年开始，舍弃“作业”多年的三四线流通渠道市场，把资源大规模向一二线市场终端倾斜，开拓终端 KA、专卖店、电子网络多元化的渠道，并将核心渠道确定为商超与专营店系统。正是近 400 家代理商、近 3000 家商超网点及电子网络渠道，使百雀羚广告传播得到落地，销售业绩持续提升。

案例评析

"渠道是个大众情人"，渠道占有已经成为各品牌建立、营销、推广的重要舞台。同时，渠道已成为传播品牌的一大重要媒介。作为快速消费品的化妆品，老字号在与国际巨头、本土优势品牌同台竞争中，想要迅速成为全国性强势品牌，全面提升经营业绩，其"品牌管理"和"渠道管理"一定要相匹配。只有在终端渠道，通过对消费者的促销推广与有效沟通，才能够不断洞察市场和消费者需求，才能够精准进行传播与营销，才能够真正建立品牌。

课堂随笔

实训与练习

一、判断题

1. 便利品分销渠道是"较短而窄"的。（ ）
2. 制造商自身的规模决定了它的市场规模及它所要求的中间商能力的大小。（ ）
3. 具有高度技术性或需要经常服务与保养的产品，分销渠道要长。（ ）
4. 有些行业，制造商要尽量避免和竞争者使用一样的分销渠道。（ ）
5. 法律法规不会影响分销渠道的设计和选择。（ ）
6. 产品是影响渠道结构的唯一因素。（ ）

二、填空题

1. ＿＿＿＿营销渠道指没有中间层次的营销渠道。
2. 企业的分销策略通常可分为＿＿＿＿、＿＿＿＿、＿＿＿＿三种。
3. 分销渠道的每个层次使用同种类型中间商数目的多少，被称为分销渠道的＿＿＿＿。
4. 在商品交易过程中拥有商品所有权的中间商是＿＿＿＿。
5. 评估渠道方案的标准包括：＿＿＿＿、＿＿＿＿、＿＿＿＿。
6. 生产者与经销商的关系依不同情况可采取合作、合伙和＿＿＿＿的方式。
7. 实体产成品及劳务从制造商转移到最终消费者的过程在渠道管理中称为＿＿＿＿。
8. 向最终消费者直接销售产品和服务，用于个人及非商业性用途的活动是＿＿＿＿。

三、思考题

1. "分销渠道层次越多，越难控制"是否标志着分销渠道层次越少越好？
2. 哪些产品适合直接渠道，哪些适合间接渠道？

四、实训题

训练目的：训练学生的分析、解决问题的能力。

生意人中有吴老板这种人吗？

吴老板，四十多岁，几年来，靠给厂家做代理，拖欠厂家货款，像吹气球一样发达了起来。厂家来催款，找人找不到，打手机关机，万一让你碰到了，你来要钱的反而不对了，“咋了？谁说不给你钱了，排队！”你问排到啥时候，他说：“你问我我问谁去？等着吧。”好了，你等吧，一个月、两个月，一年、两年……直到你厂子倒闭。

想打官司？打吧，本人奉陪，并决战到底，他欠你十万元，你付出两个十万元终于把这官司打赢了，没想到法院强制执行时，他一把鼻涕一把泪，“没钱，真没钱啊！要房产？你去要吧，那是我老婆的——离婚了；要车？有两台，已经抵债了，抵给我老爸了！要货？行，你去仓库搬吧，不过你那冰箱洗衣机电饭锅都没了！”最后按两倍的进价退给你一堆过了期的方便面、变质的饮料……

生意人中有吴老板这种人吗？这种现象的存在说明了什么？万一碰上吴老板这种人，你怎么办？

扩展阅读

1. 榜样人物：宗庆后

宗庆后，江苏宿迁人，娃哈哈集团公司董事长兼总经理。2010年9月，宗庆后以财富800亿元成为2010年中国首富，这是中国第一次有“饮料大王”成为全国首富。2011年福布斯全球富豪排行榜在纽约发布，中国大陆富豪表现抢眼，娃哈哈的宗庆后以59亿美元位列169。2012年9月3日，娃哈哈发言人称宗庆后持有娃哈哈逾80%的股份，身家升至216亿美元，成中国内地首富。2012胡润百富榜显示，宗庆后以800亿元身家再登首富宝座。

1987年，娃哈哈前身——杭州市上城区校办企业经销部成立，娃哈哈创始人宗庆后带领两名退休老师，靠着14万元借款，靠代销人家的汽水、棒冰及文具纸张赚一分一厘钱起家，开始了创业历程；第二年为别人加工口服液，第三年成立杭州娃哈哈营养食品厂，开发生产以中医食疗“药食同源”理论为指导思想、解决小孩子不愿吃饭问题的娃哈哈儿童营养口服液，靠着确切的效果，靠着“喝了娃哈哈，吃饭就是香”的广告，产品一炮打响，走红全国。1990年，创业只有三年的娃哈哈产值已突破亿元大关，完成了初步原始积累，发生在小学校园里

的经济奇迹开始引起社会和各级政府的广泛关注。

1994年，娃哈哈响应对口支援三峡库区移民工作的号召，投身西部开发，兼并了四川涪陵地区受淹的3家特困企业，建立了娃哈哈第一家省外分公司涪陵公司。此后，娃哈哈迈开了“西进北上”步伐，先后在全国29个省市自治区建立了160多家分公司。1996年，宗庆后瞄准瓶装水市场，娃哈哈纯净水诞生。有经济学家曾认为，娃哈哈纯净水的出现，是宗庆后搭建商业帝国最重要的一块砖。

1998年，娃哈哈经过十多年的历练，感到自己羽翼已丰，已具备了与世界大品牌进行竞争的条件，经过两年多的精心研制，推出“中国人自己的可乐——娃哈哈非常可乐”，在饮料界主动扛起了向国际大品牌挑战的民族工业大旗。自1998年5月投产以来，非常可乐异军突起，现年产销量已超60万吨，与可口可乐、百事可乐形成三足鼎立之势，打破了非常可乐推出市场时一些人的“非常可乐，非死不可”，“非常可乐，非常可笑”的预言，也打破了可口可乐不可战胜的神话，鼓舞了广大民族品牌参与国际竞争的勇气和信心。

毛泽东和毛泽东选集是对宗庆后影响最大的人和书籍，从毛泽东对广大农村和农民的卓越领导中，宗庆后找到了娃哈哈得以成功的密码——牢牢抓住基层和农村市场。如今遍布全国的48家公司，2000多个一级批发商以及数目更为庞大的二级、三级批发商和销售终端，共同筑就了娃哈哈在中国饮料行业难以撼动的霸主地位。2012年6月上旬，宗庆后亲自率团赴欧洲，为开启商业零售业务招商，扩大商业网络。用宗庆后的话说，要将欧洲物美价廉的“优品”引入国内。在和300多家企业进行500多次会面后，宗庆后选择了200多家欧洲企业，成为它们的中国总代理。

【宗庆后名言】

我，亦可能属于世界上最廉价的董事长兼CEO。

勤奋和坚持比冒险精神更重要。

我认为做企业要有这些素质，特别在中国市场上，那就是：诗人的想象力、科学家的敏锐、哲学家的头脑、战略家的本领。

在我看来，管理就是“管”和“理”，要把整个流程理顺，并按要求去管。当然，先管再理还是先理再管，要看自己的具体情况。

我就是要大权独握，任何一张小小的单据我都要签字。不签字的老板，不是一个好老板。

作为一个企业来讲，你没有一个核心的领导、没有一个统一的思想认识，这个企业是搞不好的。

要避开竞争也不可能，市场肯定有竞争，避免竞争，这不是找死么？

做光明正大的中国人，为中国人创造财富。

中国人现在已经站起来了，已不是八国联军侵略中国的时代了，中国人有自己的国格、人格，你老是用威胁、恐吓的口气跟我们说话，只能增加我们的愤慨。

2. 另解“重赏之下，必有勇夫”

作为某食品公司营销经理的张大明，一直为销售不畅苦恼着。于是他请示老总，决定搞一次大规模的促销活动，以激励零售商大量进货，方法就是每进一件产品，奖励现金 50 元。

这招还真灵！零售商们见有利可图，进货积极性高涨，只一周时间，上半年落下的任务就超额完成了。

张经理看着销售表，长长地舒了口气，“真是有钱能使鬼推磨，重赏之下，必有勇夫啊！”

然而，让张经理万万没想到的是，没出一个月，市场就发生了意外：公司在市场上一直平稳的食品价格莫名其妙地一个劲地往下滑。

各零售点都竞相降价甩货，不但造成零售价格一片混乱，也直接影响了公司的市场形象。老总火了，公司急忙派出人员出面调查制止。零售商们当面说得好听，可一转身，仍然低价出售。搞得公司焦头烂额，无可奈何。

原来，在高额促销费的驱动下，零售商们进货量猛增，表面上看，公司的库存降下来了，而商圈内消费者数量是相对有限和固定的，货虽然到了零售商手里，可并没有顺利地卖到销售者手中。由于零售商都进了大量的货，而一时又销不出去，为尽快处理库存积压，回笼被占用的资金，他们便争相降价甩卖。结果市场上卖什么价的都有，而且是越卖价越低。

低价甩卖，零售商不赔钱吗？他们当然不会做赔本的买卖，因为还有高额促销费垫底呢，只不过是少赚一点罢了。而食品公司的损失却要大得多了。公司形象受影响不说，而产品价格一旦降下来，再想拉上去几乎是不可能的。因为消费者一旦接受了更低的零售价格，若再涨上去，他们肯定是不买账的。

于是，该种产品的售价越卖越低，零售商的利润越来越薄，最后，干脆不卖这种产品了。没人再进货，这种产品也就寿终正寝了！这时只有食品公司叫苦不迭。张经理也因此引咎辞职，痛苦地离开了这家企业。

项目六

策划促销策略

学习目标

理解促销的含义，认识促销对企业营销的重要作用。正确制订企业的促销组合决策。领会人员推销、广告、营业推广和宣传报告的含义、特点和决策。

听故事

对时尚产业而言，“第一夫人”的服饰不仅代表时尚潮流，更充满了金融色彩。通过她们的品牌影响力可以达到有力促销效果，甚至很有可能改变一个品牌的盈利水平。

纽约大学斯特恩商学院的一位金融经济学教授研究了奥巴马夫人所穿过的29个服装品牌的公司股价。据统计，奥巴马夫人钟爱的18家公司平均市值上升2.3%，远远超过明星带来的0.5%升幅。因此，可以肯定，“第一夫人”的品牌影响力绝对超过任何普通的名人代言。

2013年3—4月，中国国家主席习近平启程对俄罗斯、坦桑尼亚、南非、刚果（布）进行国事访问并出席金砖国家领导人第五次会晤，习近平主席夫人彭丽媛陪同出访。其着装引起世人关注，受到海内外媒体称赞。据悉，彭丽媛的外套和皮包等均由国产品牌定制。

据世界奢侈品协会2012年最新公布的中国十年奢侈品消费官方报告显示，中国奢侈品市场消费总额已经达到126亿美元，占全球份额的28%，中国已经成为全球占有率最高的奢侈品消费国家。彭丽媛身着民族品牌出访，一方面向世界展示了中国民族品牌的风采，另一方面也给“中国制造”以极大的鼓舞和自信。同时，她用自己的实际行动，给民族品牌做了一次精彩的促销。

故事感悟 随着市场竞争的升级，市场需求差异化和变化的快速化，使得企业适应市场需求的难度随之加大。如何在多变的环境和差异的需求中，更好地做好品牌的传播，提升顾客的品牌忠诚度成为一个难题。做好企业品牌的传播不仅要在传统传播方式上有所创新，更应该与企业的营销有效地结合起来，抓住关键点，形成有效的组合策略，打造与顾客的深度沟通体系。“第一夫人”彭丽媛用一种曼妙的外交方式对我国民族品牌进行促销给我们带来了极其重要的启示。

学知识

任务一　认识促销策略

现代市场营销不仅要求企业生产适销对路的产品，制订出有吸引力的价格，选择理想的分销渠道，而且还要求企业要善于与其目标顾客沟通，开展促销活动。促进销售也是营销组合（4Ps）的要素之一。

一、促进销售的策略

1. 促进销售的含义

促进销售简称促销，是指企业通过人员推销或非人员推销的方式，向目标顾客传递商品或劳务的信息，帮助消费者认识商品或劳务所带给购买者的利益，从而引起消费者的兴趣，激发消费者的购买欲望及购买行为的活动。

企业为开拓产品市场、扩大产品销路所进行的向目标顾客传递产品信息、激发顾客购买欲望、促成顾客购买行为的全部活动就是促销。

2. 促销的作用

（1）沟通信息，提供情报。这是指企业通过调查研究掌握市场需求的信息，通过促销将企业的信息传达给消费者。促销活动，可以使顾客知道企业生产什么、经营什么、产品有什么特点、到哪里去购买等信息，从而引起顾客的注意，产生购买欲望；而顾客的信息反馈则可以使生产者改进产品以适应消费者的需求。

（2）诱导消费，创造需求。企业通过广告宣传、人员推销、销售促进和公共关系等形式，展示、介绍有关的商品并以说服和激励的方法诱导需求和激发需求，从而增加产品需求量。

（3）突出特点，利于竞争。随着市场竞争的日趋激烈，各企业同类产品的差别越来越小。要想吸引消费者购买自己的产品，必须利用促销先发制人，扩大品牌知名度，增强顾客的购买信心和品牌忠诚度，使自己的产品处于竞争的有利地位。

（4）树立形象，稳定销售。由于市场竞争加剧，一些商品的销售会出现不稳定的波动。通过促销活动，可以树立本企业及产品形象，提高原有消费者的信任感，从而培养和提高对产品的“品牌忠诚度”，还可以改变一些顾客的某些顾虑和观望态度，培养其对产品的兴趣，从而稳定及扩大销售。

二、促销的手段

企业的促销活动种类繁多，主要分为：人员推销与非人员推销，具体说来可以分为四种，即人员推销、广告、营业推广和公共关系，如图 6-1 所示。这四种方式各有特点，既可单独使用，也可组合使用。

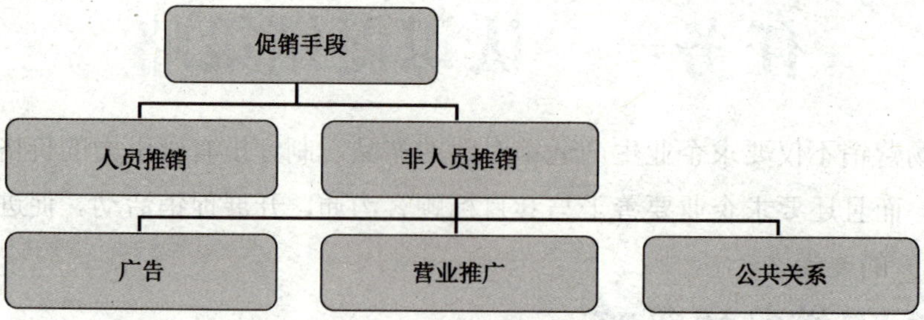

图6-1　促销方式构成图

任务二　掌握人员推销促销策略

扩展视野

推销名言

销售是一项报酬率非常高的艰难工作，也是一项报酬率最低的轻松工作。所有的决定均取决于自己，一切操之在我。我可以是一个高收入的辛勤工作者，也可以是一个收入最低的轻松工作者。销售就是热情，就是战斗，就是勤奋工作，就是忍耐，就是执着追求，就是时间的魔鬼，就是勇气。

——（日）原一平

人员推销是市场营销中一种古老的、富有技巧的促销方式，同时它也是现代市场营销中非常重要的一种促销方式。人员推销这种方式对工业用品的推销是最有效的。企业要运用人员推销方式开展推销，必须了解人员推销的任务、形式及步骤。

人员推销是指企业派出专职或兼职的推销人员，直接向可能的购买者进行的推销活动。包括推销人员、推销对象和推销品这三个基本要素。

想一想

为什么说“人员推销这种方式对工业用品的推销是最有效的”？

一、人员推销的特点

人员推销的核心问题是说服，即说服目标顾客，使其接受其推销的产品或服务。与非人员推销相比，人员推销具有以下特点：

（1）人员推销具有极大的灵活性。销售人员在推销访问过程中可以亲眼观察到顾客对推销陈述和推销方式行为的反应，并揣摩其购买心理变化过程，因而能立即根据顾客情绪及心理变化有针对性地改变推销方式，以适应各个顾客的行为和需要，最终达成交易。

（2）人员推销针对性强。通过推销人员与消费者的直接接触，将目标顾客从消费者中分离出来，能可靠地发掘推销对象，把推销努力集中于目标顾客身上，避免了许多无效劳动。

（3）人员推销注重人际关系，有利于顾客同销售人员之间建立友谊。销售人员代表企业利益，同时也代表着顾客的利益，他们一般都知道，满足顾客需要是保证销售达成的关键，因此销售人员往往愿意在多方面为顾客提供服务，帮助他们解决消费问题，同时，在交往的过程中，双方极有可能建立起友谊关系。

（4）人员推销有利于促成及时购买。人员推销的直接性，大大缩短了从促销活动到采取购买行为之间的时间间隔，通过推销人员的现场说服解答工作，使顾客的种种问题迎刃而解，可以促使顾客立即采取购买行为。

（5）人员推销存在推销成本较高，影响范围有限，难寻找优秀推销员等缺点。在市场范围广阔而买主又较为分散的状态下，人员推销总成本和单位成本都很高。而且人员推销是以口头方式与顾客进行沟通的，是一对一的促销活动，而未借助各种媒介做传播工具，这直接制约了人员推销信息传递的辐射面。据美国学者的调查，在许多企业里，人员推销费用是一项最大的经费开支，通常占企业纯销售额的8%～15%，而广告费用开支占1%～3%。

二、人员推销的主要作用

人员推销的作用是多层次的，主要表现为：开发市场、沟通信息、促成交易、提供服务稳定关系。

案例6-1

甘道夫是全美十大杰出业务员，是历史上第一位年销售额超过10亿美元的寿险业务员，被称为“世界上最伟大的保险业务员”。他在全美50个洲共服务了超过10 000名的客户，从普通工人到亿万富豪，各个阶层都有。甘道夫是如何取得这样辉煌成就的呢？

甘道夫说：“你对你的客户服务越周到，他们与你的合作关系就会越长久。不管你推销的是什么，这个法则都不会改变。”

优质的服务可以消除顾客可能产生的后悔感觉。大部分的顾客喜欢在买过东西后得到正面的回应，以确定他们买了最正确的产品。

每当完成一笔交易时，甘道夫总会寄上答谢卡给他的客户，即使是最富有的客户。甘道夫有许多成功、富有的客户，他们拥有豪华汽车和别墅，什么都不缺，然而，却仍然喜欢收到这些卡片。大部分的客户每年都会收到生日卡片，甘道夫总会在生意促成时，记住客户的生日，然后在适当的时机寄一张卡片给他。

此外，在每位客户向他买保险满一周年时，甘道夫就会亲自登门拜访。作为一名保险推销人员，他会详细记住客户的资料，如亲戚尚在或已故、结婚或离婚以及企业的经营状况等，他还会寄给某位客户可能对他有用的杂志或报道。

案例评析

整天在外奔走的推销人员，他们的产品大同小异。唯一可以与其他推销人员区分开来的方法，就是提供更好的服务。

课堂随笔

三、人员推销的形式

（1）单个推销人员对单个顾客，即一对一的推销活动，一个推销人员每次针对一个现实顾客或潜在顾客推介产品。

（2）单个销售人员对一组顾客，即单个销售人员与目标顾客群体接触，如一个销售人员面对客户的一个订货采购小组，向他们推荐一种或几种产品。

（3）销售小组对一组顾客，销售小组通常由企业有关部门的主管人员、推销人员、技术人员等组成，他们将面对客户的一个规模较大的、专业性较强的订货小组进行产品销售。主要适用于生产性企业的销售。

（4）推销会议，销售人员会同本企业有关智能部门一起，以业务洽谈会的形式向所有或部分顾客推销产品。

（5）产品研讨会，销售人员与企业技术人员一起，以产品技术研讨的形式向买方技术人员讲解某项技术的最新发展情况，介绍相关产品的知识及其应用，其目的并不在于即刻达成交易，而是重在于增进顾客的技术知识，培养顾客对本企业的认识和偏好。

四、人员推销的主要步骤

人员推销的七步骤，如图 6-2 所示。

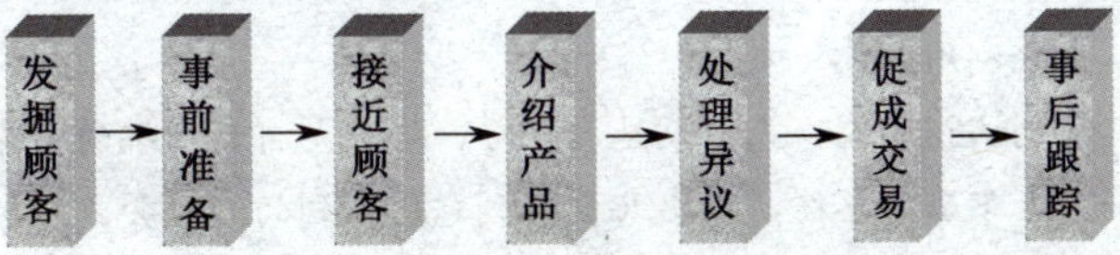

图6-2　人员推销的七步骤

（1）发掘顾客。推销工作的第一步就是找出潜在顾客。

保险公司的推销人员可通过仔细阅读当地报纸上登载的新婚、毕业、出生等消息，为其保险业务找到潜在的顾客；有些企业也可通过现有的满意顾客的介绍，或查阅工作名录、电话号码簿等发掘潜在客户。

（2）事前准备。在走出去推销之前，推销人员必须具备三类知识：产品知识、顾客知识和竞争者知识。同时要选择最佳的接近方式和访问时间。

（3）接近顾客。接近是指与潜在顾客开始进行面对面的交谈。此时推销人员的头脑里要有三个主要目的：一是给对方一个好印象，二是验证在预备阶段所得到的全部情况，三是为后面的谈话做好准备。

（4）介绍产品。介绍阶段是推销过程的中心。任何产品都可以用某种方法进行介绍，甚至那些看不见摸不着的产品，都可以用一些图形、坐标图、小册子等形式加以说明。介绍可以通过顾客的多种感官传达给顾客，其中视觉是最重要的一个，因为在顾客所接收的全部印象中，通过视觉得到的占比最大，在介绍产品时要着重说明该产品可给顾客带来什么样的好处。

（5）处理异议。推销人员应随时准备处理否定意见。一个有经验的推销人员应当具有与不同意的买方洽谈的技巧，随时有准备处理否定意见的适当措辞和论据。

（6）促成交易。推销人员要求对方订货购买的阶段。多数推销人员认为，接近和成交是推销过程中两个最困难的步骤。在洽谈过程中，推销人员要随时给予对方以成交的机会，有些买主不需要全面的介绍，介绍过程中如果发现对方有愿意购买的表示，应立即抓住时机成交。在这个阶段，推销人员还可以提供一些优惠服务，促成交易。

（7）事后跟踪。如果推销人员希望确保顾客满意并重复购买，那么跟踪这一阶段就是必不可少的。推销人员应认真执行订单中所保证的条件，诸如交货期和安装等。跟踪访问的直接目的在于了解买主是否对自己的购买感到满意，发现可能产生的各种问题，表示推销员的诚意和关心，以促使顾客做出对企业有利的购后行为。

案例 6-2

成功保险推销员的一天

一、早晨上班，充满自信

（1）推销员从醒来开始，就要舒舒服服、快快乐乐的。不要赖床，要果敢、快速地起来，起床时间 6：30 最适当。用适度的运动来激发身体的活力。

（2）详细阅读报纸或收听电视、电台新闻，准备、充实与客户见面时的谈话话题。

（3）整理仪容、服装，高高兴兴地准备离家上班，再检查一下推销员必备的用品，亲切地与家人打招呼，冲劲十足地往外走。

二、上班途中，充分利用

（1）上班途中，遇到认识的人，先亲切地打招呼，这也是自我训练的重要工作。

（2）偶然改变一下上下班的路途，没准儿会碰到意想不到的好机会。

（3）坐汽车上班，在车上是读书、看报的好时间。看报纸要先看国内外大事、经济新闻、社会新闻。

三、准备妥当，然后出发

到公司的第一件事，是向公司同事、上级、下属打招呼。好的推销员最好在上班前 20 分钟到达，以便做准备。主动参加大扫除活动，跟大家打成一片。

四、周密计划，成功之本

明确今天推销活动的目标及要点。充分拟订今天的活动计划及预定路线。出门前再检查一下推销工具。

五、精神饱满，领头出发

先与预订的访问对象电话联络好，拟定访问路线和访问次序。向上司或有关人员说明自己的去处，好的推销员要比任何人都提早走出公司大门。

六、坚守目标，商务洽谈

商谈包括：(1) 问候，聊天、寒暄等都是接近的前奏；(2) 接近客户；(3) 激发客户对所售产品的兴趣；(4) 设法使客户对其中的一类有所评价；(5) 就客户所感兴趣的产品去商谈；(6) 处理反对意见；(7) 签订合同。

七、意气风发，返回公司

精确整理，总结工作

八、提前准备，明天工作

计划明天的访问计划。确认明天的工作重点。

九、今天工作，彻底完毕

离开职场以前，将明天计划再核对一次。

十、安心就寝，消除疲劳

推销员工作再忙，最迟也要 11 点以前上床。上床前先反省下今天过得是否有意义，反省完毕后，暂时忘掉一切，安心睡觉，为明天工作准备充沛精力。

案例评析

案例中保险公司推销员的一天也是典型推销人员的一天。

课堂随笔

任务三　掌握广告促销策略

案例 6-3

2012年夏天最火的电视综艺节目当属浙江卫视的《中国好声音》，开播第四期时，收视率已经位居同时段第一位。与此相伴随，《中国好声音》的商业价值也被充分挖掘，除了加多宝6000万元巨资冠名，栏目广告也从最开始的15秒15万飙升到15秒50万。加多宝的冠名显然不止"加个名字"那样简单：除了主持人频繁重复的"绕口令广告"之外，现场大屏幕上、舞台地面上、评委座位旁边、选手入场的大门上……"加多宝"的标识和产品几乎无所不在。四期节目之后，加多宝认为这笔支出达6000万元的营销统筹是成功的。2013年，加多宝集团豪掷2亿元再度拿下《中国好声音》第二季的冠名权，2013年7月12日，第二季《中国好声音》正式开播，"那张渔网"四位明星导师吊足大家胃口，加多宝的广告投入再次显示出它得到了更多的商业价值。

案例评析

有人说"快消品的销量是广告铺出来的"。加多宝的成功在一定程度上说明了广告在促销中的重要作用。随着《中国好声音》的持续爆红，作为独家冠名的加多宝集团理所当然地成为了大赢家。同时伴随2012年广告投放、渠道、供应链等一系列的成功运作，加多宝作为"老茶新秀"，不仅最大限度地完成了由经典红罐凉茶到加多宝凉茶的品牌转换，也实实在在地完成了销量的提升，续写着快消品营销经典案例。

课堂随笔

一、广告的含义

广告是广而告之的简称，有广义广告和狭义广告之分。

广义的广告，是指借用一切传导媒体形式向公众传播信息的活动，分为经济广告和非经济广告。

狭义广告，指的是经济广告，又称商业广告，是以广告主的名义，并由其支付一定费用，通过大众传播媒介向公众传递关于商品或劳务的性能、特征和购买所能得到的利益。商业广告的基本功能是传播有关商品的信息，扩大市场、促成交易。市场营销学所研究的广告就是商业广告。

扩展视野

广告名言

企业经营如果忽视广告，就仿佛在夜幕中向姑娘传递秋波，尽管你知道你做了什么，但对方并不知道。

——（美）S. H. 布里特

二、广告决策

企业广告决策一般包括四项最基本的内容：一是确定广告目标，二是决定广告信息，三是选择广告媒介，四是评估广告效果。

1. 确定广告目标

（1）通知广告，又称报道性、介绍性广告，主要用于新产品的介绍期，诱导“初步需求”的广告形式。目的在于树立品牌，推出新产品。

（2）劝说广告，又称竞争性、说明性广告，主要用于产品的成长期，其目的是培养消费者对某种品牌的需求，从而在同类商品中选择它，促使顾客形成品牌偏好。

（3）提示广告，又称提醒性、备忘性广告，是指对已进入成熟期后期和衰退期的产品所进行的广告，其目的是唤起消费者对该种产品的记忆，促使其连续购买。这在产品进入旺销后尤为重要。

广告是企业市场营销活动整体中的一部分，所以市场营销人员在确定广告目标的时候，要注意与企业整体目标相符合。广告是一种付费较高的促销工具，广告的目标还应该是清楚明确，切实可行，可以测量的。

2. 决定广告信息

广告信息决策一般要经过以下三个步骤：

（1）信息创作。信息创作是指广告内容的创作，创作人员可以采用多种不同方法来设计广告内容。

（2）信息的评估与选择。即在可能的信息中选出最好的，评估的标准主要有讨人喜欢的、独具特色的和令人信服的三个标准。

（3）信息表达。一则广告信息的效果不仅取决于“说什么”，而且有赖于“怎么说”，即信息的表达方式。表达的方式通常有生活片断、生活方式、音乐、幻想、人格化、科学证明或旁证等。

议一议

右图的广告创作要表达什么广告信息？

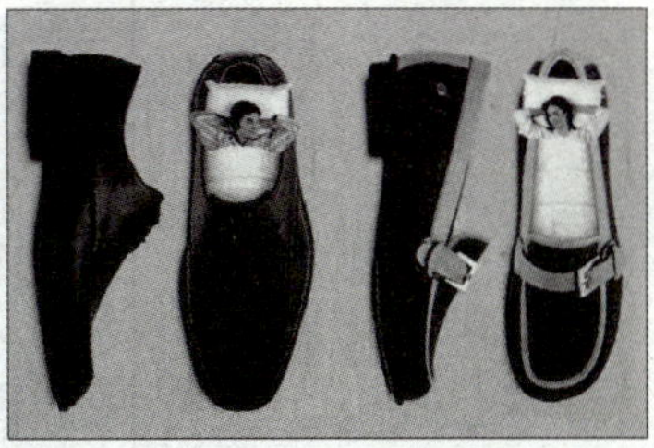

3．选择广告媒介

（1）常见的广告媒体。

广告媒体即传递广告信息的载体。广告媒体可分为大众传播媒体和企业自办媒体两大类。大众传播媒体包括报纸、杂志、广播、电视四种，是广告信息传递的主要工具，被称为“四大广告媒体”。企业自办媒体是企业自己制作的广告媒体，主要有户外广告、交通广告、焦点广告、邮寄广告、互联网广告等。常见的广告媒体有：

① 报纸广告。报纸广告覆盖面广，读者稳定，传递信息及时，便于剪贴存查。主要缺陷是印刷不精美，时效短，报纸的读者不一定对报纸广告感兴趣。选择报纸媒体要重点考虑把报纸的发行范围和阅读对象、广告主的产品特点、企业的市场覆盖面、目标顾客群等因素。

② 杂志广告。杂志广告具有明确的宣传对象，权威性强，可长期保存，有利于提高重复阅读率，印刷精美，善于表达产品的质地。主要缺陷是发行周期长、灵活性较差，传播不及时，制作成本比较高。

③ 广播广告。广播广告的信息传播及时、迅速，通过语言和音响效果表达广告的效果，可以给听众留下一个清晰的印象。其缺点是依靠声音传播的广告信息转瞬即逝，不易保存。

④ 电视广告。电视广告，是一种以电视为媒体的广告，是电子广告的一种形式。他是兼有视听效果并运用了语言、声音、文字、形象、动作、表演等综合手段进行传播的信息传播方式。电视是透过视觉和听觉二者，对于收视者，广告的效果当然相对报纸、广播要更加强烈。

以上“四大广告媒体”的优缺点对比详见表6-1。

表6-1　四大广告媒体的优缺点对比

媒体	优点	局限性
报纸	灵活、及时、覆盖率大、可信度高	保存性差、复制质量低、传阅少
电视	综合视觉、听觉和动作、感染力强、到达率高	绝对成本高、干扰多、暴露时间短、观众选择性差
广播	大众宣传、成本低、选择性高	收费结构不规范、暴露时间短、效果差
杂志	可选择性强、权威性强、复制质量高、保存期长、传阅者多	广告截止日期长、无用的发行量、无法保证版面

⑤ 交通广告。交通广告是指交通工具内外壁上的广告，它的制作简单，费用低廉，由于交通工具的流动性，决定了该广告媒体的宣传面较为广泛。这类广告制作时一定要醒目，文字内容要简洁，突出主题才能保证广告效果。

⑥ 户外广告。户外广告媒体泛指设置在建筑物外面或公共场所的，以视觉传达方式为主传播广告信息的广告媒体。有调查统计，户外广告关注度排名中，路牌广告关注度得分最高；公共交通和户外电视客户关注度居中；霓虹灯地产广告和灯箱广告关注度略低，如图6-3和图6-4所示。

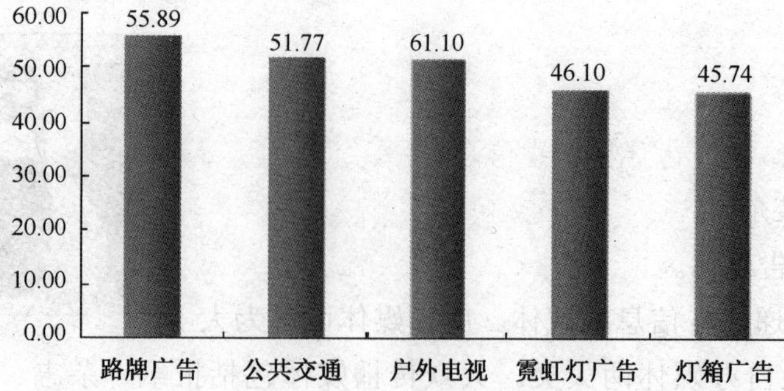

图6-3　户外广告关注度排名

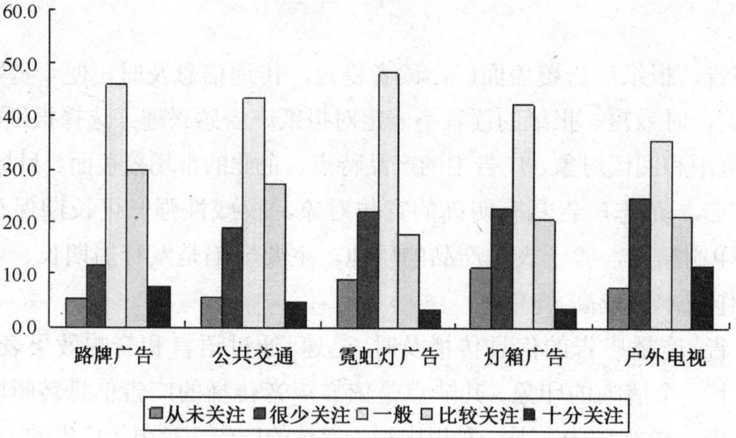

图6-4　主要户外广告关注度结构对比分析

调研数据显示被访者中，路牌广告、公共交通广告、霓虹灯广告的“比较关注”比例较高，而路牌广告、户外电视两方式则“十分关注”的比例要高些。

⑦ 售点广告。为 Point of Purchase（POP）Advertising 的缩写，意为销售点广告或购物场所广告。POP 广告围绕销售点现场内外的各种设施做媒体，有明确的诱导动机，旨在吸引消费者，唤起消费者的购买欲，具有无声却有十分直观的推销效力。它可直接影响销售业绩，是完成购买阶段任务的主要推销工具。

一项关于 POP 广告对超市营业额影响的调查表明：端架的陈列、定位的陈列（如特价品、新产品、推荐品等）有 POP 广告时，可增加 5% 的营业额；具体的商品促销（如打 7 折或 8 折）有 POP 广告可增加 23% 的营业额；如果有 POP 标示时，大量陈列的商品可增加 42% 的营业额。

⑧ 邮寄广告。邮寄广告是通过邮寄的方式发放产品的说明书、价目表等，它可以根据产品和目标市场的特点，准确地选择广告对象，可以深入地介绍某种产品的特点，而且制作费用低廉。邮寄广告的不足是市场的范围有限。

⑨ 互联网。网络是一种新型的广告媒体，其特点是信息传播速度快，受众广、成本低，

而且不受时间、版面的限制。

（2）选择广告媒介的步骤。

① 根据营销任务全面制订广告计划，确定广告媒介的接触度、频率和效果。

② 审慎选择广告媒介。在选择广告媒体时，要考虑各种媒体的优缺点。

③ 决定具体广告媒介。就是在选择广告媒介基础上，确定具体的媒介。

④ 决定广告的具体时间。主要考虑三个方面因素：一是顾客的周期变化，二是顾客的购货频率，三是顾客易忘记品牌，要适时登载广告，以免遗忘。

（3）选择广告媒介时要考虑的因素。

广告媒体的选择是实现广告目标的重要保证，媒体选择的失败不仅导致广告费用的浪费，也直接影响产品销售，甚至错失产品销售良机。选择广告媒体必须充分考虑以下因素：

① 广告目标。企业希望达到的目标不同，选择的媒体类型也会不同。如果强调时间，希望在短时间内将广告信息传送出去，那么电视和报纸是最佳的选择；如果是说服性为主，可以采用报纸和杂志等。

② 产品性质，不同的产品对广告传播效果的要求是不一样的，科技含量高的产品需要对产品进行专业化的说明，可以采用信函或在专业的杂志上刊登广告。需要体现产品的外观和生动形象的广告，则可以采用电视广告。

③ 消费者习惯。消费者习惯也是媒体选择所要考虑的重要因素。例如，少年儿童用的商品，往往受影视节目时间段放映的广告的影响，而退休的老年人，对健康类的书报特别有兴趣。

④ 媒体特性。企业选择媒体应该与企业的整体营销战略一致，媒体的范围应当与企业的市场范围一致，充分考虑媒体的传播范围、传播速度和影响力，才能做出科学的抉择。

⑤ 媒体成本。广告是一种付费的促销方式，需要在选择不同媒体的时候，认真核算其成本，保证以最小的投入获得最大的产出。

⑥ 国家的法律法规。选择广告媒体应该在国家法律法规允许的范围内。

案例 6-4

随着《甄嬛传》的大热，剧中温太医那句“益气补血用东阿阿胶即可见效”的经典名句，已经成为无数老大妈、巧媳妇，甚至懵懂少女都会念叨的经典台词。通过该影视剧热播带来的反复强化，东阿阿胶实现了一场频率高、范围广、纵深大的品牌轰炸，成功将对手置于无力还手境地。而这巨大成功背后的广告成本低得让人难以置信。2012 年，在《甄嬛传》的助力下，东阿阿胶销售额预计在 30 亿元以上，几乎是其头号竞争对手福牌阿胶的 3 倍。如此巨大的成功，东阿阿胶植入的成本是多少就成为人们关注的热点，据一些长期跟踪东胶的投资人判断，植入成本只有区区的 200 万元。200 万元不足一个二线明星一年的品牌广告代言费，甚至不及东阿阿胶 2012 年在央视广告投放的一个零头，2012 年，东阿阿胶在央视投入了 1.23 亿元。但看过《甄嬛传》的人都知道，再加上 10 个 1.23 亿元，也比不上一个《甄嬛传》起到的效果。

案例评析

广告植入，东胶不是先行者，也不是终结者，但东胶植入广告背后所蕴含的是竞争战略高度、手法与影视的完美结合，是对品牌背后的文化渊源淋漓尽致地表达。因此，东胶的区区200万元的植入，所上演的品牌撬动大戏，堪称是近年少有的经典，值得我们学习和借鉴。

课堂随笔

4．评估广告效果

有一位著名的广告人曾经说过一句名言："我的另一半广告费被浪费掉了，但却不知道被浪费到哪里去了。"由于广告是一项付费很高的促销手段，需要对其效果进行评价。要根据广告的目标、广告的支出水平等多方面进行全面的比较和测评，以提高广告的实际效益。

（1）广告效果的特点。

① 时间推移性。人们由根本不了解产品，到逐步通过广告的作用认识产品，对产品产生兴趣、喜爱产品，最终促使顾客购买产品，从而达到广告的效果。这是一个循序渐进的过程，从最初做广告到广告效果的产生有一段时间的间隔，这体现了广告效果的时间推移性。

② 积累效果性。广告效果一旦在人们心目中形成了印象，就会保持一段时间，不会突然消失。因此，广告效果的评价绝不是某次广告和这次广告效果的简单因果关系。如果顾客今后还有需要，会继续显示其对某种产品的钟情。例如，某电子产品的目标受众是上班族，因该产品长期广泛地传播，使产品品牌在大学生的潜意识中慢慢积累沉淀下来，这种潜意识的品牌形象就有可能影响他们将来的购买行为。

③ 间接效果性。由广告引发的需求有延伸作用，或者是对同类产品但不同品牌的需求，或者出现对相关产品的系列化需求。认识广告效果的这种间接效果性的特点，有助于企业合理安排广告费用的支出规模和广告的时机。

（2）广告效果的评估。

广告效果的评估是指运用科学的方法，对广告活动全过程的每个工作环节进行鉴定评价其质量和效果。广告效果的评估主要有两个指标：销售指标和传播指标。

① 销售指标：广告的最终目的是促进销售的增加。广告实施后，销售是否增加，增加的程度如何，以此来作为测评广告效果的指标，即销售指标。

② 传播指标：广告传播效果是指某一特定的广告信息作用于受众所产生的心理反应

和行为倾向的效果，包括广告到达率，广告传播作用于受众心理系统后引起的心理变化，受众对广告内容的知晓、理解、偏爱及在心理变化的基础上引起的购买行为的倾向。以传播效果作为衡量广告效果的指标，即为传播指标。

（3）如何检查广告费用是否浪费。

当你意识到你的广告效果并不理想，却不知道广告费如何支出了，请从以下几个方面进行检查。

① 广告定位是否清楚。定位不清的直接后果是目标消费群体模糊，进而导致广告诉求方向紊乱，什么都想说，什么都没说清楚，主次不分，重点不明，或者诉求对象主次颠倒，或者就是棍扫一大片，打着什么是什么。

② 广告诉求是否明确。产品要具有销售的生命，就必须给它确定一个与众不同的卖点，并有明确的诉求，引导、激发消费者。当然，卖点的与众不同，并不在于刻意求新求奇，最重要的是要把产品本身最具特色的优势说出来，带给消费者实实在在的利益需求点，缺乏价值和利益的卖点诉求是不成功的。

③ 媒体组合是否有效。整合营销传播策略既是一种资源整合策略，也是一种有效的媒体整合策略，“整”是根本，“合”是手段，没有有效的资源“整”，就不可能实现最佳的媒体传播组“合”。但现实是，整合营销传播策略流于形式，很多企业把几种媒体的简单相加等同于整合营销传播，根本不考虑媒体和目标消费群体的吻合度，基本使用的是“撒网式媒体传播法”，电视、报纸、电台、户外等蜂拥而上，全面撒网，反正你也跑不掉，但往往是需要的看不到，不需要的天天见。

④ 广告表现是否明了。广告表现当然应该是策划公司或策划人的责任，创意作品过多地追求一种艺术的成就，而不是销售的成果，很多作品你根本无法理解或者你要转过几道弯去理解，不是抽象派就是印象派，以艺术的眼光去看绝对是佳作，以营销的眼光去看却是次品。

案例 6-5

娃哈哈“思慕C”产品创意策略。2006年年底，娃哈哈思慕C上市，将新鲜水果去皮去核后连同果肉一起与香浓牛奶进行配比，这是为中国女性研发的全新创意特饮。如何让消费者迅速获知产品信息？

（1）立足目标消费者利益。思慕C锁定的目标消费者是都市白领女性，如何接触到这一引导消费市场的关键群体？选择她们喜爱的电视剧节目，特别是CCTV-8晚间黄金时段3集连播的“黄金强档”剧场，可谓目标对位准确。而在项目投放上，选择观众在一集结束后最希望看到的“下集剧情预告提示”，使广告投放变成了一种符合消费者利益的赞助，而不是突然的打扰，从而提升目标消费者的广告信息接受度和认可度，实现更高的购买转化率。

（2）传播环境与品牌内涵相一致。思慕C的品牌内涵是“快乐，新鲜”，是都市健康新生活。这些与CCTV-8晚间“黄金强档”这一广告投放环境也高度契合，CCTV-8电视剧频道，一直倡导“家庭娱乐”，主播“都市情感”，“黄金强档”作为全国投资最大的首播剧场，以其新鲜、主流锁定全国都市女性的长期忠诚收视。快乐与娱乐，新鲜与首播，谢娜代言的广告片和最新下集剧情，广告传播环境与品牌内涵的高度一致，为思慕C赢得了更多品牌好感。

（3）集中于高注意力媒体平台。思慕C的投放集中于CCTV-8晚间黄金时段，在2小时内实现8次(软硬广告形式结合)左右的有效到达，这也体现了广告生态学集中在有效注意力上的广告投放逻辑。

由谢娜主演的“思慕C”广告在全国热播后，达到了预想的成效。上市短短三个月，“思慕C”的销售额已经达到两个亿，再次刷新了娃哈哈新产品推广速度的历史纪录。

案例评析

现在的媒体和广告环境，已经是一种极度的多声喧哗，甚至是信息洪流下的高分贝污染。在此环境下，消费者已经对广告具备极强的免疫力和逃避、反抗情绪，要穿透信息接受的厚厚钢板，广告投放不得不更多考虑“生态学”的元素。成功的广告不是叫喊，也不是强迫，而是站在消费者利益角度，多些亲和力，多些相关性，多些有效注意力，多些品牌好感，从而达到消费者购买与忠诚目标。

课堂随笔

任务四 掌握营业推广促销策略

一、营销推广的含义

营业推广，又称特种推广，是种能够迅速刺激需求，鼓励购买的各种促销形式。营业推广适用于一定时期、一定条件下的短期特殊销售，是一种行之有效的辅助性促销方式。能起到立杆见影的效果。其目的是鼓励尽快达成最大交易量。

营业推广决策主要包括：确定营业推广的目标，选择营业推广的主要形式，营业推广方案的制订与评估。

二、营业推广的目标

营业推广的目标要服从营销沟通目标，具体目标将随着目标的市场类型不同而有所变化。

（1）针对消费者而言，营业推广的目标包括：刺激老顾客更多地使用这种产品，吸引新顾客试用这种产品，争夺其他品牌的顾客等。

（2）针对中间商而言，营业推广的目标包括：鼓励中间商大量进货，增加商品储存，特别是季节性产品；鼓励中间商持续地经营本企业产品，建立稳固的产销关系等。

（3）针对推销人员而言，营业推广的目标包括：鼓励推销人员大力推销新产品，开拓新市场，寻找更多的潜在客户，大力推销积压产品等。

三、营业推广的主要形式

1. 对消费者的营业推广

（1）赠送样品。

指向预期的老顾客免费赠送样品，供中间商和消费者试用的销售促进活动。如送货到家，在商店中散发样品，附在其他产品包装中，附在广告中。这种方式在介绍新产品时是最有效的，同时也是最昂贵的方式。

很多著名的企业利用赠品销售时都得了理想的效果。例如，宝洁公司的飘柔洗发护发液进入广州市场时，向广州市81万市民赠送样品试用，三个星期后，飘柔的知名度已达94%，销量就打开了。又例如，某业务员为了推销口香糖，按电话簿上的地址，一口气给150万户家庭送了6万块口香糖。孩子们吃完了都吵着还要，家长只好再购买，口香糖销量大增。

（2）折价券。

折价券是生产企业或零售店发放的，作为持券人在指定的地点购买商品时享受折价或其他优惠的凭证。这种折价券可以直接寄给消费者，也可以附在其他产品或广告中。

肯德基与麦当劳的折价券之争由来已久，他们将折价券以套餐优惠、折价优惠、学生优惠等折价方式，通过免费派送的途径送给消费者。虽然这些折价券上都表明有效期，但是他们很快就会推出新一轮的折价券，只是优惠的内容有所变化。折价券已经成为肯德基及类似快餐企业作为吸引顾客就餐、培养忠实顾客的常规市场工具。

据国外的统计，约有65%的折价券兑现者都是第一次使用该产品。然而，一项关于我国折价券使用的调查表明，我国至少有90%以上的折价券未能引起消费者的购买兴趣，滥用、无用折价券的现象十分普遍。

（3）赠品。

赠品也称赠奖促销，指生产厂家为了奖励或刺激消费者购买其产品而向消费者免费赠送奖品或礼品。例如，对购买隐形眼镜的消费者赠送护理液。

（4）交易印花。

零售店以积分交易印花的方式作为促销手段，集够一定的印花可在零售店兑换自己喜欢的赠品，以刺激消费者对本品牌的购买量。采用这种方式时应该注意，当赠品的选择余地较大时，消费者参与的积极性才会比较高。

国庆期间，某百货公司为了鼓励消费者更多的消费，采用交易印花的促销方式，每消费100元可以获得一枚印花，不同的印花可以兑换不同的礼品。为了突出礼品，公司还特意在入口处设立了礼品专柜，琳琅满目的礼品能激起消费者的消费欲望。

（5）现场示范表演。

在销售现场用示范表演的方法，介绍新产品的用途及使用方法，增加顾客对新产品的了解，刺激其购买。

火车上的推销员常常会向乘客们推销他们的小商品，最常用的方式就是现场演示表演，一个小陀螺在他示范表演下显得非常的有趣，一双袜子被他用针划过后依然完好无损，乘客常常为此掏了腰包。

（6）特价销售。

为度过某些销售淡季或某些特定节日，厂家或零售商往往会开展一些优惠酬宾、折扣让利等形式的在原价基础上全面减价的销售活动，以刺激消费者购买。

春节过后，各服装商场对冬装纷纷打折，希望通过打折能将即将过季的服装销售出去，减少库存的风险，使资金能良好运转。

（7）消费信贷。

通过赊销、分期付款等方式推动商品或服务的销售，顾客不用支付现金或只支付部分部分现金即可取得商品的使用权。对商品房、汽车等大件特殊商品。消费信贷有明显的促销作用。

（8）产品展销。

通过参与和举办各种形式的商品展销，突出、集中、重点介绍商品，配合以特惠零售价，能有效刺激消费者购买。

（9）竞赛、游戏。

这是通过组织让消费者参与的有关活动，让消费者有某种机会去赢得一些东西，如现金、旅游或商品，作为他们运气和努力的回报。

案例6-6

"金九银十"，这一被各个行业的商家来形容的市场机会，本身就表明了这两个月在市场机会的重要性。再加上2013年中秋、国庆镶嵌其中，节日促销已经不仅仅是国庆七天和中秋三天那么纯粹。

美的厨电一口气推出"蒸蒸日上，买蒸汽洗套餐，送价值1198元蒸立方微波炉"、"幸福旋风，买烟灶套餐，送价值399元美的吸尘器"、"特惠烟灶套餐1999元起"、"一步到位机，单品惊爆特价"、"十年免费包修，享受非凡品质"五大主题活动。

德意电器在"十一"促销活动中主打"节能牌"。德意这一活动自2013年9月10日起，为期一个月，活动期间，只要消费者进店购买德意变频新天弧1898或新天弧188G油烟机搭配任意一款"蓝极光"系列节能灶具和任意一款消毒柜，就可以获赠来自英国、价值1580元的A-bike超级折叠自行车一辆。

方太还在2013年9月9日—10月10日开展了“方太最配音”大型宣传活动，在微博、微信等社交平台与网友们进行互动，参与的网友或有机会获得方太吸油烟机等大奖。

老板没有举办全国统一性的活动，但其各地经销商均自行举办适合自己的促销活动，或抵现、或送礼、或折上折、或充话费等，形式多种多样，不一而足，现场显得十分热闹和喜庆。

华帝的促销力度依旧够猛烈，除了自动清洗烟机，就连当下市场上顶尖技术的热炫烟机都有5折优惠，最低已经打到了3.5折。

案例评析

从厨电各个企业的2013年的促销方式来看，带有明显的时代气息——既迎合网络时代的消费者诉求，又迎合80、90后主力消费者的兴趣爱好。

课堂随笔

2. 对中间商的营业推广

对中间商的营业推广的目的是为了促使中间商积极经销本企业的产品，主要策略有：

（1）交易折扣。

为了刺激、鼓励中间商购买或大批量地购买本企业的产品，对中间商第一次购买和购买数量较多的给予一定的折扣优惠，购买数量越大，折扣越多。折扣可以直接支付，也可以从付款金额中扣除，还可以赠送商品作为折扣。

（2）推广津贴。

这是生产企业为了感谢中间商促销企业的产品而给予的一种报酬，具体有广告津贴、展销津贴、陈列津贴、宣传物津贴等，以此可以鼓励中间商积极推销企业的产品。

（3）销售竞赛。

为了推动经销商努力推销产品，由生产商在所有经销本企业产品的经销商中发起销售本企业产品的竞赛，获胜者可以获得生产企业给予的现金或实物奖励。

四、选择营业推广方式时要考虑的因素

（1）推广目标。不同的推广目标决定了推广方法的选择。

（2）竞争条件。企业面临竞争者的数量，实力以及采用的手段，是选择推广方法时必然要考虑的。

（3）经济环境。经济环境较好与经济环境不景气时对推广方法的选择也存在很大差别。

（4）推广预算。用于推广的预算费用往往决定了推广方法的选择。

五、营业推广方案的制订与评估

1．激励规模

对营业推广对象的激励规模，要根据费用与效果的最优比例来确定。要获得促销活动的成功，一定规模的激励是必要的，关键是找出最佳的激励规模。最忌激励规模要依据费用最低、效率最高的原则来确定。只要促销工具选择适当，有一定的激励规模就可以了，如果激励规模过大，虽然仍会促使销售额上升而产生较多的销售利润，但效率将相对递减。例如，企业选择一种或几种刚上市的新产品实行有奖销售，效果可能不错，但如果所有经营品种都这样做，就可能得不偿失了。

2．激励对象

促销是面向目标市场的每个人还是有选择的某一部分人，这种范围控制有多大，哪类人是主攻目标，这些选择的正确与否会直接影响到促销的最终效果。通常，某种赠品可能只送给那些寄回包装物的购买者；抽奖可能限定在某一范围内，而不允许企业员工的家属或一定年龄以下的人参加，企业在选择激励对象时，要尽量限制那些不可能成为长期顾客的人参加，如发放以购物凭证为依据的奖券就是鼓励已经购买这种商品的顾客，限制没有买过此商品的人。当然，限制面不能太窄，否则又会导致只有大部分品牌忠诚者或喜欢优待的消费者才有可能参与，不利于目标顾客范围的扩大。

2013 年政府的限涨令急出，为了揽客部分景区推出一些匪夷所思的免费措施，如背古文免费游，属猴免费游等，景区营销促销手段怪招频出。河南某一广告宣称，从 2013 年 4 月 23 日至 2013 年 5 月 12 日（母亲节），凡是带着母亲去济源黄河三峡景区浏览，当场喊“妈”并且对方答应，则两人均可免门票（五一长假除外）。景区希望通过这样的活动，引起孩子对老人的注意，多带老人出来走走，并以此来达到促销的效果。此消息一出，不少人趋之若骛。但意想不到的是 4 月 28 日一年轻男子竟然带了五个“妈”前来浏览，让景区工作人员及游客大跌眼镜。这男子称，他带的五个“妈”分别是亲妈、干妈、后妈、奶妈和姨妈，并当场大声向五个女人叫“妈”，对方也都一一答应，景区无奈，只能让这 6 人免费进入景区。

3．送达途径

企业营销人员还必须研究通过什么送达方式才能激励对象来参与，从而达到理想的效果。企业要根据激励对象，以及每种渠道方法的成本和效率来选择送达方式。例如，赠送试用样品可用下列方式来配送：邮寄、通过经特别训练的人挨户分发、通过牛奶配送员或其他地区性的路线送货人员分送、促销人员店内发送、附于其他产品包装上。每种方法各有其优点，企业应该从费用与效果的关系角度仔细斟酌，反复权衡选择最佳的送达方式。

某软件公司专门从事证券分析软件的经营，为了提高知名度，扩大影响力，长期聘请资深分析师为客户做讲座，刚开始的时候印刷传单到证券公司附近发放，效果并不理想，后来转门设计了精美的邀请函，请证券公司营业员在开户后送给顾客，果然受到欢迎，讲座场场爆满。

4. 时机的选择

具体的促销日程安排也是值得研究的问题。一般来讲，促销时机的选择应根据消费需求时间的特点结合企业的市场营销战略来定，同时应注意与生产、分销、促销的时机和日程协调一致。在不同地区推出促销活动应与地区营销人员一起根据整个地区的营销战略来研究与决定。

近年来，根据日期上数字的象形及谐音来命名的“网络数字节”正得到越来越多人的追捧。数字节是网友在数字象形、谐音基础上，赋予其特别意义的网络节日。这些节日也成为商家做促销活动的有利时机。

最囧节：2月22日。2月22日。这个节日来源于一个常被用来形容一个人很傻或很不给力的字——“2”。2012年2月22日，农历正月二十，星期二，这个有着7个数字“2”的一天被网友们评为了充满“杯具”（悲剧）和“洗具”（喜剧）的“最囧节”。

迷糊节：3月4日、7月8日。3月4日、7月8日也因单字与“颠三倒四”、“乱七八糟”谐音，而被统称为“迷糊节”。

网络情人节：5月20日。这一天与“我爱你”谐音，于是网友们便发起创立了“网络情人节”。

示爱节:9月12日。这一天的谐音是“就要爱”，意在鼓励暗恋者大胆说出心中爱意。

萝莉节:10月11日。“萝莉”是指那些身着华丽洋装、嗓音稚嫩、相貌甜美的可爱少女。萝莉的英文是“Loli”，该单词与阿拉伯数字10和11合起来神似，即1011=loli，所以，网友们把10月11日当做萝莉节。

光棍节：11月11日。这一天，4个阿拉伯数字“1”形似四根光滑的棍子，这个日子便被定为“光棍节”，也有网友赋予“11 · 11”光棍节新的概念：一夫一妻、一生一世。

世纪示爱日:2012年12月12日。2012年12月12日因其数字“20121212”谐音“爱我，要爱，要爱，要爱”被网友称为“本世纪最有爱的日子”。

5. 活动期限

任何促销方式，在实行时都必须规定一定的期限，不宜过长或过短。如果促销活动的期间过短，可能使一些潜在顾客错过参与到促销活动中来而达不到预期的效果。如果持续时间过长，又会引起开支过大和损失刺激购买的力量，并容易使企业产品在顾客心目中降低身价。具体活动时间期限应综合考虑产品的特点、消费者购买习惯、促销目标、竞争者策略及其他因素，按照实际需求而定。

任务五　掌握公共关系促销策略

案例 6-7

2012 年 7 月 21 日，雨灾袭击北京城，北京市气象台发布暴雨橙色预警信号。北京酷姿 KTV 总经理当日决定，免费接待暂时无法回家的人，并为奋斗在抗灾第一线的马路工人送去饭菜。酷姿 KTV 在官方微博公布这一决定后，被网友转载高达 8327 次，而该官微平日转发不过数十条。随后，《第一财经日报》刊登《暴雨中的商业责任力量》，酷姿 KTV 的爱心举措再次扬名全国。网友纷纷表示，唱歌一定光临酷姿 KTV！与 7.21 雨灾时隔 4 日，北京另一场大雨预警，即刻有数家企业在官方微博上发出了相似内容，愿意收留因大雨滞留人士，提供免费食宿的微博，但网友却反应平平，引来东施效颦的尴尬。

课堂随笔

案例评析

策划是事件公关的灵魂。找到事件的价值所在，创造出爆发点，迅速引起大众热议，让事件成为新闻，将获得远超广告的四两拨千斤效果。酷姿 KTV 走红事件中，媒体宣传起到了口碑助推器的作用。让这一新闻事件得以广泛传播，从而实现成倍的公关广告效应。

一、公共关系的内容

公共关系是一种帮助企业与公众沟通，协调关系、化解矛盾，争取理解和支持，扩大企业知名度和美誉度，树立良好形象的促销活动。企业公共关系作为一种特殊的促销形式，包含了以下具体的内容：

（1）企业公共关系是指企业与其相关的社会公众的相互关系。这些社会公众主要包括：供应商、中间商、消费者、竞争者、信贷机构、保险机构、政府部门、新闻传媒等。企业不是孤立的经济组织，而是社会大家庭的一份子，公关就是要同社会公众建立良好的社会联系。

（2）企业形象是企业公共关系的核心。企业公共关系的一切措施，都是围绕着建立良好的企业形象来进行的。企业形象一般是指社会公众对企业的综合评价，表明企业在社会公众心目中的印象和价值。企业一旦有了良好的企业形象，就能增强企业的竞争能力。

（3）企业公共关系的最终目的，是促进商品的销售，提高市场占有率。从表面上看，企业公共关系好像仅仅是为了树立企业形象，但是从本质上看，公关关系的最终目的，还是促进商品的销售。作为一种促销的重要方式，公共关系必须经历一个树立企业形象的环节，企业首先推销了自身，从而促进自身商品的销售。

二、公共关系的特点

（1）关系性：关注于建立和维持企业内部与外部之间的和谐关系。

（2）形象性：直接目的是在社会公众中建立良好的企业形象和声誉。

（3）互利性：平等互利，相互协调，兼顾企业利益和公众利益。

（4）信息性：企业内部与公众之间的一种信息交流活动。

（5）长期性：必须着眼于长期，连续的有计划的努力。

三、公共关系的主要工具

1．新闻报道

新闻是以第三者的名义通过大众媒体传播的特定信息。与广告、人员推销的自我宣传的方式相比较，新闻对大众的影响力要大得多，是公关关系的主要工具。采用新闻的方法，往往要求企业的公关人员掌握新闻的知识和规律，并且要和新闻界保持良好的联系。在公关活动中，新闻一般可以从以下几个方面入手：

（1）召开新闻发布会和记者招待会，向新闻界通报企业的情况，提供新闻素材。邀请新闻记者参观企业，为其采访提供方便。新闻记者通过亲自参观企业，往往能挖掘出许多可供报道的新闻材料。

（2）企业人员撰写新闻稿件寄给新闻单位，这种方式命中率比较低，要求企业掌握新闻的基本规律和要求。

（3）创造新闻素材，吸引新闻媒介的注意。这种方法难度比较高，要求企业的公关人员有丰富的知识和经验，而且需要企业决策层的支持。

2．广告

在公共关系活动中，利用广告形式来树立良好的企业形象，或向公众传播必要的信息。公关中的广告主要有以下几种：

（1）形象广告。以树立企业形象为目的的广告。企业向公众展示企业实力、社会责任感和使命感的广告，通过同消费者和广告受众进行深层的交流，增强企业的知名度和美誉度，产生对企业及其产品的信赖感。

（2）声明广告。表明企业对某些事件的立场、态度的广告。通常有两种情况：一是对企业不利的事件，但企业自身并无过错。二是一些重要的必须使公众迅速知晓的事件。如企业更名、迁移、更换商标和包装等。

（3）致歉广告。向公众表示歉意，以取得公众谅解和好感的广告。

（4）祝贺广告。在与本企业有密切关系的企业或单位举办重大活动时表示祝贺的广告。

此外，祝贺广告的事件选取一定要和企业有密切的关系，受到受众的关注，切不可牵强附会。例如，高考结束后，某市理科高考状元袁某在“一家亲喜糖铺”购买庆贺喜糖，分发给亲友。喜糖铺为此在店门上方打出“热烈祝贺我市高考状元在我店购买喜糖”的庆贺广告。这一“傍状元”广告在市民中引起强烈反响，同时众多网友也在网络上恶搞“状元购糖”。

（5）活动广告。为配合企业所开展的各项公关活动而发布的广告。例如，开展企业的庆典活动等，这些公关活动往往需要广告的配合，才能达到较好的效果。

（6）公益广告。企业为了获得公众的好感，表现社会责任而进行的有关维护社会公共利益的广告宣传。例如，某企业为了提倡环保，支持“限塑令”，对公众免费提供环保购物袋。

3．演讲

由企业领导人利用新闻媒介或其他宣传工具向公众发表演讲，介绍企业的发展，阐述企业对某些问题的看法，或者回答各种问题，也是提高知名度，树立企业形象的方法之一。例如，企业总经理接受电视台采访。

4．公益服务活动

指企业投入一定的精力、金钱和时间在一些有益与社会的公共事业、慈善事业、福利事业方面，以体现企业的社会责任，增加公众的好感，提高企业的知名度。例如，某企业为资助贫困生开展义卖、义演、发动员工捐款等活动。

5．书面资料

编写制作各种书面资料，向各类公众广泛散发和寄送，以加深其对企业及产品或服务的了解，影响其观念和态度，增加对企业的好感。例如，某眼镜公司印制了5万份爱眼护眼手册免费发放给广大中小学生。

6．事件

事件是企业特意安排和准备的目的在于吸引新闻媒介和公众注意的事情和活动，事件可以通过以下两个方面进行：

（1）巧抓事件。通过对新闻媒体报道消息的浏览，或顾客、经销商、企业员工所反映的情况，抓住一些与本企业及产品或服务有关联的消息，采取某些措施使公众关注该事件，利用公众对该事件的注意和兴趣，从而提高本企业的知名度和美誉度。一般来说，轰动事件、有争议的辩论、重大体育赛事等都是很好的公关机会。

北京2008奥运会成为举世瞩目的焦点，众多企业纷纷赞助奥运，举办与奥运相关的活动来吸引眼球，三星就策划了“三星奥运有奖征文”等多次以奥运为主题的活动，吸引了众多消费者的关注和参与。

（2）制造事件。由企业自行构思可以作为时间的题材，将其发展成为事件来达到引起公众关注，提高企业知名度，树立企业形象的目的。

20世纪60年代初，日本西铁城手表打入澳大利亚市场的促销活动至今还被人们津津乐道。该公司先在媒体上预告消费者：某日某时刻，该公司用飞机在堪培拉广场上空投“西铁城”手表，谁捡到就归谁。消息一经传开，成千上万名观众早早地拥到指定地点，好奇地看着一只只金光闪闪的手表从天而降。当人们捡起这些手表，发现表针还在“滴答、滴答”地走动，手表竟然完好无损，人们不得不为西铁城的质量叹服。这次活动既扩大了产品的知名度，又巧妙地宣传了产品的质量。从此，西铁城手表在澳大利亚名声大噪，求购者络绎不绝。

7．视听资料

企业设计制作电影、录像片、幻灯片、录音带、电脑多媒体软件、电脑 CD 光盘等视听资料，用在各种公共场合播放。例如，某企业制作了企业的宣传光盘，在各种展销会中播放，同时还送给各大媒体，以便他们从中挑选和剪辑用于新闻宣传。

8．企业形象识别媒体

公关部门参与企业 CI 战略决策，充分利用企业形象识别媒体，体现和传播良好的企业形象。例如，某装修公司为了提升企业形象，要求装修工作人员一律穿着统一的制服，装修工作人员在工作期间出入时同时也是在为企业做宣传。

任务六　综合运用促销策略

一、促销组合的含义

促销组合是指有目的、有计划地把人员推销、广告、营业推广和公共关系这四种形式组合起来，综合运用，形成促销策略。

促销组合策略是指人员推销、广告、营业推广和公共关系这四种促销方式的选择、运用和组合搭配的策略，包括如何确定促销预算及其在各种促销方式之间的分配。

对促销组合概念的具体理解如下：

（1）促销组合必须是包含上述四种形式之中的两种或两种以上手段的综合运用。组合是为了达到单一促销方式无法达到的效果。如在营业推广活动中，如果没有广告的配合就很难让更多的消费者接受到相关的信息。

（2）必须是作用于选定的目标市场。目标明确才能有的放矢，进行促销组合决策前，营销人员必须要明确促销活动的目标市场。

（3）具有很强的可变性。促销组合本身具有很强的可变性，营销人员应该了解各种促销方式的功能，才能针对不同的促销目标制定不同的促销组合。

正确的选择促销组合，是促销能否成功的关键。

二、促销组合各部分的关系

（1）广告，着眼于信息的大面积和快速传播，是促销组合中用来传播产品信息、树立企业形象、激发消费需求的重要工具。既适用于长期目标，也适用于短期目标；既适用于大企业，也适用于中小企业，是促销组合中的主力。

（2）公关，着眼于树立形象、沟通关系，是公共宣传的有效工具。但由于它既为营销目标服务，又为企业整体目标服务，所以在促销组合中一般处于辅助地位。

（3）营业推广，着眼于刺激需求、增加购买，是短期促销的有效工具。

（4）人员推销，着眼于信息的双向沟通和面对面的情感交流，是信息单向沟通所不能取代的。

四种促销组合形式的比较见表 6-2。

表6-2　促销组合形式的比较分析

	人员推销	广告促销	公关促销	营业推广
沟通方式	双方	单向	双向	单向
促销功效	与用户建立合作伙伴关系	提高产品的知名度	树立良好的公众形象	短时期内提升销售量
时效性	中长期	中长期	长期	短期
特征	直接信息沟通反馈及时，可当面促成交易	传播速度快，涵盖面广，形象生动，渗透力强	提高企业及其产品的声誉，传达力较强，节省费用	激发购买兴趣，促成用户立即采取购买行为
局限	占用人员多	不能立即成交	见效慢，可控性低	可能会引起用户误会或猜疑

消费者在购买一项产品之前，会经过一个连续的消费分析过程：认识—兴趣—评价—试用—采用。“促销组合”的各个工具，在其中会产生不同的影响，见表 6-3 和表 6-4。

表6-3　促销组合在消费过程中的影响力

	认识	兴趣	评价	试用	采购
广告	A	A	C	D	D
公关	A	A	B	B	D
人员推销	E	E	A	A	A
营业推广	B	B	B	A	A
说明：A:成效显著；B:使人满意；C:成效一般；D:成效不佳；E:单独采用时成本过高。					

表6-4　促销工具的功能之比较

	知名度	试用	重复购买	忠诚度	品牌转换	增加购买量	建立形象
广告	△					×	△
公关	△				×		△
人员推销	×		△	△			
营销推广		△	△	×	△	△	×
说明：“△”表示影响力强；“×”表示影响力弱。							

三、制订促销预算的方法

（1）量力支出法。

量力支出法是企业以本身经济能力为基础来确定促销费用的绝对额。这种方法比较简单易行，但缺点是完全忽略了促销与销售之间的因果关系，忽略了促销对销售额的影响。

（2）销售额比例法。

销售额比例法是指企业根据目前的销售额来确定促销费用水平，使促销费用与销售额之间保持一定比例的方法。

市场营销基础与实务

采用这种方法的优点是比较简单易行；按照这种方法确定的销售费用，是与企业的经济能力一同变动的，即费用支出的增减与企业的销售收入的增减相一致；这种方法促使管理人员将促销费用、销售单价和单位利润三者紧密地联系起来；如果竞争都以这种方法确定预算，则可使竞争形势趋于稳定。

这种方法的缺点是颠倒了促销与销售之间的因果关系。

（3）竞争对等法。

竞争对等法是根据竞争对手的促销费用支出制定促销预算的方法。这种方法的缺点是由于盲目效仿，可能会适得其反。

（4）目标任务法。

目标任务法是企业先确定促销目标（如销售增长率、市场占有率等），然后确定为达到这些目标所要完成的任务，最后再估算完成这些任务所需要的促销费用的方法。

这种方法的优点是可促使管理人员将促销费用与促销目标直接联系起来，便于进行成本效益分析。但采用这种方法必须正确地确定促销目标，否则据此作出的促销预算也就必然失误。

以上几种方法，各有长短，企业可根据具体条件灵活运用，以便取得良好的促销效果。

四、影响促销组合的因素

要根据自己的具体状况，来确定其使用的促销组合。影响促销组合的主要因素通常有：

1．产品种类

不同性质的产品，顾客购买的需求不同，需要不同的促销组合。一般来说，消费品比工业品更多地使用广告，而工业用品则更多地采用人员推销。

由于消费品的花色品种繁多，消费者分布较为广泛，所以广告可以作为一种最佳的宣传手段。而工业用品因技术性强，行业差别大，用户较固定，且数量较少，因此其促销手段就主要使用人员推销，直接向客户介绍产品的性能和特点。

一家大型机锯公司的产品专门供应木材行业，采用人员推销方式很可能有效。但是一家手工用品工具公司的产品专门供应各类用户使用，广告就应在促销组合中占较重要的位置。最后，还要考虑市场上不同类型潜在顾客的数量。

2．市场的特点

不同的市场，需要采用不同的促销策略。不同的市场是从市场范围、市场类型及潜在顾客不同的市场来区分的。

（1）市场范围。

市场地理范围大小不同，促销方式就应有区别。小规模的本地市场，应当以人员推销或商品陈列等为主，不必使用广泛的广告；而在范围广泛的市场，广告宣传和文字报道等就成为必要的了；中等范围的市场，可以以一种促销方式为主，辅以其他方式。

（2）市场类型。

消费市场，顾客多而分散，主要应以广告、销售促进去吸引顾客；生产者市场，专业性强，数量少且集中，通常应以人员推销为主，或者进行专业性的展销示范，当面向客户介绍产品性能和特色。

（3）潜在顾客不同的市场。

潜在顾客少的市场，以人员推销为主；潜在顾客多的市场应以广告宣传为主。

3．购买准备过程的阶段

顾客的购买过程一般分为知晓、了解、确信和购买四个阶段。

在知晓阶段，广告和公共关系的作用较大；在了解阶段，广告作用较大，其次是人员推销；在确信阶段，人员推销的作用最大，广告作用略小于人员推销；在购买阶段，则主要是人员推销发挥作用。

4．产品所处生命周期的阶段

产品在生命周期的不同阶段，促销的目标和促销的重点也不尽相同，要相应地选择不同的促销组合，制订不同的销售策略，见表6-5。

当产品处于导入期时，广告和公共关系的作用效果最佳，营业推广也有一定的作用，可以鼓励顾客试用。在成长期，广告和公共关系仍需加强，营业推广则可相对减少。到了成熟期，应增加营业推广，削减广告。产品进入衰退期后，某些营业推广措施可继续保持相当数量，广告仅仅起提示作用而已，至于公共关系则可完全停止。

表6-5　产品市场生命周期不同阶段的促销组合

产品生命周期	促销重点和目标	促销的主要方式
导入期	认识了解产品，寻找早期试用者	广告和营业推广，针对经销商时采用人员推销
成长期	增进兴趣与偏爱	改变广告形式
成熟期	增进兴趣与偏爱	人员推广不可忽视，使用广告的提醒作用
衰退期	促成信任购买	营业推广为主，使用广告提醒
生命周期各阶段	消除不满意感	改变广告内容，利用公共关系

5．促销预算

不同的促销方式需要不同的促销费用，增加促销费用有利于扩大销售，但同时也增加了销售成本。理想的促销组合追求的是能以较低的促销费用带来较高利润。究竟应该以多少费用用于促销活动，是营销管理方面的一个难题。不同行业、不同竞争格局或同一行业的不同企业和产品，为促销活动支出的费用相差比较悬殊。例如，在美国化妆品行业中，促销费用最高的可达营业额的30%～50%；而在机械行业，促销费用只占营业额的15%～20%。

实训与练习

一、判断题

1．广告是目前广泛被采用的促销形式，其对工业品的推销最有效。　（　）

2．促销组合中能很好地进行双向信息交流的方法是营业推广。　（　）

3. 广告是消费品市场促销的主要工具，人员推销是工业品市场的主要工具。（ ）

4. 营业推广是一种行之有效的促销方法。（ ）

5. 运用诱导法的推销员必须具有较高的推销艺术。（ ）

6. 生产者市场用户购买数量大，顾客多，所以适用于人员推销的方式促销。（ ）

7. 市场上潜在顾客多，应主要采用广告宣传的方法；反之，潜在顾客少，应使用人员推销可能更好。（ ）

8. 洗衣粉、香皂等生活日用品宜采用“推动”促销策略。（ ）

9. 产品的成长期宜采用提示广告。（ ）

10. 可信度高属于广告的特点。（ ）

二、填空题

1. 企业的促销组合是指________、________、________、________促销方式的组合和搭配。

2. 企业以本身经济能力为基础来确定促销费用的绝对额，这种方法称为________。

3. 从事消费品营销的企业，最重要的促销方式是________；从事工业用品营销的企业，最重要的促销方式是________。

4.“推动”策略是以________为主要促销对象；“拉引”策略是以________为主要促销对象。

5. 企业的广告决策，一般包括四项最重要的内容：一是________；二是________；三是选择广告媒介；四是________。

三、选择题

1. 通知广告主要适用于产品生命周期中的（ ）。

a. 介绍期 b. 成长期 c. 成熟期 d. 衰退期

2.（ ）广告媒介能够吸引人们的注意力，但成本高、时间短、不易记忆、灵活性差。

a. 报刊广告 b. 电视广告 c. 直接邮寄 d. 广播广告

3. 营业推广中的“交易折扣”这一形式主要是针对（ ）的

a. 消费者 b. 中间商 c. 推销人员 d. 上述三项均可

4. 某企业在报纸上发布重要商业新闻，属于（ ）。

a. 广告 b. 人员推销 c. 营业推广 d. 公共关系

5.（ ）颠倒了促销与销售额之间的因果关系。

a. 量力支出法 b. 销售额比例法

c. 竞争对等法 d. 目标任务法

6. 确定促销组合的实质是（ ）。

a. 在各促销人员间合理分配促销预算 b. 在各促销对象间合理分配促销预算

c. 在各促销工具间合理分配促销人员 d. 将促销预算合理分配给各促销工具

7. 销售促进的时间长短与其效果成（ ）。

a. 正比 b. 反比 c. 无关 d. 不一定

8．当企业产品种类繁多，而且产品的技术性较强时，采用（　　）结构较合适。

a．地区型　b．市场型　c．产品型　d．顾客型

9．“免费赠送礼品、优惠券、有奖销售、现场示范”等营业推广形式主要针对于（　　）。

a．消费者　b．中间商　c．推销人员　d．上述三项均可

10．“津贴”这种营业形式主要针对于（　　）。

a．消费者　b．中间商　c．推销人员　d．上述三项均可

11．不同的促销工具对顾客在知晓、了解、确信和购买等阶段的作用是不同的，其中在确信阶段，（　　）的作用最大。

a．广告　b．人员推销　c．营业推广　d．公共关系

12．在产业市场上，各种促销方式的次序依次为（　　）。

a．广告、营业推广、人员推销、公共关系

b．广告、人员推销、营业推广、公共关系

c．人员推销、广告、营业推广、公共关系

d．人员推销、营业推广、广告、公共关系

13．四种促销方式中最古老的促销方式是（　　）。

a．广告　b．公共关系　c．人员推销　d．营业推广

14．下列促销方式被称为特殊推销的是（　　）。

a．人员推销　b．直销　c．营业推广　d．谈话推销

15．下列各种促销手段中，不属于营业推广形式的是（　　）。

a．赠送样品　b．有奖销售　c．推销员介绍　d．推销竞赛

16. 专业性强，很复杂的商品最多采用的促销方式是（　　）。

a．广告　b．人员推销　c．公共关系　d．营业推广

17．被誉为“无声的推销员”的是（　　）。

a．广告　b．营业推广　c．公共关系　d．包装

四、实训题

1．背景资料：“南农烧鸡”是南京农业大学仪器科技学院在一位教授的主持下，使用中草药及食品香料为佐料，辅以陈年老卤和独特生产工艺研制而成的，并很快打开了南京及周边市场。

请为该产品写一句广告语；同时请说说广告策划的关键是什么？

2．背景资料：“娃哈哈”集团公司是浙江省一家集工业、物资、商贸等产业于一体的大型企业集团。该公司创办于 1987 年，当时只是仅有 3 个人、14 万元贷款的校办经销部。如今，它成为中国食品工业的“大哥大”，拥有总资产 8 亿多元，职工 4000 余人。究其成功原因，与其独特的促销策略分不开。“娃哈哈”集团不惜巨资投入产品的广告宣传。从 1988 年起，“娃哈哈”每晚必在“新闻联播”前的黄金时间段亮相，数年如一日。“喝了娃哈哈，吃饭就是香”的广告词深入人心。此处，“娃哈哈”在大做广告的同时，十分注

意市场推广活动的策划，经常推出一些具有创意性的活动或事件，以引起媒介的报道和消费者的参与，达到强化企业形象、销售产品的目的。另外，“娃哈哈”在报纸上刊登广告，读者将报纸上的“娃哈哈”标志剪下来，可以到各大商场领取一盒“娃哈哈”果奶。1994年，娃哈哈请洋人促销，还在郑州给5万名小学生发放小黄帽等活动。以上活动对产品的销售都起到了推动作用。

请回答：什么是促销组合？“娃哈哈”集团公司采用了哪几种促销方式？本案中的营业推广实施了哪些措施？

扩展阅读

1. 榜样人物：刘永好

刘永好，现任四川新希望集团董事长，中国民生银行副董事长。荣获“亚洲之星”（2000年度美国《商业周刊》）、最具世界影响力的中国企业领袖、中国十佳民营企业家、中国改革风云人物等称号。2013年3月5日，《福布斯》杂志发布了2013年度全球富豪榜，全球1426位亿万富豪上榜，刘永好以净资产38亿美元位列353位。

刘永好的创业实践始于中国改革开放全面起步的1982年。当时他与自己的三位兄长一道，辞去其在政府部门、教育机构和国有企业的公职，到四川成都新津县农村创业。他们变卖手表、自行车等家产，筹集1000元人民币，作为创业初期的投入，从种植、养殖起步，历经磨难，坚持不懈，经过六年时间，积累了1000万元并在20世纪80年代末期转向饲料生产。随后的8年时间里，他们以自己的努力让企业滚雪球式地发展，创出了中国最大的本土饲料企业集团——希望集团。希望集团是中国100家最大的饲料生产企业的第一名，曾被中国国家工商局评选为全国500家最大私营企业第一名。

20岁之前，他没有穿过一双像样的鞋子，没有一件新衣服。为了让孩子过年的时候能够吃上一点肉，他和三个哥哥一起被逼上了创业之路。养鹌鹑，他们做成了世界第一。改行做饲料，又成为中国饲料大王。不管生意做得如何大，他始终小心翼翼地坚守自己的主业。在刘永好身上，有两项特质：第一，他非常爱学习，只有好好学习、天天向上，方能不断进步，方能跟得上社会大环境和企业小环境的变化，有能力和知识面对来自外部和内部的挑战；第二，他非常专注，主业一直专注于农业，并在这个领域内做深做广。

【刘永好语录】

生命的价值在于哪里？在于过程。

年轻时的激情是我最大的本钱。

拥有了多少财富并不重要，重要的是，我拥有了创造这些财富的能力。假如我这个企业什么都没有了，我的所有财富都消失了，但是我的自信还在。

任何一个企业都会有一个生命的周期，怎样保证我们的公司生命周期更长一些呢？那就需要我们这一批人前赴后继地去努力。

做企业，就好像综艺节目中的孤岛生存游戏。有些人怕吃苦，倒下去了；有些人在独木舟上行走，没有踩好，倒下去了；有些人关键时候跑不动，被老虎、狮子吃了。

2. 屈臣氏的促销

屈臣氏的促销活动算得上是零售界中最复杂的，不但次数频繁，而且流程复杂，内容繁多。策划部门、采购部门、行政部门、配送部门、营运部门都围绕着这个主题运作。各种促销活动每15天一期，促销招数层出不穷，主要有如下几种。

招数1：超值换购。在每一期的促销活动中，屈臣氏都会推出3个以上的超值商品，在顾客一次性购物满50元，另多加10元即可任意选其中一件商品，这些超值商品通常会选择屈臣氏的自有品牌，所以能在实现低价位的同时又可以保证利润。

招数2：独家优惠。这是屈臣氏经常使用的一种促销手段，他们在寻找促销商品时，经常避开其他商家，别开花样，给顾客更多新鲜感，也可以提高顾客忠诚度。

招数3：买就送。买一送一、买二送一、买四送二、买大送小；送商品、送赠品、送礼品、送购物券、送抽奖券，促销方式非常灵活多变。

招数4：加量不加价。这主要是针对屈臣氏的自有品牌产品，经常会推出加量不加价的包装，用鲜明的标签标示，面膜、橄榄油、化妆棉等是经常使用的，对消费者非常有吸引力。

招数5：优惠券。屈臣氏经常会在促销宣传手册或者报纸海报上出现剪角优惠券，在购买指定产品时，可以给予一定金额的购买优惠，省五元到几十元都有。

招数6：套装优惠。屈臣氏经常会向生产厂家定制专供的套装商品，以优惠的价格向顾客销售，如资生堂、曼秀雷敦、旁氏、玉兰油等都会常做一些带赠品的套装，屈臣氏自有品牌也经常会推出套装优惠，而且促销力度很大。

招数7：震撼低价。屈臣氏经常推出系列震撼低价商品，这些商品以非常优惠的价格销售，并且规定每个店铺必须陈列在店铺最前面、最显眼的位置，以吸引顾客。

招数8：剪角优惠券。例如，在指定促销期内，一次性购物满60元（或者100元），剪下促销宣传海报的剪角，可以抵6元（或者10元）使用，相当于额外再获得九折优惠。

招数9：购某个系列产品满88元送赠品。例如购护肤产品满88元、或购屈臣氏品牌产品满88元，或购食品满88元，送屈臣氏手拎袋或纸手帕等活动。

招数10：购物2件，额外9折优惠。购指定的同一商品2件，额外享受9折优惠，例如买营养水一支要60元，买2支的话，就一共收108元。

招数 11：赠送礼品。屈臣氏经常也会举行一些赠送礼品的促销活动，一种是供应商本身提供的礼品促销活动，另一种是屈臣氏自己举行的促销活动，如赠送自有品牌试用装。

招数 12：VIP 会员卡。屈臣氏在 2006 年 9 月开始推出自己的会员卡，顾客只需去屈臣氏门店填写申请表格，就可立即办理屈臣氏贵宾卡，办卡时收一定的工本费。屈臣氏会每两周推出数十件贵宾独享折扣商品，每次消费有积分。

项目七

管理市场营销活动

学习目标

认识企业市场营销组织结构的类型；懂得如何去刺激市场需求；掌握市场营销管理活动的内容。

听故事

某房地产集团下属一家物业经营管理公司在成立初期非常注重管理的规范化和充分调动员工积极性，制订了一套科学完善的薪酬管理制度，由此公司得到了较快的发展，短短的两年多时间，公司的业务增长了110％。随着公司业务的增加和规模的扩大，员工也增加了很多，人数达到了220多人。但公司的薪酬管理制度却没有随公司业务发展和人才市场的变化而适时调整，还是沿用以前的。公司领导原以为公司的发展已有了一定的规模，经营业绩理应超过以前，但事实上，整个公司的经营业绩出现不断滑坡，客户的投诉也不断增加，员工对工作失去了往日的热情，出现了部分技术、管理骨干离职，其他人员也出现不稳定的预兆。其中：公司工程部经理在得知自己的收入与后勤部经理的收入相差很少时，感到不公平，他认为工程部经理这一岗位相对后勤部经理，工作难度大、责任重，应该在薪酬上体现出这种差别，所以，工作起来没有了以前那种干劲，后来辞职而去。因为员工的流失、员工工作缺乏积极性，致使该公司的经营一度出现困难。在这种情况下，该公司的领导意识到问题的严重性，经过对公司内部管理的深入了解和诊断，发现问题出在公司的薪酬系统上，而且关键的技术骨干力量的薪酬水平较市场明显偏低，对外缺乏竞争力；公司的薪酬结构也不尽合理，对内缺乏公平，从而导致技术骨干和部分中层管理人员流失。针对这一具体问题，该公司就薪酬水平进行了市场调查和分析，并对公司原有薪酬制度进行调整，制订了新的与企业战略和组织架构相匹配的薪资方案，激发了员工的积极性和创造性，公司发展又开始恢复良好的势头。

故事感悟 经济全球化将越来越深刻地影响着我国的企业，这必将加剧企业的人才竞争。因此，我国的企业如何应对这一挑战，是人力资源管理值得探讨的问题。如上述案例所述："整个公司的经营业绩出现不断滑坡，客户的投诉也不断增加，员工对工作失去了往日的热情，出现了部分技术、管理骨干离职，其他人员也出现不稳定的预兆"是因为该公司的薪酬制度没能适时进行改进。从这一事例可以看出，企业的薪酬制度科学与否，对企业发展的影响是巨大的，甚至是致命的。怎样建立科学合理的薪酬激励机制，如何发挥薪酬的最佳激励效果，以求企业能吸引和留住人才，造就一支高效、稳定的员工队伍，实现企业可持续发展，是企业人力资源管理的一项非常重要的工作。

学知识

任务一　了解营销管理者的任务

营销管理就是为了实现企业的目标，专业化的提高经济效益，它是企业得以实现其价值的核心。它是一种能辨识、预期及符合消费者与社会需求并且可以带来利润及连续经营

扩展视野

菲利普·科特勒在北京大学"索尼营销论坛"上的演讲

菲利普·科特勒2002年11月在北京大学"索尼营销论坛"上演讲时说道："来到中国，这里正在发生的一切给我留下了很深刻的印象。在未来的10～15年中，中国不但会成为世界上最强的经济大国之一，不但会成为世界的'生产车间'，我甚至认为中国在未来会成为世界的'研发车间'。现在你们唯一需要做的就是成为世界的'市场营销车间'，因为生产产品，甚至用新技术生产了新产品后，你怎样让那些产品进入市场？这才是现在中国需要的"。

理论的管理过程。营销管理通过对市场营销和销售的合理管控，将企业研发生产过程与消费者的消费联系起来，这是一个中间环节。任何时候企业的营销管理做得不好，效益就不好，产品不好也会对营销产生负面影响。营销管理是系统化的，需要兼顾到生产、采购等许多其他方面，需要综合考虑。营销管理相比其他很重要。企业可以在适当的时候以营销管理为中心，但不能伤害企业的长期利益。

市场营销环境变化的综合反映是市场需求，而市场需求是多种多样的。在各种不同市场需求的情况下，可采用不同的市场营销策略，营销管理者的任务，就是调整市场需求的水平、时间和特征，使之与供给相协调。

1．扭转性营销

扭转性营销也称转变性营销，指市场的主要部分不喜欢某种产品或服务，这称为"否定需求"或"负需求"。如有些地区的居民不喜欢喝牛奶，有些病人拒绝动手术，有人不习惯用微波炉等。在这种情况下，企业市场营销管理的任务是实行"扭转性营销"，即采取适当的市场营销措施，改变消费者对这种产品或服务的信念和态度，把否定需求改为肯定需求。

转变性营销最关键的是要求营销人员了解产生负需求的原因，分析其症结，并寻求针对性措施。

2．刺激性营销

刺激性营销也称激活营销，潜在市场的全部或主要部分对某种产品或服务不感兴趣或漠不关心，称为"无需求"，无需求通常是对新产品或新的服务项目，消费者因不了解而没有需求。因此，市场营销管理的任务是设法引起消费者的兴趣，刺激需求，使无需求变为正需求，即实行"刺激性营销"。

无需求状况下的产品通常是新产品或新的服务项目，消费者因不熟悉、不了解而没有需求迹象；或是非生活必需的保健品、装饰品、赏玩品等，消费者在没有见到以前或没有兴趣的情况下是不会购买的；还有一些就是人们一般认为某些无价值的东西，或虽认为有价值但在特定情况下却没有价值的东西，以及消费者平常不熟悉的物品等，也不会产生现实的需求。

因此，市场营销管理的任务就是实行刺激性营销，即设法引起消费者的兴趣，刺激其对某种产品或服务的需求，使无需求变为正需求。这是一项意义重大而又十分艰巨的任务。因为企业面临的是一种对某种产品或服务无需求的市场状况，营销人员必须针对性地采取有效的措施来创造需求。

3．开发性营销

当人们对现有的产品或服务感到不能满足，而希望有一种新的更好的产品或服务来取代时，就意味着具有“潜在需求”，将这种潜在需求变为现实需求，就要实行“开发性营销”。

针对潜在需求，企业要想出奇制胜，就要进行“开发性营销”，即估计潜在市场的大小，并尽快开发能满足该项需求的有效产品和服务。也就是说，当今和未来，为了在竞争中取胜，企业需要一套崭新的观念和竞争谋略，即不是与众多的竞争者去瓜分一个现有市场，而要善于以敏锐的眼光和视觉去发掘潜藏于消费者内心深处而尚未被引发出来的“潜在需求”，从而开发新的消费领域，创造新的市场。这样，企业不仅可以避开竞争者的锋芒，而且在开创的新市场上比竞争者捷足先登，将竞争者甩在后面。

4．维持性营销

维持性营销策略，也称保持性营销，是指面对产品或服务的需求水平、时间及时点与期望的需求和时间一致（充分需求）时企业的营销对策。如发放会员卡、赠送优惠餐或礼物等，企业的任务是，通过及时发现消费者的偏好，保持产品质量的稳定，严格控制企业的成本，在维持企业自身的竞争地位的同时，努力维持现有的需求水平。

充分需求是指某种物品或者服务的目前需求水平和时间等于预期的需求水平和时间的一种需求状况。这是企业最理想的一种需求状况。但是，在动态市场上，消费者偏好会不断变化，竞争也会日益激烈，它常常由于两种因素的影响而变化：一是消费者偏好和兴趣的改变，一是同行业者的竞争。

在这种情形下，企业的任务是，通过及时发现消费者的偏好，保持产品质量的稳定，严格控制企业的成本，在维持企业自身的竞争地位的同时，努力维持现有的需求水平。

5．恢复性营销

恢复性营销又称再生性营销或提升营销，是指面对产品或服务处在“需求下降”的通道中企业所采取的营销对策。

企业应通过自身营销策略的调整为产品重新定位，挖掘其内在价值，再创市场销售新高潮，以延续其产品或服务的市场生命周期。

因此，恢复性营销的任务是设法将正在走下坡路的产品导入新的市场生命周期，研究新的营销策略和方案，将处于下降需求中的产品和服务推向新的潜在市场。

6. 同步性营销

同步性营销也称协调性营销，是指面对由于季节、时点等变化造成的某些产品或服务需求波动时企业的营销对策。

企业营销管理的任务是通过运用灵活的价格策略、推销方法和各种刺激手段，来引导和改变消费者的需求习惯和方式，达到减少需求大幅度波动的目的。

酒店有着明显的淡旺季，客人的需求不规则，一般4月和5月、9月和10月为最高峰，12月和1月为低峰（淡季）。饭店管理者必须通过灵活的价格及其他方法来调整。供求关系实施与不规则的淡旺季同步的营销方案。如实行淡季价格与旺季价格，冬季养客、夏季吃客等措施。

因此，同步性营销的任务是通过运用灵活的价格策略、推销方法和各种刺激手段，来引导和改变消费者的需求习惯和方式，达到减少需求大幅度波动的目的。

7. 限制性营销

限制性营销又称降低性营销、低调性营销，是指面对超过了企业的供应能力（过量需求）的产品或服务时的企业营销对策。企业一般通过提高价格，减少促销活动来“低调”营销，其目的是通过企业行为来协调市场需求。

过量需求是指某种物品或者服务的市场需求超过了企业所能提供或者愿意提供的水平的一种需求状况。如收费过低的电力供应，免费范围过宽的公费医疗，使得电力部门和医院超负荷，甚至浪费很大。

有些名胜古迹、美术馆几乎天天都是人山人海，游客过多，致使环境脏乱，国家财产、文物遭到破坏。在这种过量需求的情况下，营销管理的任务是实施“限制性营销”，通过提高价格，合理分销产品，减少服务和促销等手段，暂时或永久地降低市场需求水平。

8. 抵制性营销

抵制性营销也称对抗营销、反击性营销，是指面对一些不健康的产品或服务的需求时企业应采取的营销策略。

抵制性营销与限制性营销不同，限制性营销是限制过度的需求，而不是否定产品或劳务本身；抵制性营销则是强调产品或劳务本身的有害性，从而抵制这种产品和劳务的生产和经营。

抵制性营销是针对有害需求而实施的。有害需求是指市场对某些有害物品或服务的需求，如烟、酒、毒品、黄色书刊等。有害需求的产品或劳务对消费者、社会公众或供应者有害无益。

市场营销的任务是抵制性营销，即劝说喜欢有害产品或服务的消费者放弃这种爱好和需求，大力宣传有害产品或服务的严重危害性，大幅度提高价格，以及停止生产供应等。

任务二 认识市场营销组织

一、市场营销组织的发展

现代市场营销组织是长期组织演化的结果。营销组织是随着市场营销管理学的不断发展演变而来的，总体上经历了单纯的销售部门、兼有附属职能的销售部门、独立的市场营销部门、现代市场营销部门、现代营销型企业、以过程结果为基础的公司六个阶段。

（1）单纯的销售部门。

在这个阶段，销售部门的职能仅仅是推销生产部门生产出来的产品，生产什么、销售什么；生产多少，销售多少。产品生产、库存管理等完全由生产部门决定，销售部门对产品的种类、规格、数量等问题几乎没有任何发言权。

（2）兼有附属职能的销售部门。

20 世纪 30 年代大萧条以后，市场竞争日趋激烈，企业大多数以推销观念作为指导思想，需要进行经常性的市场营销研究、广告宣传以及其他促销活动，这些工作逐渐变为专门的职能，当工作量达到一定程度时，便会设立一名市场营销主任负责这方面的工作。

（3）独立的市场营销部门。

市场营销部门成为一个相对独立的职能部门，作为市场营销部门负责人的市场营销副总经理同销售副总经理一样直接受总经理的领导，销售和市场营销成为平行的职能部门 。

（4）现代市场营销部门。

尽管销售副总经理和市场营销副总经理需要配合默契和互相协调，但是他们之间实际形成的关系往往是一种彼此敌对、互相猜疑的关系。

销售部门和市场营销部门之间矛盾冲突的解决过程，形成了现代市场营销部门的基础，即由市场营销副总经理全面负责，下辖所有市场营销职能部门和销售部门。

（5）现代营销型企业。

只有企业主管认识到，企业所有的部门都是以市场为导向、以服务顾客为目的，认识到营销不只是一个部门的名称，而是整个企业的指导思想，这样的企业才能成为真正的现代营销型企业。

（6）以过程结果为基础的公司。

为了获得过程结果，企业可任命过程负责人，由他管理跨职能的训练小组工作。然后把营销人员和销售员作为过程小组成员参与活动。最后，营销人员对这个小组可以有一个实线联系责任，而营销部门与它是虚线联系责任。

二、市场营销组织的具体类型

为了实现企业目标，营销经理必须选择合适的营销组织。所有的营销组织都必须与市场营销活动的四个基本方面相适应，即：功能、区域、产品和市场，由此产生出营销组织的五种类型。

（1）职能型组织（如图 7-1 所示）。

这是最古老也是最常见的市场营销组织形式。这种形式强调市场营销的各种职能，如市场调研、销售计划、广告宣传、销售促进、新产品开发等。在职能型组织形式中，市场营销经理的工作主要是协调各个职能部门的活动。职能型组织形式的主要特点是行政管理简单，具体地说就是：

①贯彻了专业化分工的要求，有利于在人力利用上提高效率。

②职责分明，有利于落实各类人员对各类工作成果的责任。

③集中管理、统一指挥，有利于维护领导对指挥和控制活动的权力和威信。

不过随着企业产品品种种类增多、市场扩大，这种形式会失去其有效性，因为没有一个职能型组织机构为一具体的产品或市场负责，每个职能型组织机构力求获得与其他职能组织对等的地位，因而面临着如何进行协调的问题。

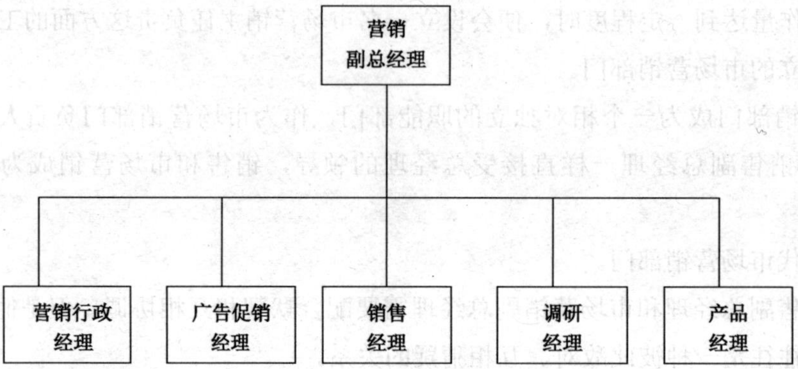

图7-1　职能型组织

（2）地理型组织（如图 7-2 所示）。

规模较大并在全国范围内销售产品的企业为了适应不同区域市场的特点，通常按地理区域设置营销机构，安排销售队伍。由于地理型组织形式是按市场不同的地理气候、经济环境、生活习惯、购买能力、顾客意向等因素设置的，因此其主要特点是：

① 发挥熟悉该地区情况的优势，可以发展特定市场。

② 管理幅度与管理层次相对增加，便于高层管理者授权，充分调动各级营销部门的积极性。但这种组织形式也有其缺点：因为地区销售经理往往更多考虑本地区的利益，这样各地区的营销部门就会自成体系，容易造成人力浪费。

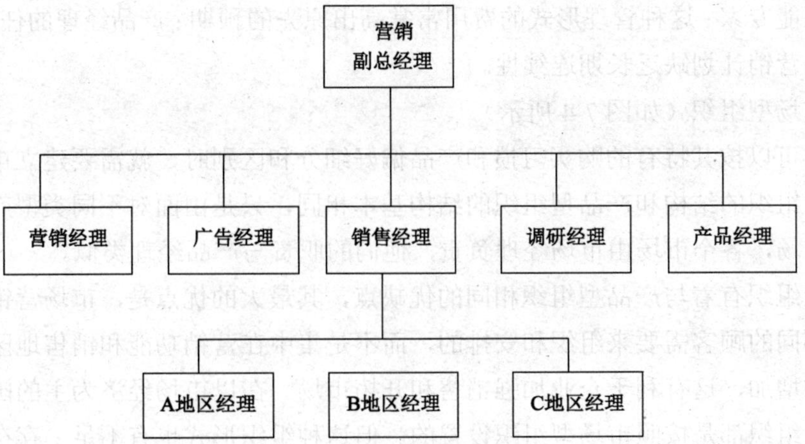

图7-2　地理型组织

（3）产品型组织（如图 7-3 所示）。

生产多种产品或不同品牌产品的企业，通常按产品或品牌建立管理组织，即在一名产品大类经理领导下，按每类产品分设一名经理，再按每个具体品种设一名经理分层管理。

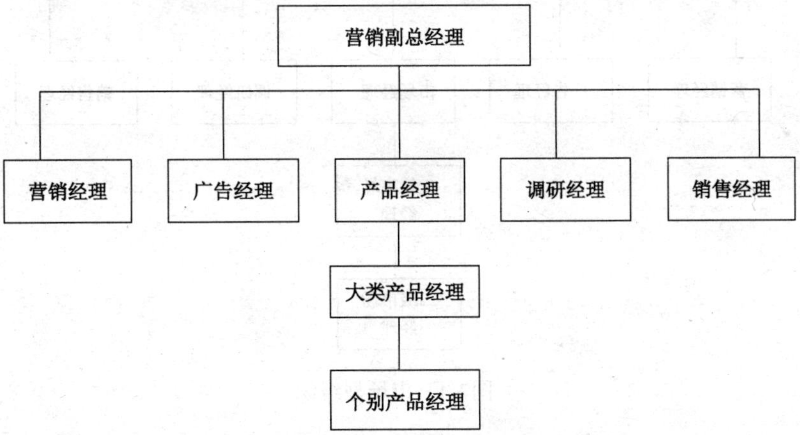

图7-3　产品型组织

最早的产品型组织形式出现于 1927 年的宝洁公司，当时该公司开发的一种新产品（肥皂）市场销售欠佳，一位名叫纳尔·麦克埃尔罗伊的年轻人（后来升任为宝洁公司总经理），受命统筹开发和推销取得了成功，于是公司随之增设了其他产品经理。从那时起，许多公司特别是生产食品、肥皂、化妆品和化工产品的公司，都建立了产品型组织形式。在这种形式下，产品经理的主要任务是，制订发展产品的长期经营和竞争战略，编制年度营销计划，并负责全面实施计划和控制执行结果。

产品型组织形式的优点是：产品经理能够将产品营销组合的各要素较好地协调起来；能够对市场上出现的问题迅速做出反应；较小的品种或品牌由于有专人负责而不致遭忽视；由于涉及企业经营的各个领域，对年轻产品经理们是经受锻炼的好岗位。当然，这种组织形式也有其不足：产品经理未能获得足够的权威，以有效履行自己的职责，只有靠劝说的方法取得广告、销售、生产等部门的配合；该组织形式的营销经理只能成为本产品的专家，很难成为职能专家；这种管理形式的费用常常高出原先的预期；产品经理的任职期限较短，因而使市场营销计划缺乏长期连续性。

（4）市场型组织（如图 7-4 所示）。

当客户可以按其特有的购买习惯和产品偏好细分和区别时，就需要建立市场管理型组织。市场型组织的结构和产品型组织的结构基本相同，只是由面对不同类型产品改为面对不同类型市场，各个市场由市场经理负责，他们的职责与产品经理类似。

市场型组织有着与产品型组织相同的优缺点，其最大的优点是，市场营销活动是按照满足各类不同的顾客需要来组织和安排的，而不是集中在营销功能和销售地区的扩大造成营销费用的增加，这有利于企业加强销售和开拓市场。在以市场经济为主的国家中，越来越多的企业组织都是按照市场型组织设置的。但这种组织形式也有不足：存在权责不清和多头领导的矛盾。

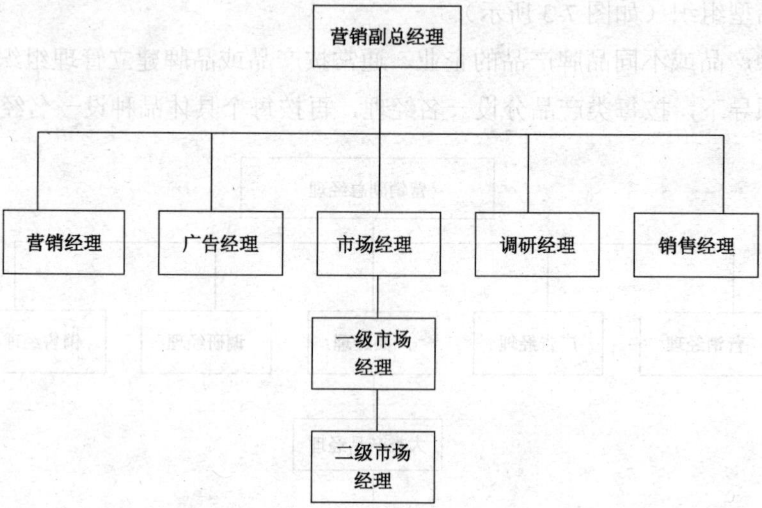

图7-4　市场型组织

（5）产品 / 市场管理型组织（如图 7-5 所示）。

生产多种产品并向多个市场销售的企业，常常会遇到如何设置组织形式的难题：是采用产品管理型，还是采用市场管理型？为了解决这个难题，使这两个问题统一起来，企业必须建立一种既有产品经理，又有市场经理的两维矩阵式结构，即产品 / 市场管理型组织。

产品经理 \ 市场经理	男式服装	女式服装	家庭装饰	工业市场
人造丝				
尼龙				
醋酸纤维				
涤纶				

图7-5　产品/市场管理型组织

这种组织形式的产品经理负责产品的销售计划和销售利润，为产品寻找更广泛的用途；

市场经理开发现有和潜在的市场，着眼于市场的长期需要，而不只是推销眼前的某种产品。这种组织形式适用于多角化企业，不足之处是费用较大，而且由于权力和责任界限模糊，容易产生矛盾。

三、设置现代企业市场营销组织的原则

设置市场营销组织不能随心所欲，而必须遵循一定的基本原则。

（1）与环境相适应的原则。

任何企业的市场营销组织都是在不断变化的社会经济环境中运行，并受这些环境因素的影响和制约。市场营销组织比起企业其他的组织结构，与企业外部环境尤其是市场环境有着更加密切的关系。因此，设置市场营销组织首先要分析市场环境，既要分析市场状况，也要分析竞争者状况。市场状况包括消费者的购买习惯、购买行为、产品的市场寿命周期等；竞争者状况包括竞争者是谁、竞争者在干什么、如何对付竞争者等。

（2）与营销目标相一致原则。

一般企业都有自己的营销目标，包括产值、成本、利润等目标，所以市场营销组织的设置与规模，一定要服从企业目标的实现，要与所承担的任务与规定所要达到的目标统一起来。

（3）讲究效率原则。

营销组织的设置，要求达到高运转，高效率。市场经济条件下，市场竞争激烈，市场形势瞬息万变。在这种情况下，企业的营销活动要反应快捷迅速，根据环境的变化，果断地制定新的营销策略；同时，要做到上下传递敏捷，协调一致。否则，将会丧失有利的赢利机会。

（4）责、权、利相统一的原则。

企业内部各个部门的设置，要在明确其任务与目标的基础上，分清其职能与职责范围，明确其应有的权力和享有的利益，并把职责、权力与经济利益联系起来。只有三者有机地结合，才能促使营销组织积极主动有效地完成企业的各项任务。

（5）统一领导和精简原则。

虽然企业内部的营销组织由多个部门组成，但它必须是一个统一的有机整体，需要贯彻局部服从整体，实行统一领导的原则。这样，才能提高企业的整体效益。同时，要根据企业发展需要与管理要求设置营销组织，不能过多过滥，要贯彻精简原则，使管理层次合理。否则，管理部门过多，难以控制；管理层次过多，信息交流也不畅通。

任务三　掌握竞争性营销策略的制订

企业要取得经营成功必须根据自己在市场上的竞争地位和竞争实力来制订营销策略，即竞争性营销策略，只有这样，才能使企业获得尽可能大的竞争优势。

一、市场领导者策略

在市场上处于领先地位的企业叫做市场领导者。大多数行业都有一个公认的市场领导者。这个领导者公司在相关的产品市场中占有最大的市场份额。它通常在价格变化、新产品引进、分销覆盖和促销强度上，对其他公司起着领导作用。一些著名的市场领导者有英特尔（微处理器）、微软（电脑软件）、麦当劳（快餐食品）等。

这类企业可根据自身的情况在若干种策略中做出选择。

第一种策略是扩大整个市场的需求量。这种策略的具体做法有三种：一是争取使现有顾客增加购买量和购买频率；二是努力寻求新顾客、新用户；三是努力为产品开发新用途。

第二种策略是通过大量投资与竞争对手争夺顾客，努力提高市场占有率。

第三种策略是通过技术革新和提高竞争效率等手段，努力维护自己的市场领先地位，维护自己的市场占有率。

议一议

在我国市场上，国内企业在彩电、空调、乳制品行业的市场领导者是谁？

二、市场挑战者策略

在市场竞争中实力仅次于市场领导者的企业叫做市场挑战者，这类企业不断地向市场领导者及其他势均力敌的竞争者发起挑战，极力争夺市场份额。挑战者如果实力比较雄厚，通常采用正面进攻策略，即调动企业资源直接向竞争者展开进攻；实力不够雄厚则常用侧翼进攻策略，即集中优势力量攻击竞争者的薄弱环节。此外，还可采用迂回竞争策略，即努力开发新产品，新市场或新技术，从而间接地与对手展开竞争。

三、市场跟随者策略

在市场竞争中实力次于市场领导者而又不准备进行挑战的叫做市场跟随者。这类企业知识效仿竞争对手的产品、价格等营销策略。力图保持稳定的市场占有率和利润率。因此，有时采取紧随领导者之后的策略，有时则与竞争对手保持一定的距离，其目的在于既保持现有顾客并适当吸引新顾客，又不致引起市场领导者及其他竞争者的反击。有许多市场跟随者比同行业中的市场领导者收益率还高。市场跟随战略可以分为四种：

- 仿制者：仿制者复制领导者的产品和包装，在黑市上的或声誉不好的经销商。
- 模仿者：模仿者在某些事情上仿效领导者，但在包装、广告、价格等方面又有所不同。领导者并不太注意模仿者，而模仿者也不进攻领导者。
- 克隆者：克隆者模仿领导者的产品、品牌名称和包装，但稍有区别。
- 改变者：改变者接受领导者的产品，并改变或改进它们，改变者可以选择销售给其他的不同市场，许多改变者往往可成长为将来的挑战者。

四、市场补缺者策略

市场上的另外一些小企业或新企业多属于市场补缺者。其做法是寻找主要竞争者所忽略的市场缝隙，致力于满足这部分顾客的需求，从而避免与竞争者进行正面交锋。采用这种策略的企业所得到的市场份额不大，但获利能力很强，有时甚至超过规模大得多的企业。

市场补缺者有三个任务：创造补缺、拓展补缺和保卫补缺。进行市场补缺的主要风险是市场补缺可能会枯竭或受到攻击，而且补缺者往往是弱小的，所以，公司必须连续不断地创造坚持新的补缺市场。

中国义乌市场是全球最大的小商品批发市场，为该市场提供小商品的很多企业就属于“市场补缺者”。例如，生产纽扣的企业。

想一想

你是否还发现有新的市场补缺者？

任务四　掌握营销工作的实施步骤

进行营销分析并制订出完善的战略计划是知识营销管理的开始，要想使营销计划和策略得到实施，首先必须使企业营销系统中各级人员保持协调一致，其次是营销部门还必须与财务、生产、人事、采购等其他部分密切配合。此外，企业外部有关的个人和组织（如供应商、零售商、广告代理商、广告媒体以及调研公司等），也对企业计划与策略的实施有重要影响。

营销方案的实施过程主要包括如下几个步骤：

（1）制订详细的行动方案；

（2）建立合理有效的组织结构；

（3）设计相适应的决策和报酬制订；

（4）开发并合理调配人力资源；

（5）建立适当的企业文化和管理风格。

行动方案的主要内容包括计划实施中应完成的任务，由谁来完成这些任务，何时完成这些任务等。

企业的组织结构必须适应企业的营销战略和营销方案。如果企业为频繁变化的市场设计和开放新产品，就应建立一个应变能力强的分权化组织结构与之相适应，因为这种结构鼓励人们的创造性，促使人们经常地，非正式地进行信息沟通。反之，如果企业面临的是一个相对稳定的市场，人们所进行的大多是例行性的活动，那么企业就需要建立一个集权化的组织结构，由此来加强正式的信心沟通渠道。

企业的决策制度和报酬制定规定了计划。调研、招聘、报酬和控制等活动的操作程序。如果这些制度设计合理，也可对营销战略和营销方案的实施起到促进作用。假设奇特准备推出一种新产品，此举成功与否推销员的努力程度关系甚大。在一般情况下，推销员总是愿意推销那些已打开销路的产品，而不肯花大气力推销新产品，但如果改变推销员报酬制度，规定推销新产品可以得到更高佣金或奖励，就会促使他们积极主动地推销新产品，从而使企业发展新产品的计划得以实施。

最后，企业管理部门还应创建一种适当的管理风格和企业文化，使全体职工的工作保持高效率。同时，营销战略和营销方案也要与企业的管理风格和企业文化相适应，否则将难以实施。

营销部门是企业组织结构中的一个重要组成部分，通过这一部门，企业可进行营销分析、计划、实施和控制等活动。根据企业规模大小的不同，营销组织可由一个人、几个人或几个层次的若干专业人员组成。典型的营销组织是在一名副总裁下设销售经理、广告经理等，每位经理又领导若干具体工作人员。营销副总裁主要有两方面的任务：一是领导和协调所有的营销工作，使之密切配合，分工合作；二是负责与分管其他部门的副总裁协调配合，共同为提高服务质量、改善经营管理而努力。

营销工作的效果，不仅取决于它的组织结构，而且取决于对人员的挑选、培训、指导、激励和评估。每个工作人员都应获得与其能力和贡献相适应的报酬，并且都应有平等的晋升机会，使每个人都明确自己的责任，权利和前途，都有前进的足够动力。应当使每个营销人员都知道，企业对他们的要求和希望是什么，他们的表现将如何考察和衡量。实践证明，被激发起工作热情的人员和没有被激发起工作热情的人员，工作效率的效果是大不一样的。

任务五　认识市场营销控制

控制是管理的基本职能之一，如果把制订计划、实施计划和控制看做一个周而复始的过程，那么，控制既是前一个循环的结束，又孕育着新循环的开始，市场营销控制也是如此。

市场营销控制是指市场营销管理者为了确保预定营销计划的运行、衡量和评估营销计划的成果，从而实施的一整套工作程序或工作制度。

市场营销控制的内容主要包括年度计划控制、成本与赢利能力控制与效率控制。

一、年度计划控制

任何企业都要制订市场营销年度计划，然而，年度计划的执行能否取得理想的成效，还需要看控制工作进行得如何。年度计划控制，是指企业根据本年度的计划要求，检查实际绩效与计划之间是否有偏差，并采取改进措施，以确保市场营销计划的实现和完成。年度计划一般是由企业最高管理者和中层管理者负责实施的，其目的在于使企业达到年度计划规定的销售、利润及其他目标。

（1）年度计划控制的步骤。

年度计划控制的过程分为四个步骤。

①制订标准，确定本年度每个季度、每个月的目标。如销售目标、利润目标等。

②绩效测量，将实际成果与预测成果相比较。

③因果分析，如果营销计划在实施中发生了偏差，则需要找出导致偏差的原因。

④改正行动，采取必要的修正措施，或是调整计划，使之与变化中的实际相一致，或是纠正执行过程中出现的偏差。

（2）年度控制的内容。

年度控制主要是对销售额、市场占有率、费用率等进行控制。

① 销售额分析。

销售额分析就是衡量并评估实际销售额和计划销售额之间的差距。这种分析一般有两种。

A 销售差距分析。这种方法是用来衡量不同因素对造成销售差距的影响程度。

公式：

因价格下降的差异 = 价格之差 × 实际销售量

因销售量减少的差异 = 计划售价 × 销售量之差

某公司年度计划中规定第一季度出售 4 000 件产品，单价 1 元，即销售额 4 000 元。但到了季度末实际售出 3 000 件，而且每件售价为 0.8 元，总销售额实际为 2 400 元，比原计划少了 40%，差距 1 600 元。分析原因是由销售量减少和售价下降两方面造成的。但两者对总销售额的影响程度是不同的。

因价格下降的差异 =（1 － 0.80）×3 000=600，占 37. 5%

因销售量下降的差异 =4 000 － 3 000=1000，占 62.5%

可见，将近 2/3 的差距是由于没有完成销售计划造成的。因此，应该进一步深入分析销售量减少的原因。

B 地区销售量分析。这种方法是用来衡量导致销售差距的具体地区。

某公司在 A、B、C 三个地区的计划销售量分别为 1 500 件、500 件、2 000 件，一共 4 000 件。但实际销售量分别为 1 400 件、525 件、1 0 7 5 件，与计划差距分别为 −6.6%、7%、+5%、−46%。可见。引起销售差距的主要原因是 C 地区销售量的大幅度减少。因此，应进一步查明减少的原因是什么。加强对该地区营销工作的管理。

② 市场占有率分析。

销售分析不能反映出企业在市场竞争中的地位，只有市场占有率分析才能揭示出企业同其他竞争者在市场竞争中的相互关系。例如，某公司销售额的增长，可能是由于公司营销绩效较其他竞争者有所提高，也可能是由于整个宏观经济环境的改善使市场上所有的公司都受益，而与竞争格局并无关系。

③ 市场营销费用分析。

年度计划控制要确保企业在达到销售计划目标时营销费用没有超支。分析的方法是市场营销费用占销售总额的比例。

某公司营销费用占销售额的比例为 20%，其中所包含的五项费用占销售额的比例分别为：人员推销 5%、广告费 5%、营业推广费 6%、营销调研费 1%、营销行政管理费 3%。

营销管理者应该对各项费用率加以分析，并将其控制在一定限度内。如费用率变化不大，处于安全范围之内，则不必采取任何措施。如变化幅度过大，或是上升速度过快，以至接近或超出控制上限，则必须采取有效措施。

④ 财务分析。

财务分析是年度计划控制的一个重要内容。市场营销管理者在营销控制过程中，应就不同的费用对销售额的比率及其他指标进行全面的财务分析，以便确定公司在何处及如何获取收益。同时，利用财务分析，来判断影响企业资本净值收益率的各种因素，提高资本净值报酬率。

⑤ 顾客满意度追踪。

顾客满意度追踪可以为企业提供预警信号，使营销管理者能够及时掌握企业发展动态。企业一般主要利用以下系统来追踪顾客满意度。

• 建立顾客绩效评分卡。主要记录以顾客为基础的工作，包括新顾客、不满意顾客、失去的顾客、目标市场知晓率、目标市场偏好、相关的产品质量及相关的服务质量等。

• 建立对企业绩效有重要利益及影响的群体满意度。主要包括员工、供应商、银行、股东、分销商等。

通过上述分析，企业如果发现实际绩效与年度计划指标发生较大差距时，则必须采取调整措施：调整营销计划指标，削减产量，降低价格，控制营销费用，减少投资等。

二、成本与赢利能力控制

成本与赢利能力控制是通过分析不同产品、地区、顾客群、分销渠道和订单规模等获利的实际情况，从而使企业决定哪些营销活动应当扩大，哪些应当减少甚至放弃，以提高企业整体竞争能力。

（1）市场营销成本。

要实行赢利能力控制，首先要确定市场营销成本，因为营销成本直接影响企业利润。一般来说，企业的营销成本包括五个方面：直接推销费用，包括直销人员的工资、奖金、差旅费、培训费、交际费等；促销费用，包括广告媒体成本、产品说明书、印刷费、赠奖费用、展览会费用、促销人员工资等；仓储费用，包括租金、维护费、折旧、保险费、包装费、存货成本等；运输费用，包括托运费用、自有运输工具的折旧、维护费用、燃料费用、牌照费用、保险费、司机工资等；其他市场费用，包括市场营销管理人员工资、办公费用等。上述成本连同企业的生产成本构成了企业的总成本，直接影响企业的经济效益。

（2）赢利能力的考察指标。

获得赢利是所有企业追求的重要目标。赢利能力控制就是通过对财务报表和数据的一系列处理，把所获得利润分解至产品、地区、渠道、顾客等方面，从而衡量出每个因素对于企业最终获利能力的贡献。一般企业是通过以下指标来考察赢利能力的。

① 销售利润率。

销售利润率是指利润与销售额之间的比率，表示每销售 100 元使企业所获得的利润。

其公式是：

销售利润比率＝本期利润 / 销售额 ×100%

由于同一行业各个阶段的负债比率不同，而对销售利润率的评价又常需要通过与同行业平均水平来比较，因此，在评估企业获利能力时最好能将利息支出加上税后利润，这样将能大体消除由于负债经营而支付的利息对利润水平产生的不同影响，所以销售利润率也可表达为：

售后利润率＝税后息前利润 / 产品销售额 ×100%

② 资产收益率。

资产收益率是指所创造的总利润与企业全部资产的百分比。公式为：

资产收益率＝本期利润 / 资产平均总额 ×100%

由于年初和年末资产相差很大，所以企业全部资产取资产平均总额。与销售利润率一样，为了在同行业间具有可比性，资产收益率可表达为：

资产收益率＝税后息前利润 / 资产平均总额 ×100%

③ 净资产收益率。

净资产收益率是指企业税前利润与净资产的百分比。它是一个较为重要的指标。当前，我国上市企业能否获取配股资格必须考察其净资产收益率。其公式是：

净资产收益率＝税后利润 / 净资产平均余额 ×100%

④ 资产管理效率。

资产管理效率是指企业通过管理资产而产生的效率。它也是衡量一个企业经营效益的一个重要指标。资产管理效率一般是通过以下两个比率来分析的。

一是资产周转率，指一个企业以资产平均总额去除以产品销售收入净额而得出的全部资产周转率。其公式为：

资产周转率＝产品销售收入净额 / 资产年均占用 ×100%，它可以有效反映企业全部投资的利用效率。

二是存货周转率，指产品销售成本与存货（指产品）平均余额之比。其公式为：

存货周转率＝产品销售成本 / 存货平均余额 ×100%

由于企业年初和年末的存货不同，所以存货取年初和年末余额的平均数。该指标主要考察企业存货的流动性，一般地说，存货周转次数越高，说明存货水准越低，周转快，资金使用效率高。

下面以某企业为例对其经营产品获利状况进行分析，见表 7-1。

表7-1 产品获利能力分析表

	产品A	产品B	产品C	产品D
销售收入（万元）	28	35	60	42
制造成本（万元）	15	23	38	29
毛利（万元）	13	12	22	13
费用（万元）	8	14	15	12
净利（万元）	5	–2	7	1
销售收益率（万元）	19.9%	–5.7%	11.7%	2.4%

从表 7-1 可以看出各产品的获利状况，其中只有产品 B 是亏损的。若企业要求销售收益率在 5% 以上，则产品 A、C 已完成。对于产品 B、D 应进行详细分析，是由于销售价格太高，还是制造成本分摊不合理？必须找出产品收益低的原因，再采取相应的对策，如降低销售费用和制造成本。如果经过这种措施以后仍未能扭转亏损，那就予以舍弃。

三、效率控制

通过赢利能力分析显示，假如在若干产品、地区和市场方面没有获得理想的利润，那就要对销售队伍、广告、促销及分销等营销实体活动行有效的控制，即对效率进行控制。效率控制的目的在于评估和提高经费开支的效率及效果。

（1）销售队伍效率。

为了提高销售队伍的效率，企业各地区的销售经理必须了解本地区销售队伍效率的几项重要指标：每个销售人员平均每天进行的销售访问次数、每次销售人员访问的平均时间、每次销售人员访问的平均收益；每次销售人员访问的平均成本、每次销售人员访问的招待成本、每百次销售访问后订购的百分比、每一期新的顾客数目、每一期丧失的顾客数目、销售成本对销售总额的百分比。

企业通过对销售队伍效率的分析，可以发现迫切需要解决的问题。例如，如销售人员每天访问的次数过于频繁时，则可以缩小企业销售队伍规模，而不减少销售总量；如每次访问所花费时间过多，则需要减少访问时间。如签订订单过程中，招待费用过高，就要尽量减少花费。

（2）广告效率。

虽然企业的广告费用与销售效率难以用公式来表明，但营销决策者至少要掌握以下统计资料：每种广告媒体类型、每个媒介工具触及每个人（购买者）所花费的广告成本；顾客对每一媒体类型注意、联想和阅读的百分比；消费者对于广告内容和有效性的意见；广告前后消费者对产品态度的衡量；由广告所激发的询问次数；每次调查所花费的成本。企业通过对这些资料的分析，并采取相应的步骤，购买较好的广告媒体以及广告事后测验等工作，从而来提高广告效率。

（3）促销效率控制。

促销是营销过程中的一项重要措施，可以帮助顾客认识产品，引起兴趣，进而促使其购买。为了提高促销效率，企业管理层应该对每次促销活动及其成本和对销售的影响做好记录，同时要注意统计好下列资料：由于优惠而销售的百分比；每一销售额所包含的商品陈列成本；赠券的回收率；因示范表演而引起的询问次数。企业经理在注意上述资料的基础上，还应观察不同销售活动的效果，然后向企业高层决策者提出最有效的促销措施。

（4）分销效率。

分销效率主要是对企业存货进行控制、仓库位置和运输方式进行分析和改进以达到最佳配置并寻找最佳运输方式和途径。例如，当企业遇到销售急剧增长时，分销的效率可能会下降，因为急剧增长的销售可能导致交货时间推迟，从而引发顾客对企业有意见并最终使销售下降。因此，企业营销决策者应向分销能力做更多的投资。

任务六　认识市场营销审计

市场营销审计是指对企业的营销环境、营销目标、营销战略和营销活动所作的全面的、系统的、独立的和定期的检查，其目的在于决定问题范围和机会，提出行动计划，以提高企业的营销业绩。

市场营销审计是战略控制的主要工具，它具有全面性、系统性、独立性、定期性四个特征。任何企业必须经常对其整体营销效益作出缜密的回顾评价，以保证它与外部环境协调的发展。因为，在市场营销这个领域里，各种目标、政策、战略和计划不适合市场情况是常有的事，因此，企业必须定期对整个市场营销活动进行审计。

市场营销审计发展至今，已被世界上大多数企业所接受。而且随着市场营销活动的不断发展，市场营销审计的作用越来越突出，营销审计的范围也越来越广泛，市场营销审计已成为企业提高营销效益的重要手段。

一、市场营销审计程序

市场营销审计的基本程序一般分五个阶段，如图 7-6 所示。

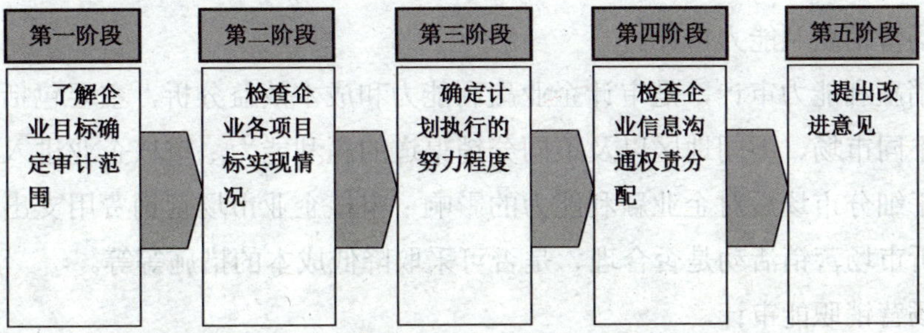

图7-6　市场营销审计的基本程序

二、市场营销审计内容

市场营销审计的基本内容包括六个方面，即市场营销环境审计、市场营销战略审计、市场营销组织审计、市场营销系统审计、市场营销赢利能力审计、市场营销职能审计。

（1）市场营销环境审计。

市场营销必须审时度势，因此，营销管理者必须对市场营销环境进行分析，包括对经济、技术、政治、社会文化等宏观环境以及直接影响企业经营的市场、顾客、竞争者、经销商等微观环境的分析和审查。

（2）市场营销战略审计。

市场营销战略审计主要考察企业营销目标、营销战略以及对当前预期营销环境的适应程度，包括企业按照市场导向确定自己的任务和目标；选择与自己任务和目标相一致的竞争地位；制定与产品寿命周期、竞争者战略相适应的市场营销战略；进行科学的市场细分并选择最佳的目标市场；恰当地分配市场，营销资源并确定合适的市场营销组合；企业在市场定位、企业形象、公共关系等战略的审计。

（3）市场营销组织审计。

市场营销组织审计主要评价企业的营销组织在执行市场营销战略方面的组织保证程度和对市场营销环境的应变能力，包括企业具有坚强有力的市场营销主管人员及其明确的职责与权利；按产品、用户、地区等有效地组织各项市场营销活动；有一支训练有素的销售队伍；对销售人员有健全的激励机制、监督机制和评价体系，市场营销部门与采购部门、生产部门、研究开发部门、财务部门及其他部门的沟通情况和密切的合作关系等。

（4）市场营销系统审计。

市场营销系统审计包括营销信息系统、营销计划系统、营销控制系统和新产品开发系统。对营销信息系统的审计，主要是审计企业的有关市场发展变化的信息来源、信息渠道的畅通性、市场营销研究的充分性、市场预测的科学性等。对营销计划系统的审计，主要是审计企业的市场营销、计划的可行性、有效性以及执行情况等。对营销控制系统的审计，主要审计企业的年度计划目标、赢利能力、营销成本，等指标的正确考核和有效控制。对新产品开发系统的审计，主要是审计企业健全的新产品开发系统、开发程序、新产品测试以及新产品投放市场等。

（5）市场营销赢利能力审计。

市场营销赢利能力审计，是审计企业赢利能力和成本效益分析，主要包括审核企业的不同产品、不同市场、不同地区以及不同分销渠道的赢利能力；审核企业进入、扩大、缩小或放弃若干细分市场后对企业赢利能力的影响；审核企业市场营销费用支出情况以及效益情况，分析市场营销活动是否合理、是否可采取降低成本的措施等等。

（6）市场营销职能审计。

市场营销职能审计是审计企业市场营销组合因素（产品、价格、分销、促销）的效率，主要包括审计企业产品线目标的合理性和科学性；审计企业产品质量、特色、色样、品牌的顾客满意度；审计企业定价目标和战略的有效性、市场的覆盖率；审计企业分销商、经销商、代理商、供应商等渠道成员的效率；审计企业广告目标、费用、预算、顾客及公众对企业广告的影响；审计企业销售队伍的目标、规模、素质、能动性等等。

实训与练习

一、判断题

1. 市场营销活动是按照满足各类不同的顾客需要来组织和安排的，而不是集中在营销功能和销售地区的扩大造成营销费用的增加，这有利于企业加强销售和开拓市场。 （　　）

2. 转变性营销最关键的是要求营销人员了解产生负需求的原因、分析其症结、并寻求针对性措施。 （　　）

3. 过量需求是指某种物品或者服务的市场需求超过了企业所能提供或者愿意提供水平的一种需求状况。 （　　）

4. 市场跟随者是指在市场竞争中实力仅次于市场主导者的企业，又叫做市场挑战者。 （　　）

5. 市场营销审计目的在于决定问题范围和机会，提出行动计划，以提高企业的营销业绩。 （　　）

二、填空题

1. 企业组织结构类型包括________、________、________、________和产品 / 市场管理型。

2. 市场挑战者的竞争性营销策略包括________、________、________。

3. 市场营销控制包括________、________、________。

4. 成本与赢利能力控制是通过分析不同产品________、顾客群、________、和订单规模等获利的实际情况。

5. 市场营销审计包括________、________、________、________、________、________六个方面。

三、计算题

某手机卖场公司年度计划要求第一季度销售 400 个某品牌新款手机，每个 1000 元。该季度结束时，只销售了 300 个，每个 800 元。销售情况不佳的原因在于价格下降和销售量的减少。试分析这两者对手机总销售额的影响程度。

四、实训题

背景资料：1996 年年初，格兰仕的市场占有率仅为 20%，同年 8 月的第一次降价使其市场占有率猛增到 50%。此后格兰仕不断进行市场扩张，占有率曾高达 70%。从格兰仕 1996—1998 年的市场占有率的上升态势看，它大有把所有竞争对手扫地出门的势头。

从非烧烤型微波炉的市场平均零售价格看，1996 年年初为 1500 元 / 台，到 2000 年 5 月，已下降到 600 元 / 台以下，降幅达 60%。烧烤型微波炉的降价幅度更大，从 1996 年 1 月的 2780 元 / 台，下降到 2000 年 5 月的 950 元 / 台，降幅达 66%。

在格兰仕的强大攻势下，多数竞争对手已无力与之抗衡，或者退出微波炉市场，或者在所剩无几的空间中挣扎，充当市场补缺者的角色。但是，格兰仕遇到了一个顽强的竞争对手——天津 LG。天津 LG 于 1996 年年初进入微波炉市场，很快就成为格兰仕强有力的竞争对手。1998 年，当格兰仕处于事业的巅峰、占有率一路上升的时候，天津 LG 不仅没有扫地出门，反而以 10% 的占有率保住了自己的市场。从 1998 年后期开始，天津 LG 转守为攻，不断抢占新的市场，到 2000 年 4 月，其市场占有率已接近 30%。

请根据上述资料回答：

（1）在国内微波炉市场上，格兰仕的市场竞争地位属于（　　）。

A. 市场主导者　　B. 市场挑战者　　C. 市场跟随者　　D. 市场补缺者

（2）在国内微波炉市场上，天津 LG 的市场竞争地位属于（　　）。

A. 市场主导者　　B. 市场挑战者　　C. 市场跟随者　　D. 市场补缺者

（3）格兰仕与天津 LG 之间的竞争属于（　　）。

A. 产品竞争　　B. 品牌竞争　　C. 价格竞争　　D. 非价格竞争

（4）在空调市场上，格兰仕与天津 LG 的竞争方式有什么特点？

扩展阅读

1. 榜样人物：董明珠

董明珠，1975 年参加工作，1990 年进入当时还叫海乐的格力，现任珠海格力电器股份有限公司董事长、总裁。先后荣获“全国五一劳动奖章”、“全国杰出创业女性”、“全国三八红旗手”、“世界十大最具影响力的华裔女企业家”、“全球商界女强人 50 强、全球 100 位最佳 CEO”等称号。

1984 年，家庭生活出现了意外，丈夫因病去世，此时儿子才两岁，家庭行将倾覆。要强的她坚强面对，对生活依然充满着憧憬和希望，想出去闯一闯。1990 年，36 岁的她毅然辞掉南京的工作，南下广东打工，一次偶然的机会，来到珠海替一个朋友办事，感到珠海环境比深圳开阔、宁静，决定留在珠海找工作。

应聘到当时名为海乐空调器厂的格力电器，成了一名基层业务员。一开始不知营销为何物，凭借坚毅和“难缠”，连续 40 天追讨前任留下的 42 万元债款，成为营销界茶余饭后的经典故事。1992 年，凭着勤奋和诚恳，董明珠在安徽的销售额突破 1600 万元，占整个公司的 1/8。随后，被调往几乎没有一丝市场裂缝的南京。隆冬季节，神话般签下了一张 200 万元的空调单子。一年内，个人销售额上蹿至 3650 万元。

自 1994 年年底出任经营部部长以来，领导的格力电器从 1995 年至 2005 年，连续 11 年空调产销量、销售收入、市场占有率均居全国首位。2003 年以后，销售额每年均以 30% 的速度增长，净利润保持 15% 以上的增幅！十多年的迅猛发展，格力电器业绩斐然：在技术、营销、服务和管理等创新领域硕果累累。1 年内独揽目前中国企业梦寐以求的“行业标志性品牌”、“中国世界名牌”、“全国质量奖”和“出口免验”四大国内顶级荣誉。

2011年，获得2011年度中国最佳商业领袖奖，也是此奖项的第一位女性获得者。

2012年5月，格力电器宣布，公司总裁董明珠正式被任命为格力集团董事长。

2013年，董明珠女士位列2013福布斯亚洲商界权势女性榜第十一名。

【董明珠名言】

自信来源于责任！

下棋的时候要不断思考，做事也一样，需要不断博弈。

一个人没有压力就会落后，有竞争才有创新。

原则的东西不放弃，大事讲原则，小事讲风格。

与人交往，只谈感情不谈工作，朋友间不能有生意上的联系。

2. 精典小故事

用人之道：去过庙的人都知道，一进庙门，首先是弥勤佛，笑脸迎客，而在他的北面，则是黑口黑脸的韦陀。但相传在很久以前，他们并不在同一个庙里，而是分别掌管不同的庙。弥勤佛热情快乐，所以来的人非常多，但他什么都不在乎，丢三落四，没有好好管理账务，所以依然入不敷出。而韦陀虽然管账是一把好手，但成天阴着个脸，太过严肃，搞得人越来越少，最后香火断绝。佛祖在查香火的时候发现了这个问题，就将他们俩放在同一个庙里，由弥乐佛负责公关，笑迎八方客，于是香火大旺。而韦陀铁面无私，锱珠必较，则让他负责财务，严格把关。在两人的分工合作中，庙里一派欣欣向荣。

（启示：用人之道在于人尽其才！）

爱人之心：这是发生在英国的一个真实故事。有位孤独的老人，无儿无女，又体弱多病。他决定搬到养老院去。老人宣布出售他漂亮的住宅。购买者闻讯蜂拥而至。住宅底价8万英镑，但人们很快就将它炒到了10万英镑。价钱还在不断攀升。老人深陷在沙发里，满目忧郁，是的，要不是健康情形不行，他是不会卖掉这栋陪他度过大半生的住宅的。一个衣着朴素的青年来到老人眼前，弯下腰，低声说：“先生，我也好想买这栋住宅，可我只有1万英镑。可是，如果您把住宅卖给我，我保证会让您依旧生活在这里，和我一起喝茶，读报，散步，天天都快快乐乐的——相信我，我会用整颗心来照顾您！”老人颔首微笑，把住宅以1万英镑的价钱卖给了他。（管理启示：商战，不一定非得要冷酷地厮杀和欺诈，有时，只要你拥有一颗爱人之心就可以了。）

鞋带之事：有一位表演大师上场前，他的弟子告诉他鞋带松了。大师点头致谢，蹲下来仔细系好。等到弟子转身后，又蹲下来将鞋带解松。有个旁观者看到了这一切，不解地问：“大师，您为什么又要将鞋带解松呢？”大师回答道：“因为我饰演的是一位劳累的旅者，长途跋涉让他的鞋带松开，可以通过这个细节表现他的劳累憔悴。”“那你为什么不直接告诉你的弟子呢？”“他能细心地发现我的鞋带松了，并且热心地告诉我，我一定要保护他这种热情的积极性，及时地给他鼓励，至于为什么要将鞋带解开，将来会有更多的机会教他表演，可以下一次再说啊。”（管理启示：要注意保护好下属的热情，那是工作的动力！）

参考文献

[1] 李红梅．市场营销实务 [M]．北京：电子工业出版社，2009.

[2] 刘厚钧．市场营销学 [M]．北京：北京理工大学出版社，2006.

[3] 张岩松．现代市场营销案例教程 [M]．北京：清华大学出版社，北京交通大学出版社，2009.

[4] 张润琴．市场营销基础（第二版）[M]．北京：高等教育出版社，2011.

[5] 兰苓．市场营销学 [M]．北京：中央广播电视大学出版社，2008.

[6] 陈中民．市场与销售（第三卷：营销方法）[M]．乌鲁木齐：新疆科技卫生出版社，2001.

[7] 菲利普·科特勒，凯文·莱恩·凯勒．营销管理（第 12 版）[M]．上海：上海人民出版社，2008.

[8] 王瑜．现代市场营销学 [M]．北京：高等教育出版社，2005.

[9] 胡志勇．市场学基础 [M]．北京：高等教育出版社，2000.